舵手汇

www.duoshou108.com

聪明投资者沟通的桥梁

机械交易系统高级指南

约翰·R·希尔
乔治·普鲁特　著
伦迪·希尔
　　康　民　译

山西出版传媒集团
山西人民出版社

图书在版编目(CIP)数据

机械交易系统高级指南／(美)约翰·R希尔 乔治·普鲁特，(美)伦迪·希尔著；康民译.—太原：山西人民出版社，2019.3

ISBN 978-7-203-10494-0

Ⅰ.①机… Ⅱ.①约… ②伦… ③康… Ⅲ.①证券交易-基本知识 Ⅳ.①F830.91

中国版本图书馆 CIP 数据核字（2018）第 183767 号
著作权合同登记号　图字：04-2014-016

机械交易系统高级指南

著　　者：(美)约翰·R.希尔,乔治·普鲁特,伦迪·希尔
译　　者：康　民
责任编辑：王晓斌
复　　审：傅晓红
终　　审：秦继华
出 版 者：山西出版传媒集团·山西人民出版社
地　　址：太原市建设南路 21 号
邮　　编：030012
发行营销：0351-4922220　4955996　4956039　4922127（传真）
天猫官网：http://sxrmcbs.tmall.com　电话：0351-4922159
E-mail ：sxskcb@163.com　发行部
　　　　　sxskcb@126.com　总编室
网　　址：www.sxskcb.com
经 销 者：山西出版传媒集团·山西人民出版社
承 印 者：三河市京兰印务有限公司
开　　本：710mm×1000mm　1/16
印　　张：24.5
字　　数：296 千字
印　　数：1-5100 册
版　　次：2019 年 3 月　第 1 版
印　　次：2019 年 3 月　第 1 次印刷
书　　号：978-7-203-10494-0
定　　价：98.00 元

如有印装质量问题请与本社联系调换

献给我亲爱的妻子和伴侣卡罗尔,她给了我们三个漂亮的孩子,并坚定地站在一个对交易上瘾的交易员身边。献给我们的孙辈迪伦、威佛利、艾米丽和切尔西,真诚地感谢你们的帮助使本书得以问世。愿你们的精神和人生旅途如我所经历的那样愉快和有意义。

——约翰·R. 希尔

我想把这本书献给我可爱的妻子莱丝莉和我们美丽的孩子布兰登和艾米丽。

——乔治·普鲁特

我想把这本书献给我的母亲和父亲,他们教会了我许多关于生活和市场的知识。

——伦迪·希尔

前　言

所有投机市场均受制于供求法则。经济学已证明，一种成熟的市场是让商品或服务间的供求关系找到平衡点，该平衡点是买卖双方就交易中的产品价值达成一致的价格。股票或期货的价格处于不断的变化之中，这一价格波动，也称为市场行为，常常是由一根简单的竹线来表示的，该竹线为我们揭示了五种不同的市场统计数据，即：开盘价、最高价、最低价、收盘价，以及当天市场波动幅度。

竹线代表了买卖双方（熊市与牛市）间的角逐。如果市场从开盘价一路上扬，就是牛市；如果与之相反，则是熊市。竹线波动幅度表明了买卖双方当天的交易额，如果股票价格上涨1个点，那么该股票价格就增加了1个点。如果把某个市场所有最近出现的竹线进行综合分析，就可以为我们提供该市场供求关系较为长期的预测。市场分析师相信，借助于跟踪供求变化图（该图以竹线表示），就可以推定股票或期货未来的价格走势。如果一个人能够掌握正确解读图表的技巧，揭示供求关系法则，那么交易中肯定会赢利。

本书第一部分主要讲解竹线解读方法。作者为我们介绍了好几种解读竹线的方法，这些方法都是建立在长期观察市场基础之上的。一次集中精力搞懂一种方法，效果最佳。随意看一条竹线，用所提供的方法，标出具体的进场特征。我们所提供的方法并不是孤立起作用的，而是对整个交易方案会起到促进作用。交易方案包括三部分：进场、退出、止损。这三部分，每个部分都有很多技巧，通过学习这些技巧，你就会逐渐培养起自己对关键指数的判读，最终你就有能力理解任何图表，并可以识别出适合自己交易风格的潜在赢利股票。虽然你可以在市场中赢得优势，但你绝对难以驾驭市场这只怪兽。

本书第二部分主要讲解机械交易系统，其产值每年达到数百万美元。计算机的出现和廉价获得数据，使我们每个人都能够检测交易方法。因为大多数交易人都没有经验，所以他们在交易方法中需要求助于行家里手，很多专家学者都会向股票或期货交易者承诺会带给他们赢利，但遗憾的是，很多交易人按照他们的建议去做了，也严格执行了他们的交易方法，但在交易中最终却损失惨重。承诺的赢利和实际实现的赢利之间存在的这种巨大差异给这个行业也带来了不良名声。真理期货公司自1985年以来一直在检测、评估交易系统，组建该公司的目的就是为普通老百姓提供可借鉴使用的交易系统，很多交易系统都是建立在确凿的事实基础之上的。真理期货公司最初的角色是监督者，但随着多年的发展，现已成了具有良好交易思想的代名词。机械的方法是可以成功地应用于市场的，这一点得到如下事实的支撑：管理期货业的300亿美金，大约80%是通过精确的系统化方法实施交易的。

远远超过80%的交易者和投机者都会赔钱，计算机已经被错误地用来表示假设的业绩统计数字，交易系统不可能任由计算机凭空想象出来，必须建立在符合逻辑的供求关系竹线解读基础上。计算机有事后分析的好处，可以用来提供获得理想回报的信息，这通常称为曲线拟合。虽然这种交易系统跟现实世界没有关系，但是的确可以大大提高单笔交易的成功率，这也是为什么交易者必须懂得市场内所发生的供求关系变化的原因。本书的目的是向读者表明如何通过以下方法赚钱：

◇ 提供了竹线解读框架。该框架是建立在竹线所具有的供求特征基础之上的——如何利用该知识获利。
◇ 研发交易系统所必需的知识和工具，他们不但会起到事后反思的作用，而且可以预测未来。
◇ 提供交易系统和资金管理方法，让交易者沿着正确的轨道操作。

我们在此讲到的观点和交易工具肯定会引起争议，甚至有人会不同意，这是很正常的，因为没有一种交易工具是适合所有人的，利用有用的，抛弃无用的，带着善意的怀疑眼光来阅读和研究这些观点，验证有违自己经验的观点和模式。我们的兴趣不在于你信任或相信此书所呈现的观点和交易方案，而在于你应该相信自己的市场交易方法。

引言　寻求真理

　　一位年轻的工程师，带着妻子、三个孩子、一幢大房子的抵押贷款和1000美元，于20世纪50年代后期开始了他的股票市场探索。当时他正在购买威斯丁豪斯股票和其他一些股票，突然有一天有人提到95%的杠杆效应和期货市场。工程师们通常觉得他们比大多数人聪明，因为他们在大学里受过严格的课程培训。但讲到成功投资的话，事实远非如此，这位工程师对此深有感触。他投资了1000美元，通过蔗糠市场的买进和卖出，在三个月的时间内就使原先的投资升值到18000美元。根据对账面的研究，如果这笔投资交易更理性的话，应该可以升值到20000美元。然后，他开始寻求下一个大市场，有人跟他讲到了大豆和美国中西部即将发生的大旱，他把18000美元全部投到入了大豆市场，并开始每个小时向气象局打电话，了解最新的天气预报，每次市场价格要上涨时，他都会用手头能拿出的钱买入大豆，在很短的时间内溢价就上升到了80000美元，多头交易达200笔。到星期五，气象预报仍然预测会发生大旱，所以他得意地告诉他妻子：80000美元和0美元几乎没有什么差异，但这次可以变成100万美元。他跟妻子说这番话的时候，一边抽着雪茄，一边喝着香槟酒（当时年轻的公司管理者只有抽着雪茄才会觉得开会有意义或召开有效的会议）。到周六晚上，美国中西部出现了百年不遇的罕见天气现象，一个巨大的气象锋不知从哪冒了出来，到星期一早晨，大旱的危机解除，全国大豆产量将要获得创纪录的新高，他最终只剩下5000美元，幸运的是，他没有失去房子和未来十年的收益。由此可见，三件事显而易见：存在巨大的愚蠢行为；他需要获得一些"智慧"策略；一次可以挣钱，还能再次挣钱。

这让他开始了对知识的寻求。每个周末他都是在华盛顿国会图书馆和纽约公共图书馆度过的，寻求任何和所有技术分析相关的出版物。他会去敲任何一位被公认为权威人士的门，虽然很多人让他吃了闭门羹，但仍然有些人对他敞开了大门。20世纪70年代初出现的牛市和白银市场使他能够远离企业界，业余爱好成了职业，他为普惠公司写了好几年的期货行情报告书，并写了好几本有关技术交易的书籍。

真理期货公司初创于20世纪80年代中期。当时作者对买入毫无意义的交易方法、花数千美元寻求该领域知识已感到厌倦，有一个人抄了一部分作者早期的报告，卖了100美元，它是一种很好的技术工具，但本身还不是一种系统。组建真理期货公司，目的就是在公司将系统推向市场之后，向公众证明其实际的效能。现在全球都在销售真理期货公司的出版物，它跟踪调查了采用大约130种不同交易方法所产生的业绩，"彩虹商人"（以比产品价值高得多的手法大肆推销产品的供应商）业绩不再有了，个人观点仍有市场。遗憾的是，并没有完全搞清楚就购买系统并用它去交易的人打来了无数的电话，系统产生的花费总的来说要超过初始购买费用，依赖购买的系统进行交易，你可能很快就损失10000美元，然后你才能判定它不适合你。一些供应商在交易出版物上整版整版地刊登广告，鼓吹通过使用他们的交易系统获得了可观的利润，真理期货公司通过来自纽约和芝加哥的大律师，拿出了很多确凿的证据。真理期货公司曾有一次受到起诉，原因是他们指出某个供应商的系统会让使用它的交易者损失数百万美元。真理期货公司曾扼制了很多花言巧语的商人的交易行为,但绝不能真正把他们从市场上赶走。一段时间后,有些诚实的、信誉好的供应商来到真理期货公司,主动要求跟踪他们的系统。公众都想获得利润,他们通常不会购买获得实际利润和造成损失的系统,诚实的供应商从短期来讲不具竞争力,但从长期来看,他们是唯一的幸存者。只要看看五年前发布的报告,我们就会知道有多少花言巧语的商人已不复存在,这并不是一个令人感兴趣的领域,对真理期货公司来说,该方法必须得编入埃克斯卡利伯测试软件程序,去跟踪业绩。在过去很多年里,我们看到了所有能想象得到的所有的市场交易方法,但还没有一种可以称为"圣杯"或"魔力公式"给你带来财富,如果有诸如此类的东西的话,"圣杯"也仅仅是一种不存在的现实,毫无疑问,市场中的确存在着各种方法,可以给你带来优势,这就是本书的宗旨所在:如何识别该优势,然后如何利用该优势到市场中去挣钱。

20世纪80年代初,计算机具备了强大的功能,给股票和期货交易市场带来了巨大的推动力,集结多年数据的交易思想,现在可以在数分钟内得以检测。但遗憾的是,这也会带来数据上的侥幸,这是因为为了产生高回报,系统可能会受到操纵,以形成曲线拟合系统,而这却不是真实的世界。昨天晚上电视上有商业广告说,只要你按照统计学上的曲线拟合系统去操作,就可以挣钱,本书将揭露该方法的荒谬性,讲述概要并提出大量的交易思想,这些交易思想在交易市场上可以给你提供统计分析。

技术分析,简单地说,就是对历史数据的回顾,试图让人们领略供求间的种种关系,这一做法可以使你在市场中稍占优势,从而可以使你的交易一直赢利。技术分析是交易市场中一种切实可行的、富有实效的方法。

下面有个一直以来是最好的交易系统的故事。作者在北卡罗来纳州拥有一家农场，有一天，当他在交易的时候，他注意到在奶牛移动到牧场北部时，小麦价格就上涨，第一天这并没有引起他太大的注意，但每当奶牛移到牧场北部时，都会发生这种现象。他的兴奋难以描述，他终于找到了终极交易系统。他雇用了一位获得博士学位的农艺师来研究这一独特的现象，试图找出其答案。研究持续了数月，最后他解雇了这位高价雇员，取而代之的是找了两位高中生。每当这位作者做小麦多头时，就叫他们把奶牛驱赶到牧场北部去。

这个故事听起来有点荒诞，但权威人士的预测也是一样荒诞，他们声称宇宙中土星的位置能确定白银的价格，或说英镑价格波动也是有规律的，在2月15日买入，到3月3日卖出，你80%都是保赚的。

反映价格的竹线揭示了市场中供与求之间的深层次因素，你们有些人可能知道唐奇安突破理论：在价格突破四周新高时买入，在市场跌破四周新低时卖出。这一基本理论自几十年前首次引入市场后，一直在赚钱。现在计算机可以让我们能够快速地检测各种各样的理论。

时机选择是确保交易成功必不可少的因素。如果能解决好时机选择问题，就可以确保可观的投资回报。本书着重阐述了时机选择问题，而且100%是技术性的，基本面没有详述。恰当的图表判读有助于你了解所有你需要知道的基本面。图表代表了特定市场的牛市和熊市，当你阅读基本面分析员对某一特定行情的总结时，你总会受到作者文章写作倾向性的影响，图表不但包含作者的观点（只要他投资了市场），而且还包含了所有其他市场利益。

通过研读和应用技术分析，你就能涉及到所有活跃的商品市场和很多股票市场。如果你是一位基本面分析员就不可能做到这一点，变量太多了，其中有一些还相互矛盾。

真理期货公司检测和评估商品和股票交易系统已有五十多年的历史了。一种系统的、机械的系统在长期交易过程中可以产生利润，很多交易者都持有相同的信念，这一点通过使用系统方法在管理期货 300 亿交易中得到了验证。但令人遗憾的是，90% 的交易者一年又一年把钱浪费在交易系统中，一直以来真理期货公司的任务就是要向交易者证明交易系统铁一般的事实，深藏在这一巨大数字背后的一些真理将会显而易见。

真理一　游戏的名字叫金钱

要记住的首要的、也是最重要的一点是游戏的名字叫金钱，或者至少是要认识到这一点，这不仅仅是代表游戏的名字而已，而且也代表了其实质。如果你心目中还有其他目的，那么该游戏和本书是不适合你的。

正如在所有的好游戏中，都存在两组。一组是"我们"组，毫无疑问，那是我们的组，另一组是"他们"组，该组可能是一个庞大的集团（虽然现在这种情况少见了），或者可能是由不同职业交易者组成的集团，他们采取一致行动。

游戏的实质就是利用可供使用的现有资金激活游戏，可供使用的策略、佯攻和把戏是无止境的，就连钮特·罗克尼也会嫉妒得眼红。

第一项技巧就是说谎，或者用更委婉的话说，叫不真实的事实。在美国本土，不管男女老少，大家都熟悉一个电视画面：有个农民叫布朗，双手长满老茧，握着一穗黑玉米，看上去很忧伤。这的确是真的。在 1971 年美国曾发生了玉米小斑病，使玉米价格从每蒲式耳1.4美元上升到1.67美元，上升了27美分。

似乎有一阵子，我们好像要实施定量供应卡制度才能购买到玉米。但出乎意料，收成好于大多数年份，是史上第三好收成，玉米价格犹如泰坦尼克沉船，一路下跌至每蒲式耳47美分。

这一法则就像山岳一样古老。在20世纪50年代末、60年代初，Brunswick（宾士域）及AMF公司从默默无闻上升到每股股票涨到60美元至70美元，然后Brunswick（宾士域）公司的股票跌回到6美元，AMF公司的股票跌回到14美元。曾经有一阵子，人们似乎觉得世界上有1/3的家庭都将拥有保龄球场，包括新兴国家。

电脑行业情况也是如此。1965年，科利登斯（LTX）股票是每股68.5美元，电脑技术是个很好的故事，但两年后，到了1970年，科利登斯市值缩水，后来其股票每股跌至3美元，这与会计程序和烂笔头有关。

再以近年一些以".com"命名的公司为例，其中有一家公司叫Globe.com公司，1998年11月其初始股价是25美元左右，但数天内每股很快就窜至大约48.5美元，然而一年后，其股票价格就跌至每股7美元左右。

重要的是，在这四个个案中都有一个编得巧妙的故事——说谎：购买不到玉米；大家都在玩保龄球；电脑技术是未来的浪潮；赶快购买带".com"的任何东西。事情也许是这样，但是真正的事实是建立在竹线图基础之上的，由此我们需要汲取的教训是：不要理睬由"他们"不时发出的任何新闻、建议和误导，其目的就是欺骗我们。唯一值得我们信赖的就是竹线图，那才是事实，而且是唯一的真理。

真理二　知道不会冒什么风险的人，就是冒全险

交易的第二项基本原理就是风险门槛。广义地说，所谓风险门槛指的是，个体投资者在采取行动前所需要的可靠性程度，即依据自己的信念来行事。作者认识好几位非常有能力的市场分析师，即使是枪对着他们，他们也不可能做出决定，其中有一位还特别会引用大量的与某一买卖相关的敏锐观察得来的数据，但要对某一买卖作出艰难选择时，如果他被逼急了，就会说："我不知道，让我们看看走势图。"等到走势图揭开后，机会也就丧失了。

在实际操作中，这意味着，等到市场分析师获得足够量的证据来作出买卖决定时，很可能这笔交易已经结束了。带给我们的启示是：当你觉得应该出手时，不要犹豫，就即刻出手，不要等待，甚至不要瞻前顾后。

真理三：如何进行金钱管理和风险控制取决于个人的心理特性

请记住，风险绝对是你可以控制的唯一一件事。有些交易者把总资本的1%到5%投到某一桩交易，另一些交易者可能会孤注一掷。请允许我在此引用一下拉瑞·威廉姆斯曾说过的话："有钱人是不会冒大的风险的。"在开始交易前，你必须对此做一些明晰的、冷静的思考，如果你放松警惕，巨大损失只会发生在他人身上的想法是不切实际的，在交易领域，过于乐观的想法往往会、且常常会导致你付出巨大的代价，市场才不管你对某股票或期货乐观与否，收起你的这种自负，学会钟爱小额损失，如果你

没有遭受小额损失，可以肯定地说，你将来一定会遭受巨额损失。

　　一个人手头可能握有所有最精妙的技术分析工具，然而由于受到个人的心理特性因素影响，在交易中也不可能赚到钱。如果想在交易中获得成功，你必须心里非常清楚自己是什么样的人，即必须心里非常清楚自己是如何作决定的，个人在交易方面的决定很可能是高度情绪化的。

　　我们以购车人为例。某人可能会出于一时冲动决定购买，而另一个人可能会花费数月研究车的款式、不同的牌子等等，然后才会决定购买，且通常情况下他都是在他人的催促下才决定购买的。股票交易者同样如此，有的人做事干脆利落，连想也不想，说干就干，出于一时的冲动就买入，然而过了一会儿，他又会改变主意。与此相反，另一些人会深入研究某一特定情境，要等到一切准备就绪，包括购买行为，在采取购买行动后他将加入市场，但这不免为时已晚。有一位作者将此称为风险规避，但我认为如果没有将良好的投机思想付诸实施并产生良好的结果，犹如纯粹出于一时冲动而鲁莽做出决定的习惯一样，对成功交易是致命的。

　　成功的交易取决于良好交易策略的形成，并且能够不懈地坚持该策略，投机者必须时刻警惕，要战胜自我。

　　你扪心自问的另一个问题是：我为什么要进行股票交易或商品交易？无疑，交易不同于赌博，它在我们的经济中起着至关重要的作用，然而，无论是交易者还是赌博者并不一定有本质上的不同，假如你没有投入时间和精力研究交易，那么你获得成功的可能性比掷骰子还要差。赌博中，概率在相当程度上是可以预测的，给你的建议是阅读些有关赌博和赌博者天性方面的书籍，但务必保证不要让自己沉醉于"快速发家致富"中，嗜赌成癖的赌棍们想输个精光，其目的是为了惩罚自己，一些心理学家如是说。

要想在交易中获得成功，你必须搞清楚哪一项适合你，以及你的心理特性怎么样，如果你知道自己的长处和不足之处，你就能发挥自己的长处，努力克服自己的短处。

总之，交易的心理方面包括：了解自己并懂得为什么要交易。在此基础上再加上本书所提供的技术知识你就可以走上成功之路。

康拉德·莱斯利是美国最受尊敬的粮食统计学家之一，在一次会上，我给了他一本我于1977年出版的小册子。数月以后，我拜访了康拉德，征询他对我的书的评论。康拉德说，那是本阐述市场写得最好的书，我会保存好的。他还特别提到了书中讲述的一个观点让他大赚了一笔，我问他该观点在书中哪一页，康拉德说这是个秘密，并说假如我努力去找的话，肯定能找到。如果阅读本书的人手头还有康拉德写的《大财富》，请务必记住作者，并告诉我们财富在哪一页。

祝交易者有好运，并请记住：投机者致不了富。

目 录

第一章 构架或总体方案 1
　交易与投资 1
　所有市场时机选择的终极手段 2
　技术革命 2
　市场行为阶段 4
　如何利用该理论赚钱 15
　交易规则个案研究 18
　交易还是不交易 24
　结论 25
　备注 26

第二章 艾略特波浪理论的实际应用 27
　主要波浪目标 29
　调整浪或阶段 30
　原油期货个案研究 33
　如何在 A 调整至上涨或 ABC 调整至上涨交易 35
　交易计划 35
　其他周期理论著作 36
　小结 38

第三章　竹线图及其预测力 ································ 39
　　如何利用短期变化规律获利 ································ 41
　　进场信号 ································ 47
　　基于收盘价的方法创立 ································ 48
　　三日横盘反转 ································ 67
　　典型跳空 ································ 74
　　吊钩收盘价 ································ 76
　　窄幅波动竹线 ································ 82
　　窄幅整理交易策略 ································ 89
　　宽幅波动竹线交易 ································ 89
　　止损点 ································ 91
　　获利 ································ 93
　　时间突破规则 ································ 95
　　跳空高开/跳空下跌 ································ 96

第四章　渠道与趋势线交易 ································ 100
　　趋势线与平行走势 ································ 101
　　0-2 交易线 ································ 102
　　趋势线和四次收盘方法 ································ 105
　　趋势渠道系统 ································ 108

第五章　波段交易 ································ 109
　　波段图 ································ 109
　　预期 ································ 113
　　动向结束 ································ 114
　　回调买入 ································ 115

操作与反应 …………………………………… 116
基础需求 ……………………………………… 117
时间与空间 …………………………………… 117
在趋势改变前的高位卖出 …………………… 118
三个竹线连续止跌回升 ……………………… 119
保持获利并从支撑区止跌回升 ……………… 121
趋势更改模型 ………………………………… 122
趋势持续 ……………………………………… 124
三连跌至底 …………………………………… 125
支撑区/阻力区 ………………………………… 125
时间与价格预期 ……………………………… 127
趋势 …………………………………………… 131
首日止跌回升 ………………………………… 133

第六章　模式 …………………………………… 134

开盘区间突破 ………………………………… 135
上涨趋势的确认 ……………………………… 138
弹跳反转模式 ………………………………… 141
上攻反转模式 ………………………………… 142
YUM-YUM 持续模式 ………………………… 145
L型和反L型 …………………………………… 146
双顶和双底 …………………………………… 150
午前交易的小尾巴 …………………………… 152
清理模式 ……………………………………… 156
重叠竹线和非重叠竹线 ……………………… 157
两个交易日的交汇区 ………………………… 159
通道交易系统 ………………………………… 160

回调 …… 168
　　低位竹线买入的高点/高位竹线卖出的低点 …… 172
　　三个竹线连续上涨/下跌 …… 174
　　动态三角 …… 177
　　窄幅/宽幅竹线 …… 179
　　两日轻度反弹 …… 180
　　突破紧缩模式 …… 180
　　离场的重要性 …… 182
　　在标准普尔指数交易中运用交易方法 …… 191

第七章　卓蒙几何交易系统和 PL 圆点
——基本原理简介 …… 198
　　什么是卓蒙几何交易系统 …… 198
　　总结 …… 213

第八章　机械交易系统简介 …… 214
　　为何要使用交易系统？ …… 217
　　把广告扔到一边 …… 218
　　我该购买交易系统吗？ …… 221
　　有关交易系统的神话和事实 …… 223
　　总结 …… 226

第九章　从何开始 …… 228
　　硬件 …… 228
　　软件 …… 228
　　数据 …… 230
　　持续合约与独立合约 …… 233

指标 235
　　最好交易系统使用的五种方法 254
　　剖析交易系统 254
　　总结 281

第十章　历史测试——是福还是祸？ 282
　　仿真分析 283
　　曲线拟合 283
　　定期重新优化——有效吗？ 289
　　最佳化参数的替代品——自适应参数 292
　　设计交易系统的是你，不是电脑 296
　　如何评估交易系统的绩效 297
　　如何评估交易系统投资组合绩效 302
　　总结 305

第十一章　资金管理 306
　　必要工具：统计学 307
　　破产风险 308
　　资本分配模型 310
　　复合收益 320
　　设置止损点和利润目标 321
　　总结 336

第十二章　总控钥匙系统和投资组合 337
　　投资组合1 初始资本是一万美元 337
　　投资组合2 初始资本是两万美元 338
　　投资组合3 初始资本是五万美元 339

投资组合 4 初始资本是十万美元 …………………………… 340

投资组合 5 初始资本是三十万美元 …………………………… 341

总结 ……………………………………………………………… 343

第十三章　排名前十的系统 ………………………………… 344

参考文献 ……………………………………………………… 366

译者后记 ……………………………………………………… 368

第一章 构架或总体方案

> 交易是件容易的事。只要股票涨，就买进；如果不涨，就不买。
>
> ——威尔·罗杰斯

本章主要讲述了交易中如何获利的构架，即审视总体方案以确定市场在整个发展过程中位置之所在。毕竟，运用技术手段主要是为了选择准确的进入技术，一旦选择错误可以停损保护，以及可能的交易目标。正如房地产市场一样，交易的最重要因素就是定位、定位、再定位，此外，加之时机、时机、再时机。构架赋予你全面了解市场处于发展的哪个阶段，这是一个审视短期反转形态和整理形态的关键因素。理想状态下，你进入市场的时候，市场正处于一旦交易成功获利最大的区域，换言之，在买入或支撑区域做多头，在卖出或阻力区域做空头或获利。本章将在下面阐述累积、派发、买入区、卖出区的概念。

交易与投资

投资的第一步就是要研究市场基本面。经济因素可能需要过很多年才能在市场中反映出来，因此，长期基本面观察就显得非常重要。然而，交易涉及到需要研究技术因素，这些技术因素不但支配着市场买卖者的心理特性，而且支配着短期市场走向，交易涉及的风险要超过长期投资，但同时，交易也给获利更多提供了可能性。

所有市场时机选择的终极手段

短期交易变得每况愈下，或者我不能从短期交易获益，我会将其变成长期投资。你也许听过这样一句话："你知道它还会上涨的。"我要跟你讲清楚的一点是，市场与此无关。假如我能告诉你市场再次反弹的确切时间和价格，那么那将是我放弃交易的时刻，一分钟也不会耽误。牢记这一市场规则，它会给你节省很多金钱。事实上，该原则也为我挣了很多金钱。曾有投资者打电话给我，说希望能给他们某些承诺：他们进入的某一市场会反弹。我给他们的回答总是只有一个："在你平仓的时候，请通知我，因为这正是我买入的好时机。"如果交易表现不理想，即刻放弃，不要一味坚守阵地，换作另一笔交易，你的资金会完好无损，学会接受小损失。

技术革命

我们时而听见人们说，"自从技术革命出现，市场发生了变化"，或者"假如我有昂贵的软件和电脑跟踪所有这些指数的变化，毫无疑问，我在该市场能赚到钱"。市场一直是以相同的方式变化着，因为人性是不变的，起作用的力量包括：恐惧与贪婪，供给与需求。市场会周而复始，不会发生什么变化。我们可以拿两张股票图作一对比，一张是今天的，另一张是1950年的。如果将价格因素除掉，那么这两张图的特征是类似的。以百分比计算的话，1950年的市场和今天的市场一样易变。

技术革命除了在降低交易成本、方便买卖等方面产生了变化，其他方面并没产生什么变化。尽管信息较原先能快速获得，但交易者的获利率和赔付率仍保持不变，80%的交易者赔钱，20%的交易者赚钱。与传统交易相比，一个最大、最显著的变化就是交易成本的下降和买卖变得容易了。交易成本在盈利方面会产生很大的差异，而交易便捷实际上又会不利于你的盈利，拥有速度最快的电脑、价格最昂贵的软件或者使用最热门的新技术（如"混沌学说"、"太空时代技术"）并不一定能增加你的盈利。

为了美化市场数据，很多指标实际上是源自同一信息，他们告诉你超买、超卖行情。指标通常是滞后的，因此，你买入会晚、卖出也会晚，往往使你遭受损失，借助于研究竹线图和竹线图变化规律，学会读懂作用力。

技术革命使"彩虹商人"感到失望，他们曾承诺如果按他们的套路行事，就能瞬间暴富。普通炒股者现在都有能力通过使用便宜的软件来核实所谓的套路，然而，瞬间暴富的远景诱惑了我们当中很多精英分子，（传说耶稣在最后晚餐中用的）圣杯是存在的，如果的确有的话，有些人早已吃光了杯中所有的"炸马铃薯条"，我们现有拥有的市场也不会存在了。通过研究竹线图，你可以获得技术优势，但是，你还必须得处理好自己的心理特性，假如你让他们看下周的《华尔街日报》，有些人就不可能赚钱。所以，你必须得了解自己。

交易者要想取得成功，必须要拥有知识。但反过来说，拥有知识并不能自然而然地使你成为一位成功的交易者，知识和成功的交易者之间存在着一条巨大的鸿沟，我们当中很少有人能越过这一鸿沟，即使是越过该鸿沟的人也必须保持警惕，否则他们还会掉进深渊。我们当中的一位作者在投资这座"山"上，上上下下无数次了，以至于他自己也数不清了，最后一次他下"山"的时候，他曾承诺如果他再次爬山，即使是爬到半山腰，他也不会再下去了。顺便提一句，如果你们当中有很多人购买了本书，就可以把那位作者拉出山谷。

金钱给我们带来了不多也不少的自由。当你的财富达到一定量的时候，额外增加的"东西"既不会增添你的幸福感，也不会增加你的自由度，如果你聚集的东西太多，你实际上是丧失了某些自由，交易市场可以给人们带来快乐，但就像打高尔夫球，它也会让你着魔。

市场行为阶段

所有投机市场均包含下列基本步骤：
◇ 累积（震荡）——市场底部。
◇ 上涨或破高反跌形态。
◇ 派发（震荡）——市场顶部。
◇ 下降或向下发力。

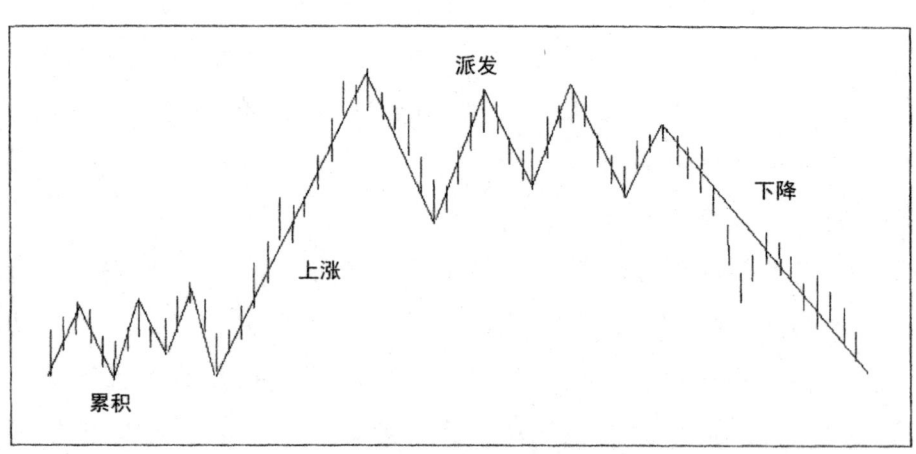

图1.1 市场行为四阶段

作为一位交易者，若要获得成功，必须要深入了解市场行为这些不同阶段（参见图 1.1）。市场大约 85% 的时间都处于震荡阶段，有微利就可以交易。通过审视市场行为的不同阶段，你就可以知道目前市场处于哪个阶段、震荡阶段里什么时间交易可以快速获利、在上涨或下跌阶段什么时候持有股票。第一步先审视总体情况，寻找构架，通过研究一段时间的竹线图变化情况就可以完成；第二步，通过研究竹线图在最终阶段短期变化情况，调整你的分析，这将有助于你选择在何处进场、何处获利。最重要的是，一旦知道交易选择错误了，何时放弃交易。通过仔细观察竹线图，你就可以清楚市场很可能会往哪个方向发展，阅读消息通常是危险的，应该看竹线图，并且心里永远记住：供给与需求关系、恐惧与贪婪关系。竹线图会呈现出很多信息：当求大于供时，市场就会上升，直至供、求达到平衡。竹线图也能反映出"恐惧与贪婪"关系。对比一下这两种情感，自问一下哪一种情感更强烈。

◇ 贪婪："哎呀，我真希望当时多买一点，这笔交易本来可以值 100 万美金。"
◇ 恐惧："哎，兄弟，如果市场再往下跌，我将要一无所有了。"

恐惧感要远超过贪婪，这也就是为什么市场下跌速度会超过上升速度。

市场在上升或下跌后，会进入盘整期或派发期。该现象与牛顿的理论相一致，即运动中的物体往往会处于运动之中。换言之，某一种趋势一旦开始，往往会在一定的静止或消化期内继续延续下去，五种上下波动的波浪理论（第二章会详细阐述）详述了市场行为的这种类型。这解释了市场通常与人们进入时的方向不一致，在根据竹线走势获得更多的证据表明会向相反方向逆转之前，你应该在市场进入震荡前按市场方向进行交易，市场朝一个方向在第二个或第三个上涨或下跌后，密切关注走势变化。

这些变化模式虽然在细节方面有差异，但是在所有投机市场中都会一而再、再而三地复现，有些股票有可能好几年都处于震荡期。通常来说，有些股票基本面表现就是差，很可能会一直处于静止状态，去买活跃的股票吧。

累积阶段

阶段一　恐慌性抛售

累积阶段通常始于恐慌性抛售（参见图1.2），这是市场抛售枯竭和开始累积的首次信号，恐慌性抛售以几条向下走的竹线图为特征，且竹线幅度相对较大，最后一根竹线幅度最大，且抛售量急剧增加。

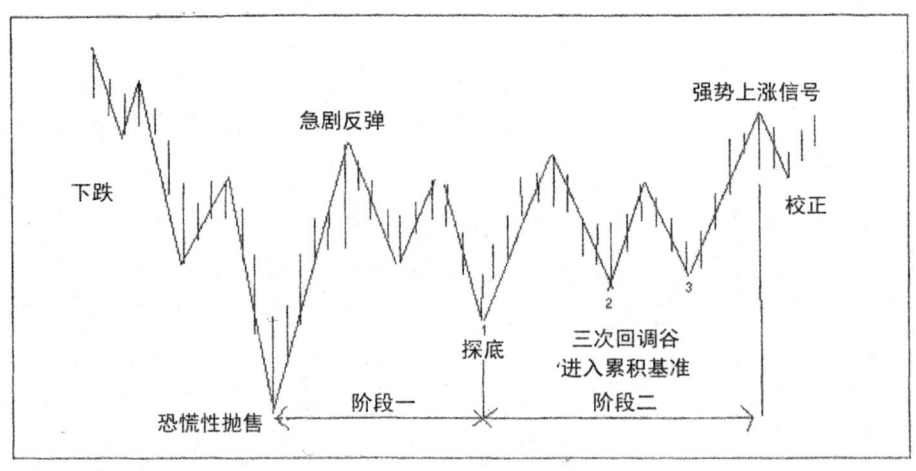

图1.2　累积阶段

恐慌性抛售之后是急剧反弹，这种反弹会超过前面任何一次反弹，不管是在时间还是空间方面其强度都要超过前次。在市场进入累积过程中都会出现这种现象，除非你经历急剧反弹，否则你仍然不知道低迷期有没有结束。

急剧反弹后是探底，这一向下走势可能停留于某一高位，也可能是稍稍偏低位。

阶段二　支撑区和阻力区

市场将会进入一种供求大体保持平衡的阶段，在该阶段会出现支撑区和阻力区。支撑区处于恐慌性抛售竹线低位区域，或随之而产生的低位，如图1.3。阻力区与之正相反。如果这是累积期，上涨日交易量就会增加，下跌日交易量就会相应下降。到该阶段快结束的时候，市场最高点与最低点可能高于原先反弹，市场反应更强烈。

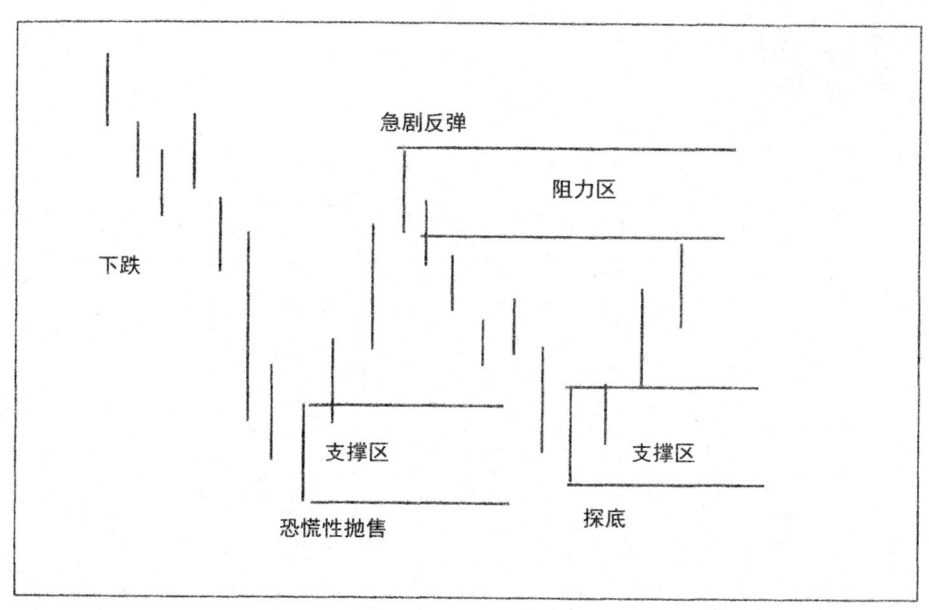

图1.3　支撑区和阻力区

急剧反弹后，在新低有几次显著反弹的尝试。在两三次创新低努力失败后，特别注意竹线大范围升高。这一特征表明每次市场接近新低时，人们都会大量买入。第三次探底意味着市场很可能会向上突破，累积阶段快结束时很可能形成反弹趋势，潜在的购买点位于第二次或第三次探底到累积区域。

在市场经历一两次显著超过原先市场最高位时，这意味着市场会出现强势上涨。所谓显著，指的是至少有一次竹线上涨幅度范围超过一个或一个以上原先市场最高位。超过一个或一个以上原先市场最高位的强度大小表明累积阶段是否完成。超过原先市场最高位较弱且即刻回落，则意味着有些需求，很可能会落回到低位支撑区。反之，如果超过原先市场最高位显著，且持续时间长，则意味着有需求，市场会有好几条竹线高于原先市场最高位，以进一步确认，这表明累积阶段已完成，市场可能进入上升期。

强势上涨信号出现后，市场通常重新回到原先市场波动校正点大约一半的位置，这意味着市场进入上涨期，上涨或下跌通常被称之为"发力"。市场达到新高，请扼制住购买冲动，冲动性购买者往往觉得自己不会孤注一掷，但经常就会有此举动。处于累积期、即将往上突破的其他股票也有无数机会，按照自己的具体情况进场，而不是追赶市场，追赶市场且高位买入，在市场进入正常校正期后，往往会使你不得不止损离场。

概括如下：

◇ 恐慌性抛售之后首先是急剧反弹。
◇ 在累积阶段早期买入，其结束前可能会获得小额收益。
◇ 最佳获益时机是累积期临近结束前买入。

◇ 市场上涨期和下降期可以获益最大化。

获利平仓

如果市场明显处于震荡，获利点位于阻力区，应提前发出清仓指令，因为该区域进入频繁，且即刻离开，如果清仓指令没有成交，获利机很快会丧失。在市场进入目标区或阻力区时，一种不良的交易习惯就是等着看市场变化，如果密切关注短时间框架，这也许是可行的。

极端震荡

累积阶段结束时，市场可能会出现极端震荡（参见图1.4）。其特征是市场大幅度低于整个累积水平，随之而来的是同样快速地弥补整个损失，然后是小幅下降、停滞状态，最后是以更大资金量上涨。极端震荡会套牢抄新低的人，交易会很快导致巨额损失，这一现象也叫V形底。

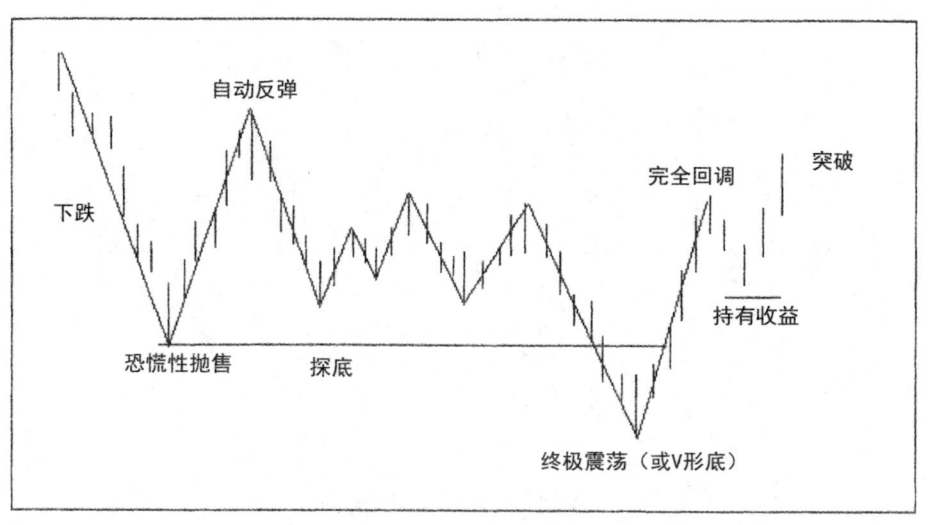

图1.4 极端震荡

派发阶段

阶段一　购入高潮

派发阶段通常始于购入高潮（参见图 1.5），这是市场购买损耗和开始派发的首次信号。购入高潮以几条向上走的竹线图为特征，且竹线幅度相对较大，最后一根竹线幅度最大，且购入量急剧增加。

购入高潮之后是市场急剧反应，这种反应会超过前面任何一次反应，不管是在时间还是空间方面其上涨强度都要超过前次。在市场进入派发过程中都会出现这种现象，除非你经历急剧反应，否则你仍然不知道上涨期有没有结束。

急剧反应后是摸高，这一向上走势可能停留于某一低位，也可能是稍稍偏高位。

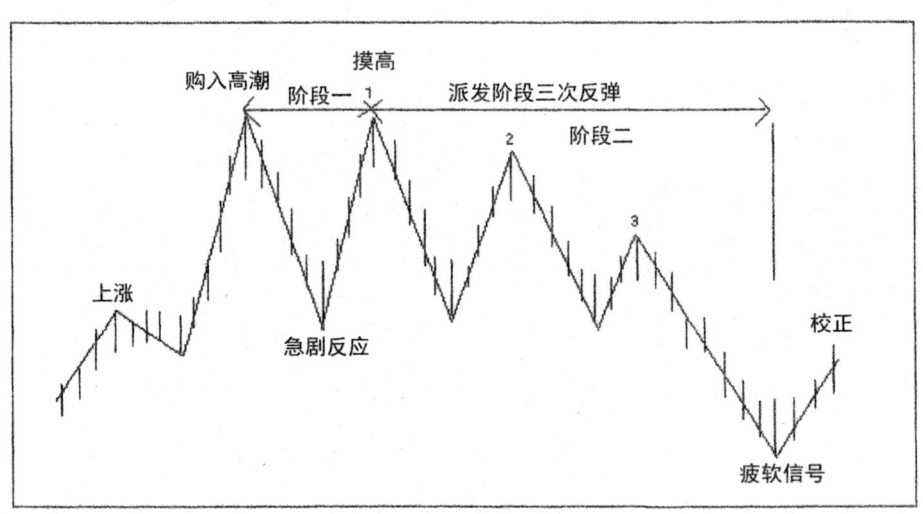

图 1.5　派发阶段

阶段二　支撑区和阻力区

市场将会进入一种供求大体保持平衡的阶段。如果这是派发期，下降竹线交易量就开始增加，上涨竹线交易量就会相应下降。到该阶段快结束的时候，市场最高点与最低点可能低于原先反弹，市场反应减弱。

急剧反应后，在新高作出几次显著试探，在两三次试探新高的努力失败后，特别注意竹线大幅度下降，这一特征暗示了每次市场接近新高时，人们都会大量抛售。第三次反弹失败意味着市场很可能会向下突破，累积阶段快结束时很可能形成反弹趋势，潜在的抛售点是位于第二次或第三次反弹到阻力区。

在市场经历一两次显著低于原先市场最低位时，这意味着市场会出现疲软信号。所谓显著，指的是至少有一次竹线下降幅度低于两个或三个原先市场最低位。超过一个或一个以上原先市场最低位的强度大小表明派发阶段完成。低于原先市场最低位较弱且即刻反弹，则意味着还有些需求，很可能会反弹到较高阻力区。反之，如果低于原先市场最低位显著且持续时间长，则意味着供求低迷，市场会有好几条竹线低于原先市场最低位，以进一步确认，这表明派发阶段已完成，市场可能进入下降期。

疲软信号出现后，市场通常重新回到原先市场波动校正点大约一半的位置，这意味着市场进入下降期。市场达到新低，请扼制住购买冲动，冲动性抛售者往往觉得自己不会孤注一掷，但经常就会有此举动。处于派发期、即将往下突破的其他股票也有无数机会，按照自己的具体情况进场，而不是追赶市场，追赶市场且在最低位卖出，当市场进入正常校正期，往往会使你不得不止损离场。

概括如下：

◇ 购入高潮后，第一反应通常伴随着急剧反弹，然而，请记住市场下跌速度比上涨速度快。
◇ 在派发阶段早期卖出，其结束前可能会获得小额收益。
◇ 最佳获益时机是累积期临结束前卖出。
◇ 市场上涨期和下降期可以获益最大化。

获利平仓

如果市场明显处于派发期，获利点位于支撑区，支撑区位于原先市场震荡区域低位点，应提前下单清仓。因为该区域交易频繁，应即刻离开，如果清仓指令没有执行，获利机会很快会丧失。在市场进入支撑区时，"再等等看"的思想是很危险的，关注短时间框架可能有益。

重新累积

假如你能推定购入高潮后市场进入派发阶段，或者能够断定下一阶段市场会走低，那么市场交易就变得容易多了，但这是不可能做到的。诚然，尽管市场会进入震荡区域，但这一震荡区域可能是重新累积，市场可能会出现购入高潮，这将意味着上涨的结束，但这并不是说市场会下跌，这仅仅是市场处于震荡区域或静止区域，而供求力会决定下一步是涨还是跌，去寻找出现几次反弹和反应的市场。在震荡区域第二次或第三次出现反弹后，交易区域竹线幅度和位置往往会指明下一步行动方向，市场通常走出震荡区域，与他们进入震荡区域时的方向是一致的。图1.6表明了股票在购入高潮出现后进入震荡区域的情况，如果你在该震荡区域交易,在 E 点前你可以低买高卖,请注意低点比前一个低点更高时进行市场交易,几条竹线将靠近交易区域高位,这意味着重新累积很可能会带来再一次上涨,基本观点没变,只不过重新派发是以反向进行的。

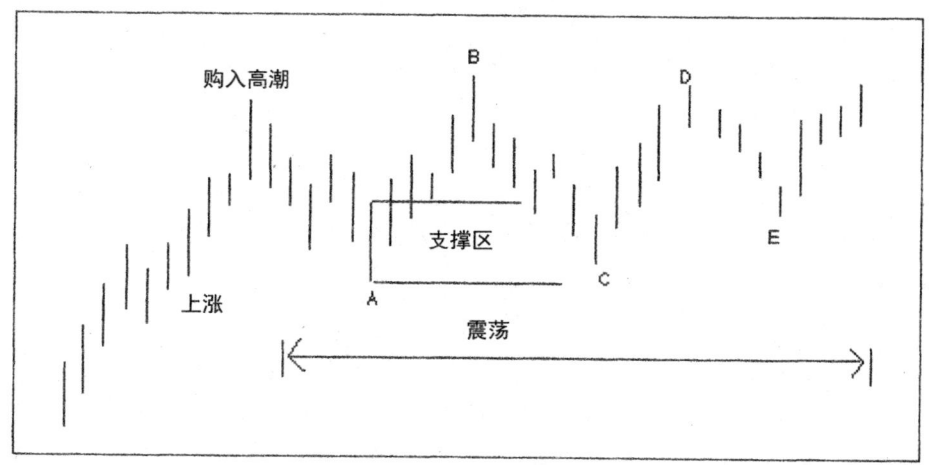

图 1.6　重新累积

上涨和下跌阶段

上涨和下跌阶段是最有利可图的(参见图 1.7)。然而,在震荡区域上涨和下跌获利的机率只有大概 15%,并行运动理论在竞争性交易市场非常管用,这一理论的基本观点是:反弹和反应将等于原先的反弹和反应,在相等反应点买入,以相等运动反弹或上涨获利,下跌阶段大致完全反映了上涨阶段,下跌市场通常比上涨市场速度要快,且幅度更大,恐惧心理远胜于贪婪。

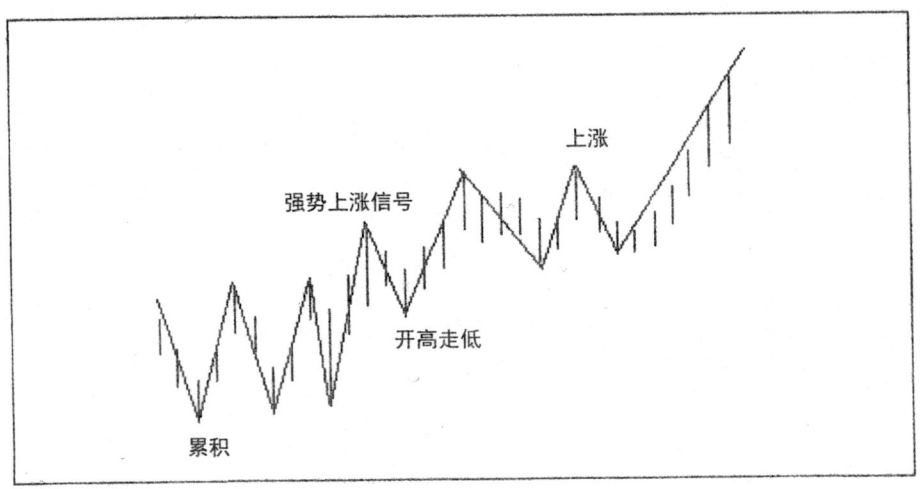

图 1.7 上涨阶段

市场衰竭

市场上涨扩大后，或在一个方向一下子出现三条竹线，这时，市场往往最脆弱，并会受校正影响，可能意味着新趋势的开始，此点强势的反转竹线意味着短期利润遭到蚕食。如果市场在随后两三天内没有跟进，那么最好退出该市场，低开首先表明了市场衰竭，甚至是市场的结束。

五种方法可以确认什么时候上涨市场可能正进入整理区间：

◇ 市场中有两条幅度大的下跌竹线。
◇ 市场中 10 条竹线不能形成新高。
◇ 市场没有出现逆当前趋势的缺口，当竹线的最高价低于最高竹线的最低价时，就会出现缺口。
◇ 市场得到扩展后就会出现急剧跳跃或破高反跌形态。当市场达到新低，找不到供给，突然急剧反弹，这就叫跳跃；当市场达到新高，找不到需求，然后急剧下降，这就叫破高反跌形态。第六章会详细讨论这些概念。

◇ 市场达到或超过原先市场75%的回落或反弹程度。

交易结束

如果三次不能超越交易高价，并突破到新高，那么将意味着价格波动的结束，这之前通常会出现短暂的交易上涨，预示着交易上涨要么暂时结束，要么永久结束，此时要么获利，要么紧急止损。

如何利用该理论赚钱

现在面临最大的问题是如何让人们利用前面介绍的信息在市场中赚钱，在你看完本书之前，你也许找到了一些答案，我们的目标是让你明白交易市场阶段理论和变化模式，在他们出现的时候就能搞清楚，而不是做事后诸葛亮，因为事后每个人都能认清事实，所以重要的是应找到可供我们使用的方法和使用原则，竹线图给我们阐明了交易变化规律，以及使用这些规则进行买卖的场合。

把出现的震荡看作是与上次的上涨或下跌相一致的一次重新累积或重新派发，市场进入震荡区通常与他们走出震荡区方向是一致的，你可以一直这样认为，除非震荡模式发生了改变。

图1.8表明了股票在重新累积过程中的交易情况。买入区（参见图1.9）可以定义如下（卖出区与此相反）：

◇ 处于或低于50%的上涨校正区。

◇ 处于支撑区。

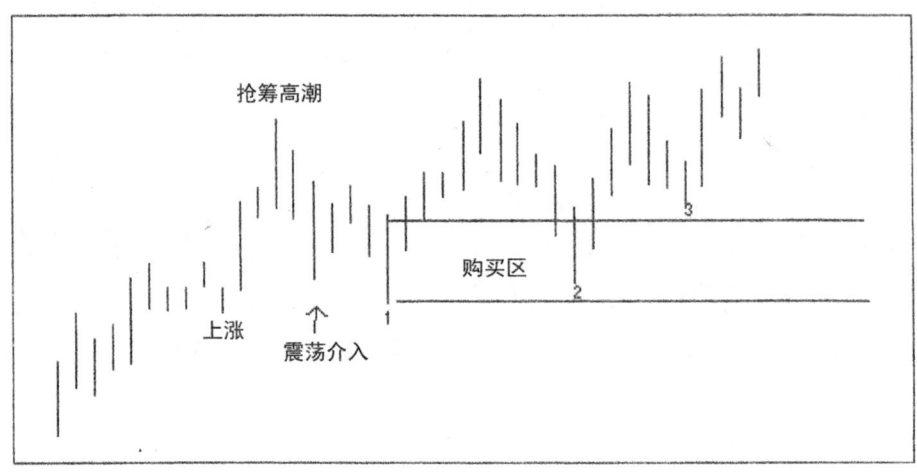

图 1.8 重新累积

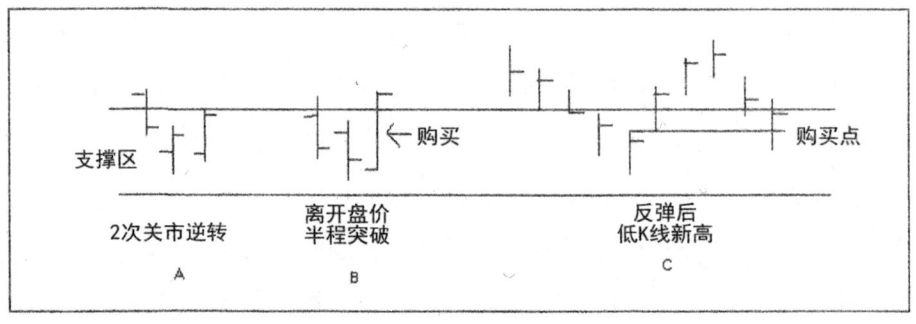

图 1.9 购买进入模式

一旦市场进入支撑区，采用如下规则做多头：

◇ 收盘价以大幅度竹线和放大交易量高于前两天或两天以上收盘价。大幅度竹线指的是该竹线震荡幅度大于十天竹线平均幅度。

◇ 在离开盘价半程突破时买入，计算前面天数幅度变化的一半并将值加入开盘价。
◇ 在支撑区的第二次或第三次开高走低时买入,在第四次开高走低时要谨慎买入,因为市场通常在第四次开高走低时有突破。
◇ 买入当日收盘价应高于前一天的最高价,开盘价会进一步证实市场坚挺。
◇ 如果十条竹线不能形成新高,市场就亮起了红灯,需要保持警惕。
◇ 在两三条竹线进入支撑区后买入,但你必须时刻保持警惕,并有能力快速作出反应,否则就会丧失交易良机。耗时过多作出的交易往往是赔本交易,供良好交易开的"时间窗户"往往是窄小的。

停止交易

有两个停止交易点:平均幅度低于前反转点低点,或者进场竹线幅度低于进场竹线低点。如果一有喘息的机会,这种停止交易就会抬头,如果市场在大约三个竹线里没有任何反应,那么就平仓,不要等遭受更大的损失才行动。

目标

目标或获利目标如图 1.10 所示:

◇ 盒式目标:累积模式盒子宽度(B=A)。
◇ 震荡目标:50% 上涨加到交易高点,获得第一目标,100% 上涨加到交易高点,获得第二目标。

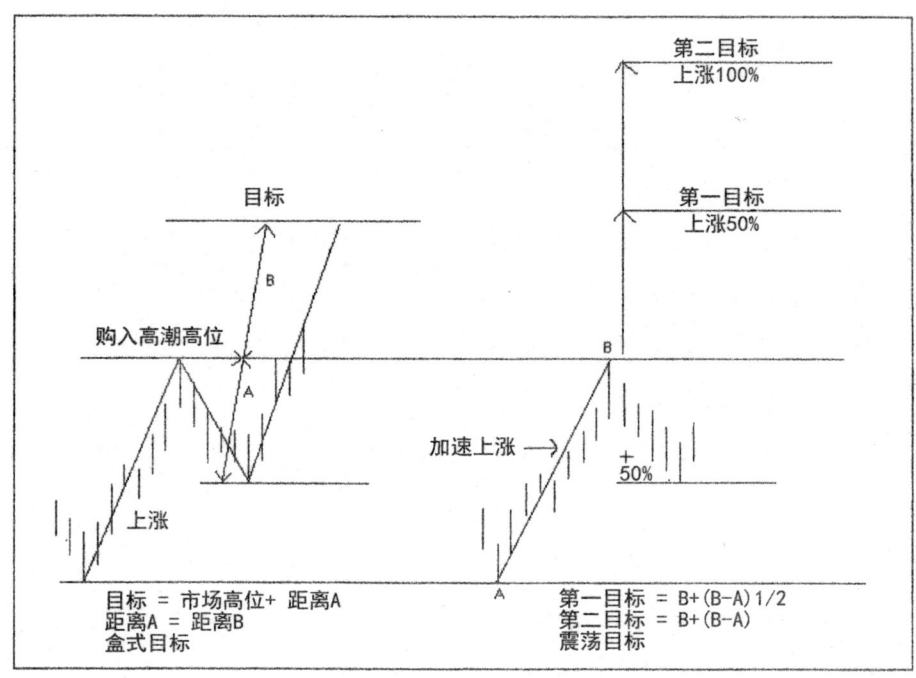

图 1.10 交易目标

一旦市场达到目标区域，要么出现市场清仓，要么出现供大于求。

全书都会使用到这些目标，如果你处于目标区域或市场进入目标区域，你应该保持警惕，要么获利离场，或者至少是加紧止损。

交易规则个案研究

图 1.11 是一张关于通用汽车（GM）股票交易的图表，表明使用这些技术手段在 12 个月（1998.07—1999.07）的时间里的交易情况。通用汽车从 61 点跌到 39 点，后又升至 78 点，又重新回落到 62 点，如果买入并持有该股票将会有 5 个点的赢利。如上所述，如果利用技术手段交易，会产生大概 30 个点到 45 个点的收益。图 1.11 标出了该技术的使用情况，在该阶段（参见图 1.12）进行了五笔交易。

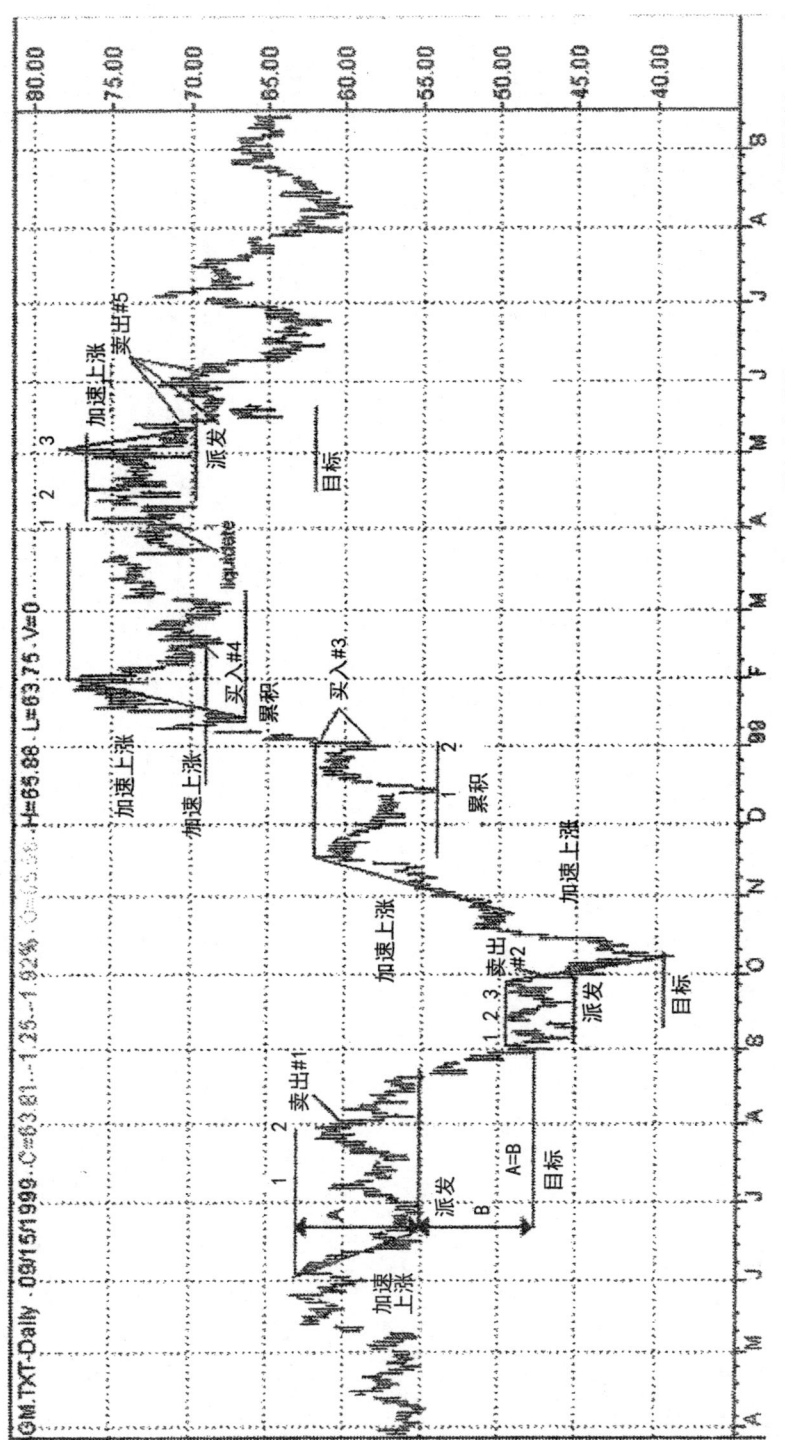

图1.11 GM.TXT-Daily（1999.12.15）

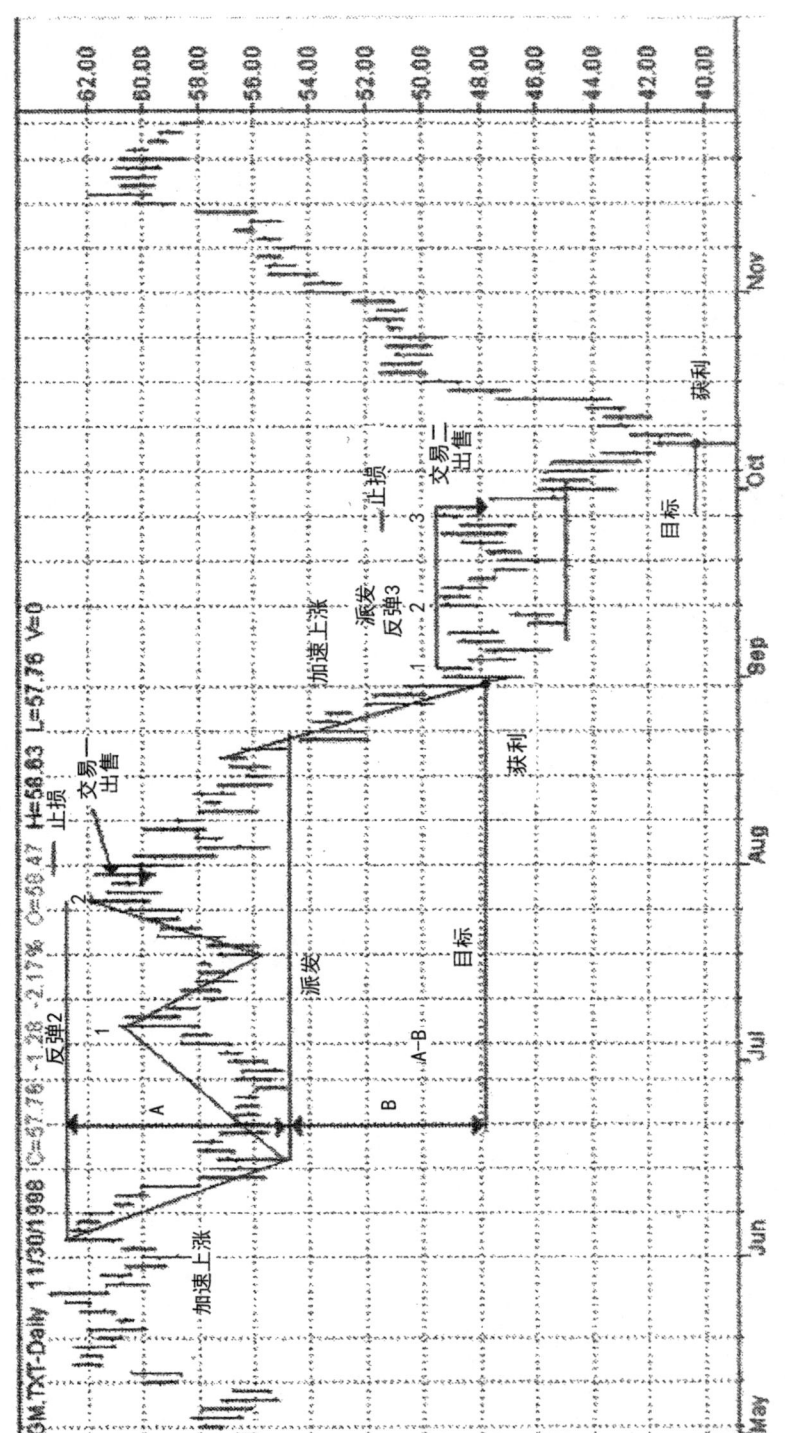

图1.12 GM.TXT-Daily (1998.11.30)

交易一

突破 58 支撑点的上涨使趋势向下，预测震荡，最终是向下突破，在该区域形成两次反弹。随着极限日出现（极限日指新高和新低超出前一天范围），第二次反弹中短暂停留于 60 点，初次止损是进场日幅度超出进场日高点，在 48 的目标点大概获利 12 个点。

交易二

市场在第二震荡区有三次反弹，在 48 点第三次反弹后，出现大范围下跌竹线，此时做空，在此目标点大概获利 7.5 个点。大范围下跌竹线指的是此范围大于平均范围、市场收盘价低于开盘价或前一日收盘价。

交易三

市场直到 62 点才再次发生震荡（参见图 1.13），可以在 50% 的校正点买入，也可以根据竹线从 50% 的点广泛上涨时买入，获利目标处于 9 个点至 13 个点。

交易四

该交易（参见图 1.14）如果是在上涨 50% 点时买入，则是赔本交易。然而，如果是在原先上涨低位竹线的高点买入，可以获取小利，如果看到竹线大幅度下跌，则意味着会出现派发，而不是累积，这时应该平仓，获利至多 4 个点，从进入点一次止损会损失 3 个点。

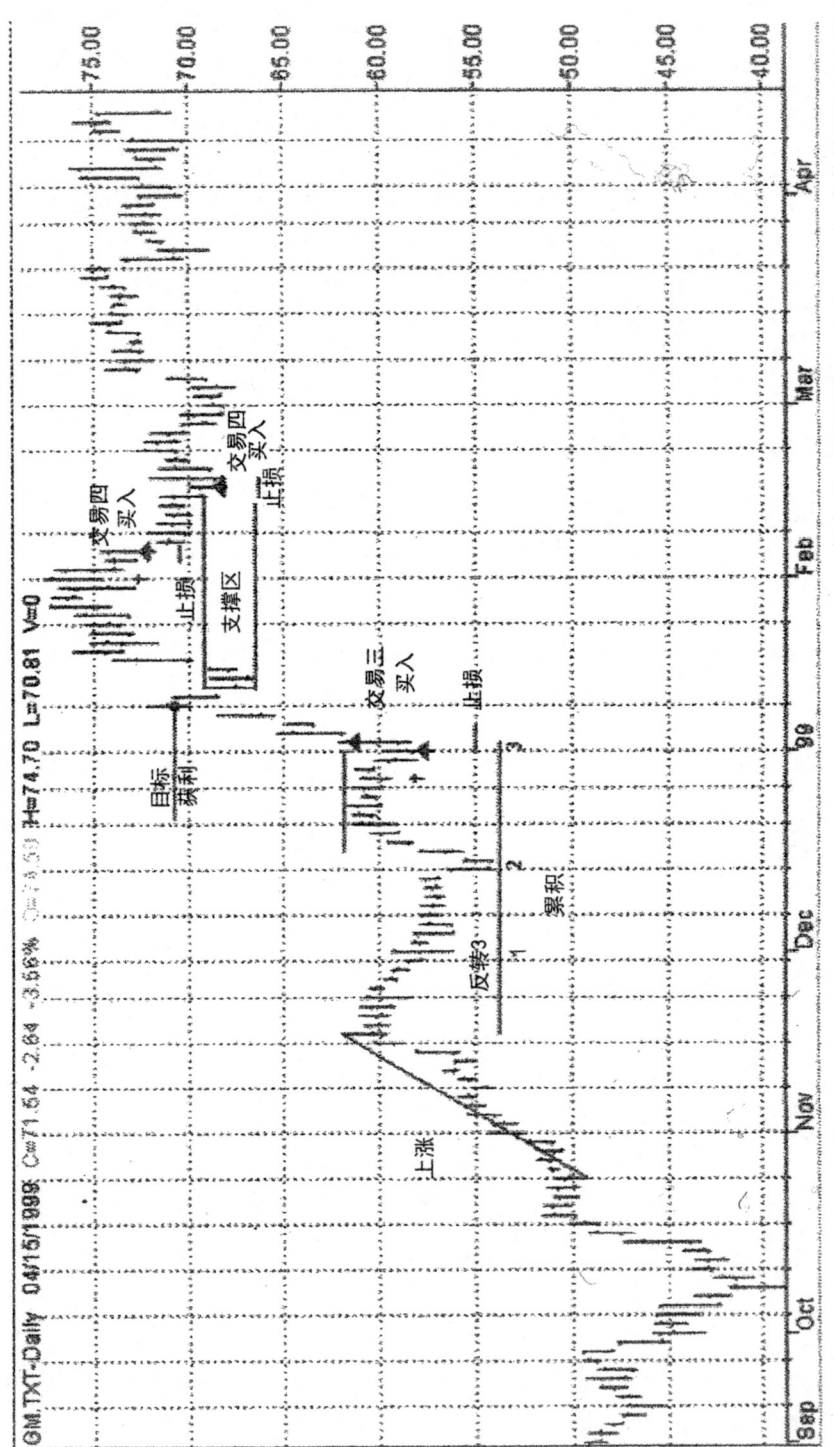

图1.13　GM.TXT-Daily（1999.04.15）

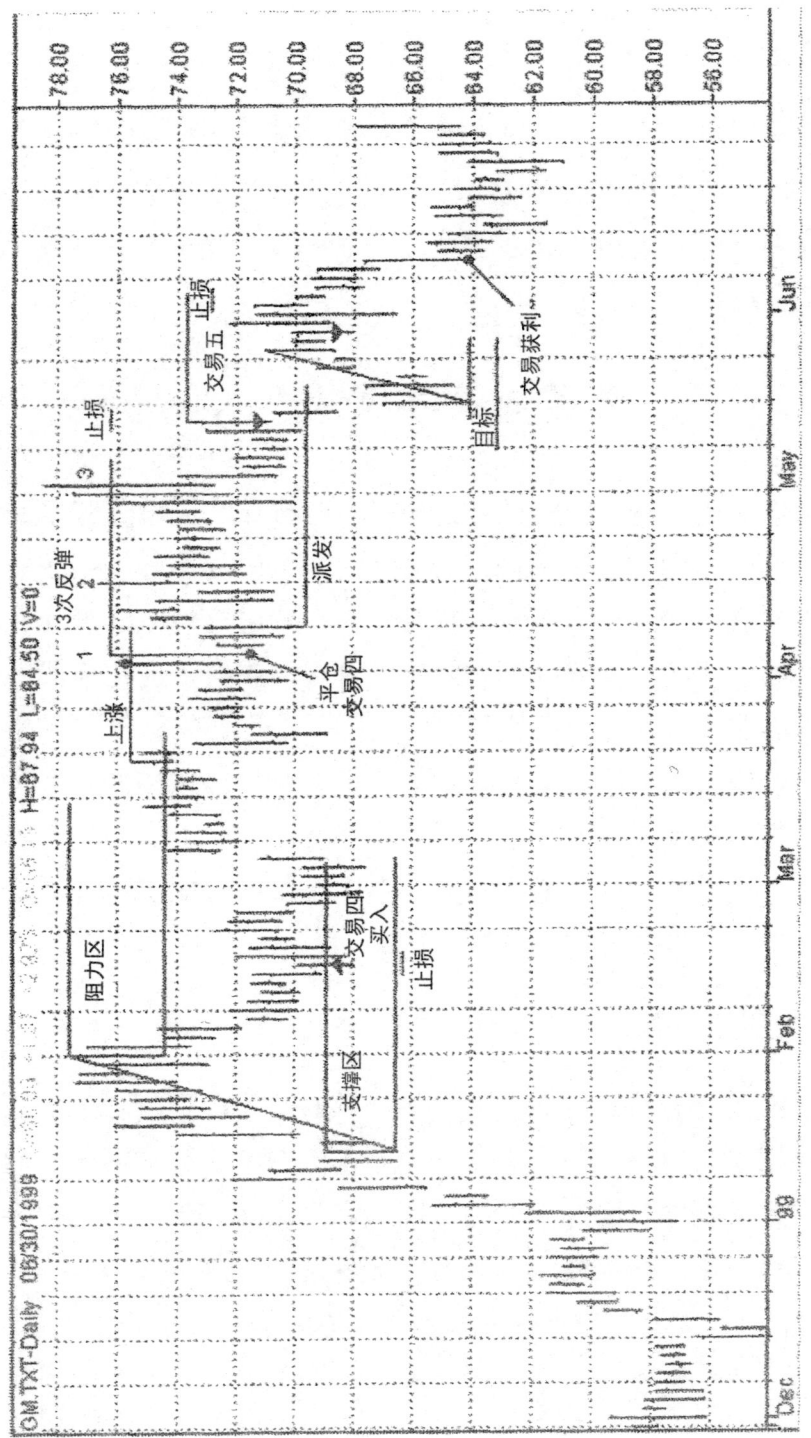

图1.14 GM.TXT-Daily (1999.06.30)

交易五

第三次反弹出现上涨，随之出现下跌，明显表明该区域处于派发区。出现两次开高走低时选择其中一次做空。注意：做空可以是开高走低时，也可以是反弹时。在 64 的区域平仓，获利 5 个点到 7 个点。

交易还是不交易

如果你的钱不进行股票交易，绝对不会有什么风险。股票交易会占用你 10% 到 15% 的时间，85% 到 90% 的时间你都不会在股市里，在累积期或派发期你可以持有头寸，采用这种方法没什么错的，然而，这样做，有可能给你带来可观的收益。变化模式可能是派发而非重新累积。要达到满意的效果，你必须仔细研究很多竹线，以确保采用的方法是有效的，是适合自己风格的，并会对交易产生舒服感。

这种方法需要一些主观判断力，但你必须尽可能多地掌握交易规则，将主观判断力减弱到最低程度。

活跃的市场交易

就活跃的交易而言，你应该寻找这样的股票或期货：他们正处于活跃期或引领市场期，而非处于非主流的不活跃的股票。对什么股票是活跃的股票，其看法受到人们主观认识的影响，但有很多因素可以用来评定绩优股，他们的表现超过其他股票，正处于活跃期。《投资者商务日报》是寻找活跃期股票的最好来源。

活跃期股票的特征如下：

◇ 波动性强。
◇ 连续四个星期出现新高。
◇ 股票处于上涨期。
◇ 连续20天平均收盘价走势可以看出是涨还是跌。
◇ 是市场某特定领域引领者。

结论

请记住：游戏的名字叫获利，但不是每次交易获利90%，学会对市场小小获利也感到满意。模式形成期进场，在目标点获利了结，或在供大于求时获利平仓。

这些规则适用于任何时段，包括日内交易，对任一时段的交易都有参考价值。如果你的投资是长期的，就研究每周的竹线图，尽管可能会有很多错误的判断，但这也是止损的有效手段。你要通过交易来赚钱的唯一方法就是研究众多竹线图，标出你的买卖、获利情况、止损点位置，这可以使别人的观点变成自己的，而不是他人的，这样你的交易才可以获得成功。你面临的最难解决的一个问题是：在上涨阶段快结束时，或在做多放量时，平仓头寸。培养良好的心态，成为一个快乐的人：当大家都想买该股的时候，你就抛售一些给他们。

通用汽车个案研究只是给我们提供了一个示例，教给我们如何根据市场供求力量来构建交易方法。把你觉得与供求相关的或与买卖高潮相关的事件，用竹线标注出来。读一读由查尔斯·麦基于160年前所写的书——《非同寻常的大众幻想与群众性癫狂》，适用于1841年的规则，至今也适用。不要轻信你的记忆力，跟踪记录自己的交易活动，把自己每天的所见所闻记录下来，并做到经常温故而知新。准备好两张表：一张记录的是有关你做的事，另一张记录的是你应该那样做而实际并未那样做的事，学会经常对比，掌握技术手段在市场拐点出现的频率。事后分析通常90%都是对的，但我们的目标是要看清市场变化规则，并随之采取相应的措施。

备注

有关供求的一些观点来自于威科夫、塔布斯、拉森的先期研究。如想了解更多威科夫的思想观点可以从设在美国亚利桑那州凤凰城的股票市场研究所获得，也可以从阅读《股票和期货》杂志中获得。塔布斯和拉森的课程来自于个人收集。

第二章　艾略特波浪理论的实际应用

　　艾略特波浪理论令众多股票交易者困惑不解，本章节并无意纠缠于该理论的模糊性。相反，该理论应用于切实可行的交易方案，有可能给我们带来一种成功的交易方法。这是目前现有的最好的循环理论之一，它考虑到了非谐波行为。

　　市场中有很多不同种类的投机方法，大体上来说，这些方法通常分为技术分析方法和基本面分析方法，有些分析师喜欢将两者合二为一，以形成理想的应对市场的方法。基本面分析方法包括计算蒲式耳、英亩、消耗单位、收益、账面价值（又称"净值"），等等。技术分析方法主要分析过去的市场走势、考虑未来采取的措施。该领域的一些大师有：夏巴克、加特利、道氏、江恩、利弗莫尔、威科夫，还有其他一些人，当然也包括拉尔夫·纳尔逊·艾略特。艾略特于1939年撰写了一系列文章阐述艾略特波浪理论，这一系列文章长期以来一直使投资界无法理解，大多数读商科专业的漫不经心的学生偶尔读到这些文章，很快也就把它们扔了。但实际上它们是最有用的市场技术分析方法之一，而那些认真研读这些文章的商科学生，在其各自的研究领域都做得很好。

　　人们能否充分利用艾略特波浪理论来预测有利可图的交易的价格趋势？对该问题的回答，我们持谨慎的"是"，只要你不完全教条地使用该理论。艾略特波浪理论考虑了谐波的和非谐波的运动模式，很多通俗的循环理论运用波浪原则主要是以谐波为基础，而当非谐波运动模式出现时，你就会不知所措。

下面我们精简了艾略特波浪理论，将其概念缩减为有用的模块：

牛市由五个波浪组成，其中有两个是调整波浪，熊市走向与此相反。奇数浪看涨，偶数浪看跌，浪2调整浪1，浪4调整浪3，第五浪后，整个市场走势受到调整的影响。计算一下交易中的股票涨幅，你会惊讶地发现它与艾略特波浪理论非常一致。想想你有多少次股票上涨曾处于浪5却因为在交易时粗心而丧失良机呢？你当时心里想交易就是一台金钱机器，在漫不经心之际做了本不该做的交易。在第五次波浪后走势并没有改变，有的可以延伸至第9浪，甚至更高，艾略特把这种走势称为伸展浪。

浪4终止点高于浪1高点（参见图2.1），艾略特还有一些具体的规则要求，例如，浪3在价格长度方面不能短于浪1和浪5，但我们发现这未必是正确的。

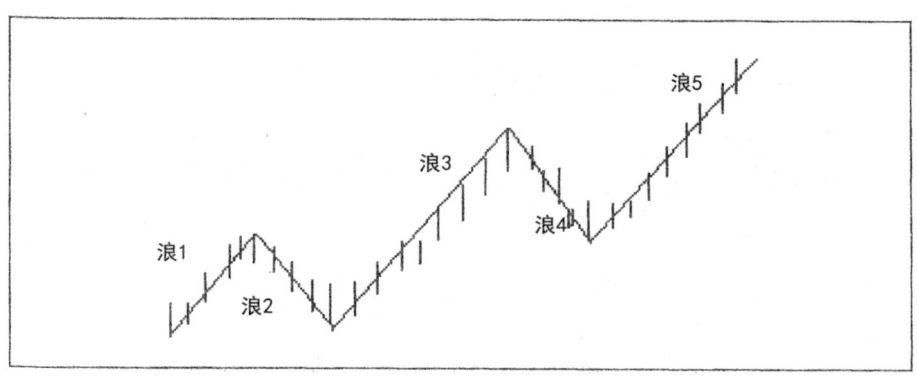

图2.1　艾略特波浪理论

这些走势可以细分成一个一个低强度波浪，什么是低强度波浪？这是一个难以回答的问题，这也是为什么难以应用该理论的原因之一。一种建议是观察不同的时段找出下一个低强度波浪。假如说图 2.1 是日竹线图，那么找到 30 分钟时段，找出下一个低强度波浪。例如，大级别的浪 1 由五个低强度的波浪构成，这与图 2.1 是一致的，如图 2.2 所示。为简洁起见省略了柱状图。

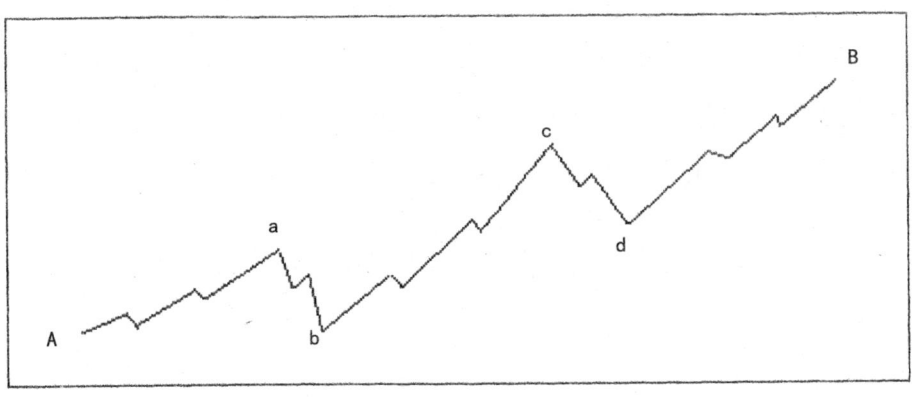

图 2.2　艾略特波浪理论——低强度波浪

主要波浪目标

图 2.3 表达的意思几乎与预测浪 3、浪 5 目标的任何方法一样有效：

◇ 浪 3 的目标是浪 1 加到浪 1 高点的 50%的幅度。
◇ 浪 5 的目标是浪 1 加到浪 1 高点的 100%的幅度。

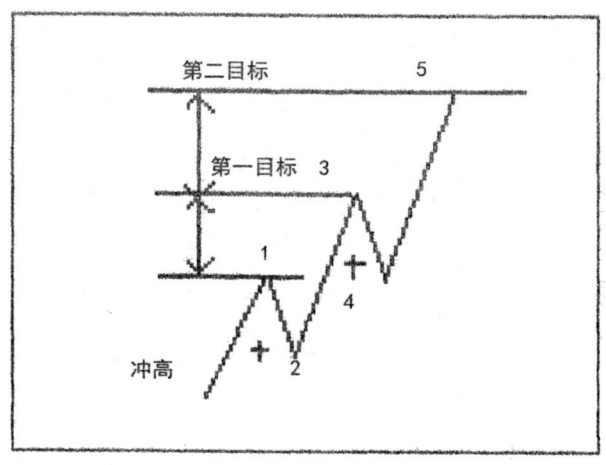

图 2.3 波浪目标：第一目标 =（上涨×50%）+ 浪 1 高点；第二目标 =（上涨×100%）+ 浪 1 高点；如果浪 2 仅仅是调整期像 A 型，那么浪 4 将很复杂，反之亦然。

实际的用途就是一旦出现过度卖出或过度买入，可以提供指导。

调整浪或阶段

调整浪通常以三种浪（ABC）的形式出现，但是偶尔也会出现只有一种浪（A）。图 2.4 的三种分类表示了调整类型：锯齿型调整（参见图 2.4A）是最弱的一种调整类型，会导致趋势逆转。注意浪 B 高点低于浪 1 高点，而 C 浪低点低于浪 A 低点。

不规则类型中，浪 B 高点高于浪 1（参见图 2.4C），它最强，特别是当浪 C 低点高于浪 A 低点时，更是如此。

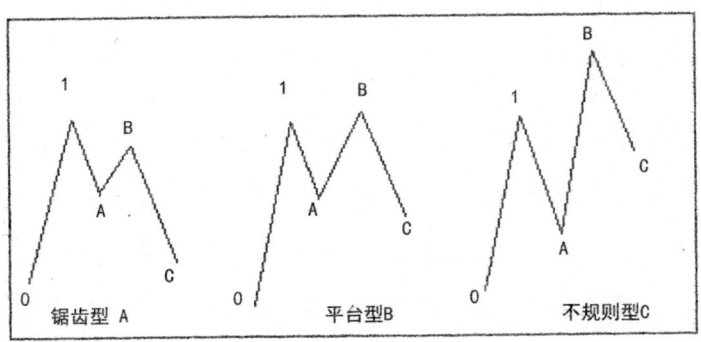

图 2.4 调整浪类型

三角形调整

三角形调整在一个推动浪或冲击浪后由一个五浪结构组成，分别标注为 ABCDE。这一模式类型或位置常常能向我们揭示是否会发生趋势逆转情况。

图 2.5A 是一种平台型调整，所有波动幅度都高于 0—1 冲击浪的 50%，每次市场在 A、B、C、D、E 点接近 50% 的调整点时，市场对此股票有很大的需求量，E 浪的终止通常表明调整期或震荡期结束。如果 E 浪终止时高于 C 点，请注意冲高突破。图 2.5B 是熊市调整模式，因为关键点位都低于 50% 的调整点，很可能会出现破位下跌。

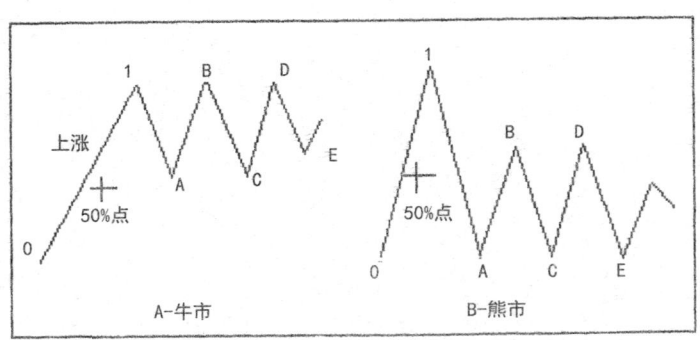

图 2.5 三角形调整

A—型调整

第一调整浪或 A 浪调整到上涨浪或发力涉及到时空，A 浪调整的时间长短在判断整个调整走势和出现趋势逆转概率方面非常重要。

图 2.6 表明了在调整完成后，运用 A–型调整（或叫第一抗下跌浪）来判断调整类型和市场可能的走向。在图 2.7 中说明了市场可能出现的四种结果。如果 A–型反弹幅度介于：

◇ 25%-35%反转：预测一条波浪校正然后再延续。
◇ 35%-50%反转：预测三条波浪校正然后再延续。
◇ 50%-75%反转：预测五条波浪校正然后再延续。
◇ 大于75%反转：往往走势会发生变化。

这类行为会产生走势反转，这往往是供求双方在角力，离原点75%反转，其阻力要胜过乏力的25%反转。

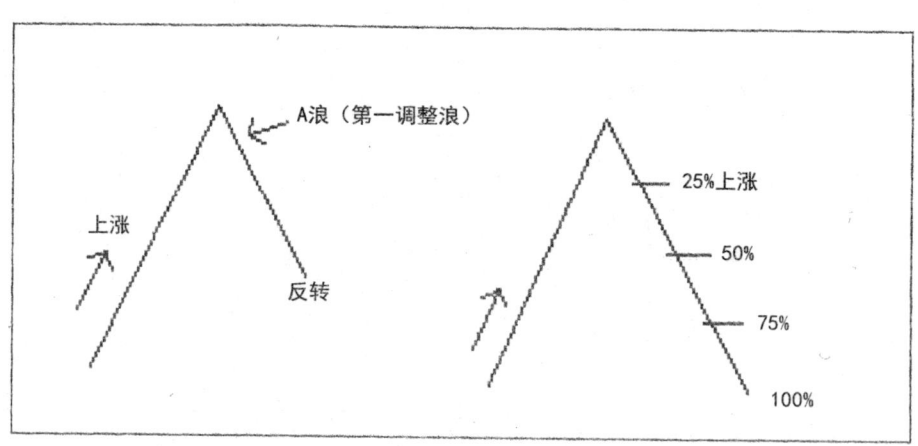

图 2.6　波浪调整

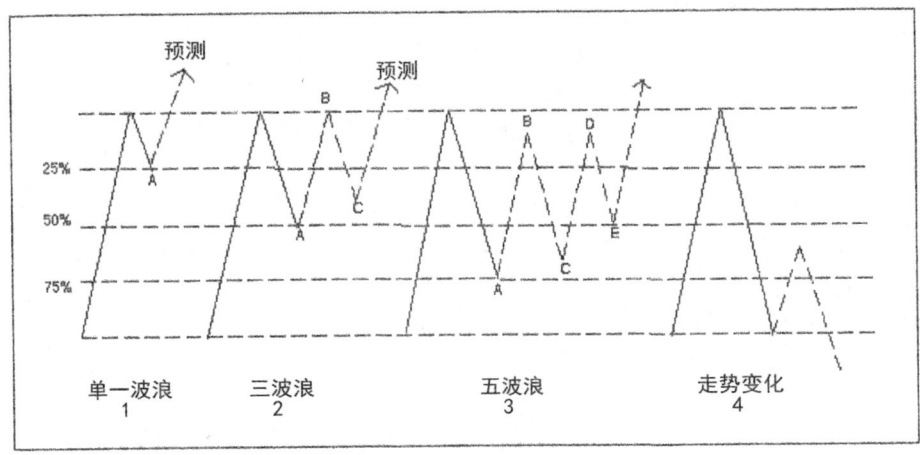

图 2.7　调整预测

原油期货个案研究

图 2.8 是一张原油期货竹线图，说明了如何充分利用 A—型调整使活跃的市场发力，最好的交易时机是市场进入低位时段，有助于我们对 A—型调整终止作出判断，并选择进入市场的时机。逆市出现几条反转竹线后，其中有一条反转竹线将是非常有利可图的。反转竹线指的是与原先竹线方向相反的竹线，建议从竹线低位点（或高位出售点）进场，即在 1.0 止损幅度内，这样十有八九在短期交易中都会成功。

对波浪运动统计研究结果如下：

◇ 只有 A 型或单一浪——32%。
◇ ABC 或 3 波浪——50%。
◇ ABCDE 或 5 波浪——14%。
◇ 超过 ABCDE 波浪——4%。

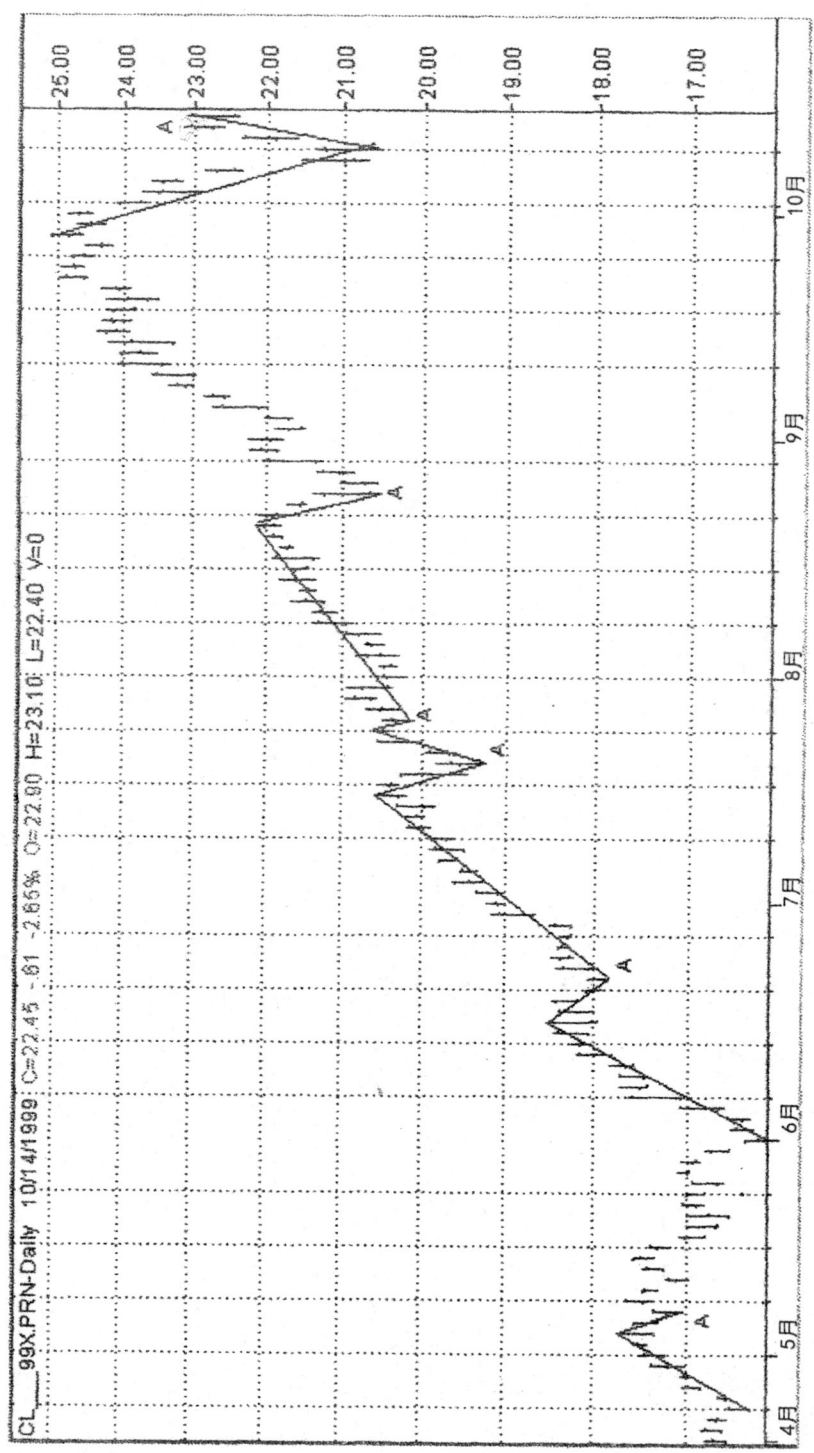

图2.8 轻质原油期货99XPRN-日线 （1999.10.14）

只有18%的波浪超过ABC反转波浪，因此结论是显而易见的，在ABC波浪调整到上涨时买入或卖出，市场只有18%的时间超过ABC调整。

如何在A调整至上涨或ABC调整至上涨交易

在你的技术工具箱里这是一个非常有用的工具，其不足之处是：

◇ 有时很难知道运用哪一个ABC。
◇ 调整可能会出现ABCDE形式。
◇ 冲高可能意味着行情的终止。

依靠调整期而不是靠突破进入市场，因为大多数突破都不成功。在支点或突破时买入，比在调整期买入，防止损失的止损度要大得多。

交易计划

股票交易没有轻而易举的事，但下面讲到的方法可供参照。其基本观点就是：在A型或C型调整期到需求冲高（做空时，反之亦然）时买入股票或商品，在调整期进场，而不是追赶上涨的市场。这里提供三种恰到好处的进场方法：

◇ 在50%调整期至需求上涨开始购入，但决不要在第一次竹线调整出现的时候。

◇ 当市场明显表现出供给乏力，如短时段内市场以低点收盘，在 C 型调整期进场，开盘价幅度突破原先竹线幅度 50% 开始购买。

◇ 当一段时间内竹线买/卖信号是低点时，且市场正处于买/卖区域，可以进场。

买入后，如果平均幅度低于竹线最低点，发出止损指令，在市场达到目标后，头寸平仓，如果市场没有达到目标，那么根据供大于求情况头寸平仓。如果 A 型在 50% 的点买入后达到 75% 或低于 75%，就忘掉收益吧。实施摩擦交易或在接近突破时平仓。

图 2.9 具体列举了这些简单的原理。注意，竹线标出了升至高点的五个波浪，当五个波浪升至高点后，很可能会发生调整，然而，这一行为预示着高价将会出现，主要的意思是在市场发出强信号（发力）后，开始买入，但仅仅是根据对合理支撑点反转而作出的，在市场出现暂时疲软时买入，发出强信号时平仓。

其他周期理论著作

除了鲍勃·普莱切特外，汤姆·德马克也是最早承认艾略特波浪理论价值的分析师之一，你也许希望看看他对该理论的解释（参见参考书目），汤姆在自己的著作中提出了很多让人眼前一亮的观点，虽然它们不是以交易方法呈现出来的，但是人们只要有一点点想象力，读完之后就可以提出很多好的交易方法。其他在周期理论方面做出优异成绩的人员包括：J. M. 赫斯特、威尔士·王尔德、瓦尔特·巴塞特（参见参考书目）。瓦尔特是我的

第二章 艾略特波浪理论的实际应用

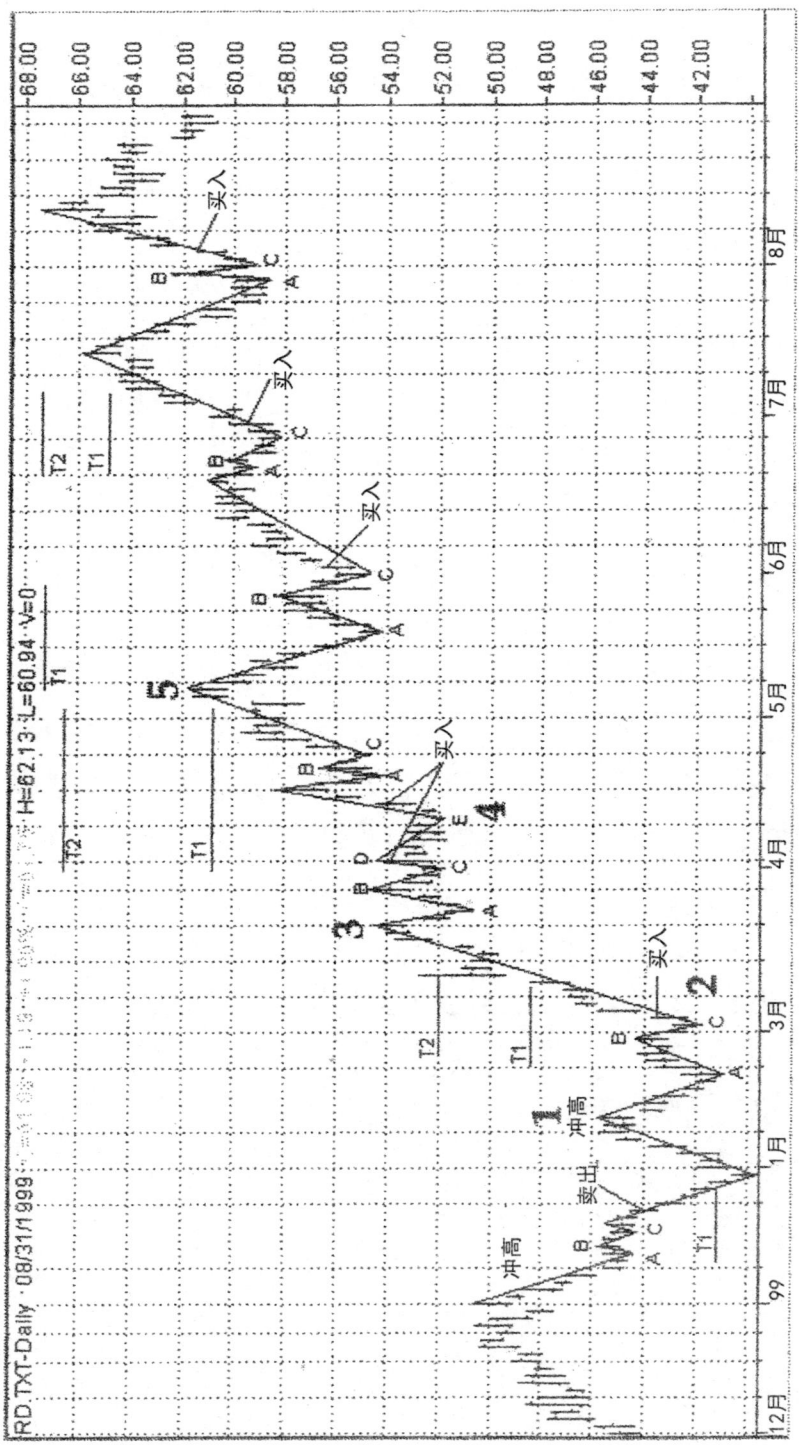

图2.9 荷兰皇家石油公司

一个老朋友了，有一天他来北卡罗来纳州看我，我们一块儿去猎熊，我们来到深谷的一片矮树丛，突然一只熊向我们扑来，吓了我们一跳，我们弃枪而逃。瓦尔特说我们之所以遇到麻烦，是因为我们都想比熊跑得快，我跟瓦尔特说他的话不符合事实，我告诉他我想做的就是跑得比他快。在跑了一段距离后，我回头看到瓦尔特停止了跑动，在磕头祷告呢，这给我留下了深刻印象，同时，我还注意到熊也停止了跑动，好像也在做出祷告的样子，我偷听到熊在说："噢，老天爷，感谢您赐给我就要吃到的美味佳肴。"但不管怎么说，我们俩还是都活下来了。

小结

本章主要讲述了如何运用艾略特的波浪理论进行交易。看到艾略特使用这么多的数据也不要惊慌，就是把艾略特的十个学生置于同一个房间给他们看同一个竹线图，他们就波浪的位置很可能会得出十个不同的答案。小鲍勃·普莱切特与他的一位合著者花了一晚上在争论该问题，他们谁也说服不了谁。读一读鲍勃的著作，你或许可以得出不同的结论。上涨是一种非常简单的结构，很可能会出现调整期，本章试图给你提供调整期进场的一些技巧，调整期结束后，市场很可能会再次出现冲高，我们给出了下次冲高可能出现的目标，至此点你可以是获利，或至少是赶快让你止损。

第三章　竹线图及其预测力

本章对构建和解读竹线图提供一个路线图。如果你不知道去过什么地方，你如何知道要去什么地方？竹线图仅表示对发生的事的描述，技术分析师试图根据竹线图构建一份切实可行的交易方案。本章节以竹线图形成为基础，利用电脑技术，从很多通常的交易模式中找出优势交易，在股票表格中只考虑买方。

在研究市场行为中，没有什么比反映过去市场交易过程的竹线图更重要了。然而，竹线图是死的东西，它们并不会给你提供投资心理的任何信息，只有当过去的市场行为用来预测未来价格变化过程时，竹线图才被赋予生命。竹线图犹如路标，给你指明从哪一点可以到达另一点。竹线图反映了大众投机时的行为、情感和思想。

所有事物实际上都受到内在规律的控制，价格规律也不例外，或许我们可以运用医学知识解释这一点。医学从研究人体开始，研究人体各部分功能需求，逐渐建立数据，这些数据就形成了作用与反作用概念。我们可以将同样的思想应用于价格与市场行为研究，这也就是为什么过去市场交易中形成的竹线图能起作用的原因。价格的波动让人们得出符合逻辑的结论：作用与反作用是由大众心理引起的。研究市场行为的学生会发现，竹线图上发生的一系列变化通常都会产生一定的反应，这些行为发生频率如此之高，以至于逐渐就形成了规律，但这也不是绝对的，因为每个人的思想不可能那么机械、一成不变，然而，认识到市场可能会作出什么样的反应使学生远远领先于绝大多数交易者。

投机本质上来说就是预测，市场行为可以预料到即将发生的事件，价格的作用就是把供求关系综合起来考虑。

有史以来，人类一直在很大程度上受制于恐惧和贪婪，如果研究市场行为的学生任凭这些情绪影响自己对市场的反应，那么就会丧失市场中的很多机会，所以必须扼制这两种情绪，我们必须要有信心和勇气去克服恐惧和贪婪。勇气是与生俱来的，而信心是后天通过学习、学习、再学习所获得的。

乔治·科尔于1936年写了一部著名的小册子论述了该话题，我们这些作者要感谢他和他出版的著作。

图3.1A反映的是一天价格的变化，左边的横轴表示的是开盘价，右边的横轴表示的是收盘价，短划线表示的是一天中价格幅度的50%的点，这一天的交易行为告诉我们的信息是：

◇ 开盘价高于这天价格幅度的50%的点，高于收盘价。
◇ 收盘价位于价格幅度的低点。

根据这两点所提供的信息，你或许可以得出结论，市场第二天会低位抛售，因为已知信息表明将会出现行情低迷的市场。

图3.1B表明的是同一天的市场变化，同时也给出了前一天的市场变化，我们现在知道全天的价格变化都高于前一天的价格变化。此外，其收盘价也高于前一天，所有这些因素将意味着会出现牛市，我们可以趁机买入，而不是等第二天开盘低价卖出。

再举一个例子，假设图3.1C反映的是两天的价格变化，这表明积聚的力量是下跌趋势，再考虑其他因素后，最好是做空。

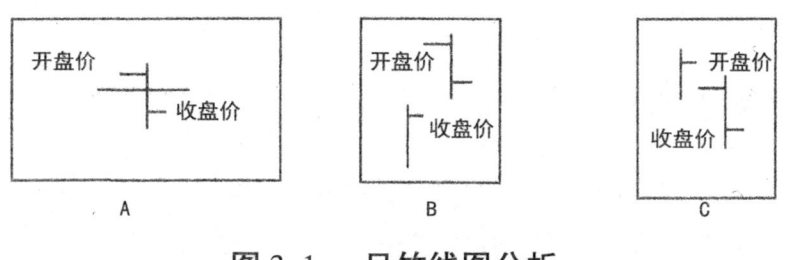

图3.1　日竹线图分析

这种讨论可以以各种假设情况和众多天数为前提讨论下去，这样做的主要目的是引起人们思索供求关系、主力位置和总的走向。

如何利用短期变化规律获利

运用单日变化模式成功获利最重要的一点是：只有在其他市场因素支撑一条竹线表明市场走势的情况下，才运用该模式，因为一种简单的观点不可能独立地发挥作用，这就是为什么必须首先了解整个市场情况的目的之所在。如果要想成功地运用这些短期变化模式，你必须对整个市场有清晰的了解，在此给你提供两种基本的观点：

◇ 当市场处于上涨或下跌阶段时，只顺着市场走向交易。
◇ 当市场处于震荡期时，在支撑区做多，在阻力区做空。

请记住，这些短期变化模式，只要竹线不超过三至五条，通常是有效的。在短期变化模式内交易，设置市场目标和退出指令不失为明智之举，除非你运用该交易作为进场手段想了解更长一段时间的市场走势，否则，会出现另一个反转模式，很快会吞噬本该到手的利润。

收盘价图表

要作出恰当的市场分析，必须要研究收盘价图表。有些研究市场的学生觉得，所有图表提供了最明晰的信息，一天交易中的收盘价是最重要的信息，它表明了整整一天交易活动结束后人们最终表现出来的情绪，这关系到收盘价在以后的交易中会成为支撑点或阻力点。竹线上一个区域里收盘价越高，作为支撑区域或阻力区域的这一高度就越重要。如图3.2所示，有两种类型：在图3.2A中，垂直线是连续的，一直延伸到相反方向的收盘价，而图3.2B中，每天收盘价是以交替垂直线出现的。

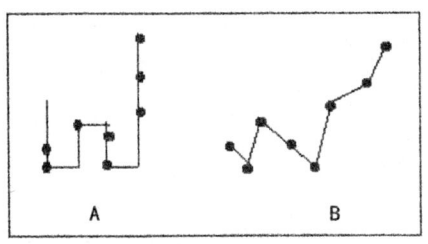

图3.2　收盘价竹线图

支点图与波动图

最高支点是进入高竹线低点前最高走势价，最低支点是进入低竹线高点前最低走势价，最高支点成为阻力点，最低支点成为支撑点，从一个支点到另一个支点的走势称为波动（参见图3.3）。

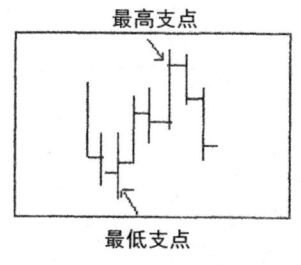 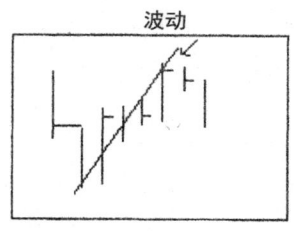

图 3.3　支点图与波动图

走势方向

只要新的价格高点和较高的价格低点出现，趋势就会上升。当最新的一个高点未能突破前高时，它就由上涨转为调整趋势（参见图 3.4）。

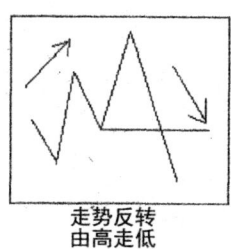 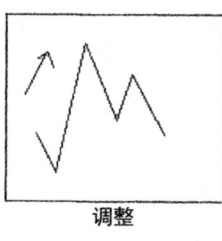 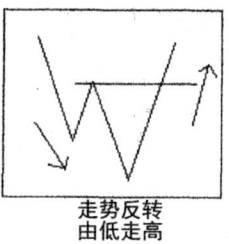

图 3.4　走势信号

收盘价

收盘价保持在一个相对狭窄的幅度内，是一个处于平衡状态的市场。但是当收盘价逐渐超出这个范围时，就意味着平衡被打破，出现求大于供。反之亦然。变化规律可以建立于该观点基础之上，当以这种趋势交易时，可以获得技术优势，但是使用这种模式作为逆向进场，必须持谨慎态度。在收盘价出现这种走势后，采取开高走低方式可以使风险最小化。

两条竹线收盘反转线，间隔较大，如果处于走势方向内，很可能意味着市场有显著反转，当收盘价低于原先竹线低位时，就更有可能发生（参见图3.5）。

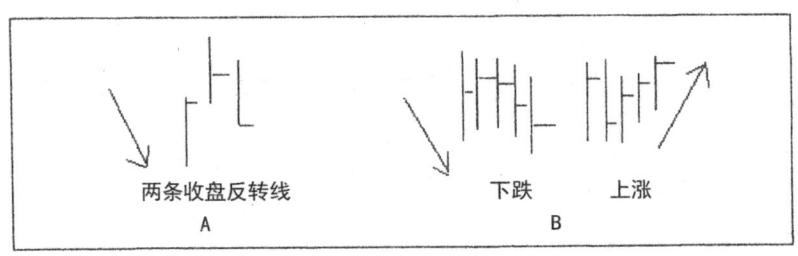

图 3.5　收盘走势

当几个收盘价同时出现在一个狭小的范围内，最后出现的收盘价往往表明市场走向失去平衡（参见图3.6）。

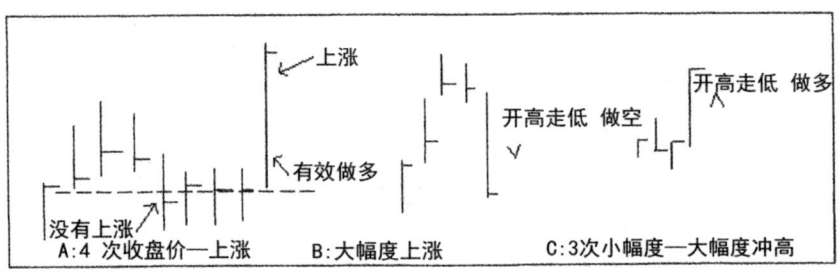

图 3.6　收盘价上涨，伴随冲高

由大范围竹线形成的几次收盘价上涨，第一次上涨通常指向短期市场走势。

图3.7显示了三条价格竹线的尾巴近乎重叠，每天的收盘价都低于开盘价和中值价，这通常称为"尾巴风险"。每天开市后供给发生，这是派发很可能出现低价的信号。

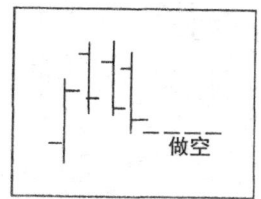

图 3.7　尾巴风险—收盘<开盘

图 3.8A 表明了四条反转线，其反转程度不及前面示例强，它或许仅仅是一条竹线调整。

图 3.8B 是四条弱势反转线，前三条竹线表示程度弱，第四条竹线是调整线。

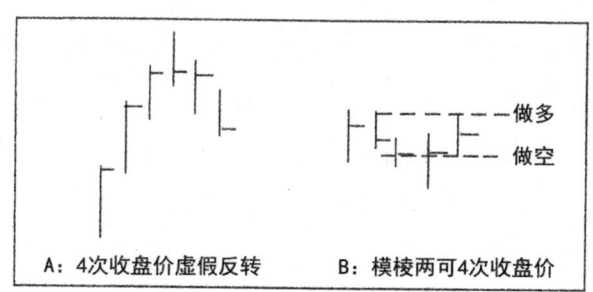

图 3.8　模棱两可收盘价

非重叠竹线收盘价

还有一种更弱势的收盘价是三条竹线走势非重叠（NOL），指的是目前竹线高点低于最近支点高竹线的低点（参见图 3.9）。

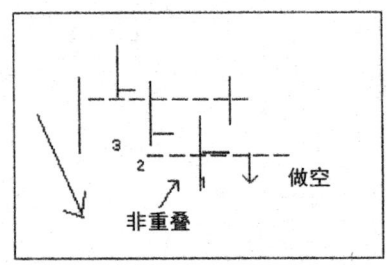

图 3.9 非重叠竹线图

走势方向

反转前四次收盘价的价格竹线可能意味着走向反转,如果四次收盘价处于收盘临界点而不是上涨,那么走向是下跌;如果前四次收盘价都是上涨,有一条竹线反转,可能仅是调整超买,因此,走向将处于中性(参见图 3.10)。

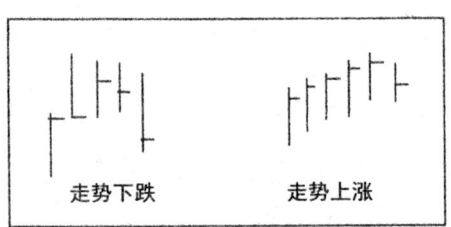

图 3.10 走势方向

一旦市场达到目标,通过如下方法可以保住利润:

◇ 在目标点平仓。
◇ 根据至少三次最小变动单位,在每一次竹线低点实施止损。
◇ 最小变动单位低于反转(该反转等于前次反转)实施

止损。

◇ 保有头寸，等待第四条竹线收盘反转再平仓。

◇ 在第三至第四条竹线高点收盘时平仓。

◇ 在短期内根据模式反转平仓。

进场信号

在市场强势信号出现后，只要出现图3.11中的一种信号就可以进场。

◇ 止损高于第三条竹线高点又低于前面市场走势高点，在此点做多（参见图3.11A）。

◇ 在开高走低竹线收盘价做多（参见图3.11B）。

◇ 市场强势信号出现后，在50%反转点做多（参见图3.11C）。

◇ 一旦市场强势信号出现调整，离原先竹线幅度开盘价50%的区域做多（参见图3.11D）。

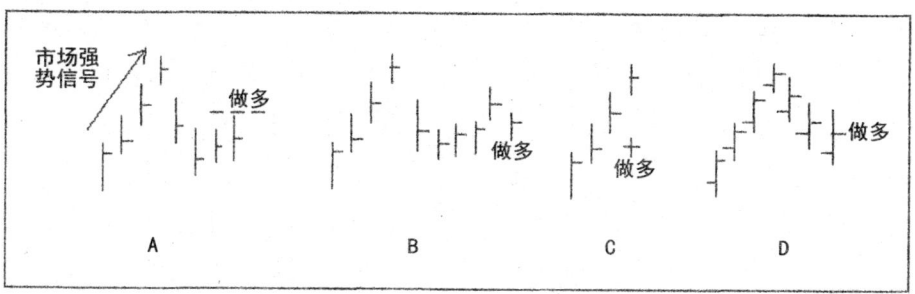

图3.11 进场点

另一种可能性是：一旦市场调整上涨，在短时间内根据进场信号做多。例如，如果以日竹线交易，在三十分钟竹线中寻找进场信号。

初始止损低于第四条竹线低点，或一条平均竹线幅度低于进场竹线低点，该幅度可能造成的损失不会太大，我们的意愿是不要让我们的交易深陷泥潭而不能自拔。

基于收盘价的方法创立

借助于收盘价规律作为进场依据，可以创立成功的交易方法。前面四次收盘价可以用来证明这一方法的力量（参见图3.12），这四条竹线也没什么神秘的，基本的意思是最近收盘价变化幅度应小于整十天的平均变化幅度。这是一种小震荡形式，这种特定的变化模式每个市场每年一般发生十五次至二十五次左右。要利用这一模式形成频率，一个简单的方法是，买方可以参照下列规则（卖方与此正相反）：

◇ 幅度：四个收盘价幅度应低于三十天平均竹线幅度。
◇ 走向：前一天的收盘价要高于五十天前的收盘价。
◇ 突破：自开盘始，市场必须沿着此前数天平均价格幅度的62%移动，这一点还必须高于前四天最高收盘价。
◇ 平仓：止损低于前四个收盘价头寸平仓，但必须以低于开盘价的62%交易。

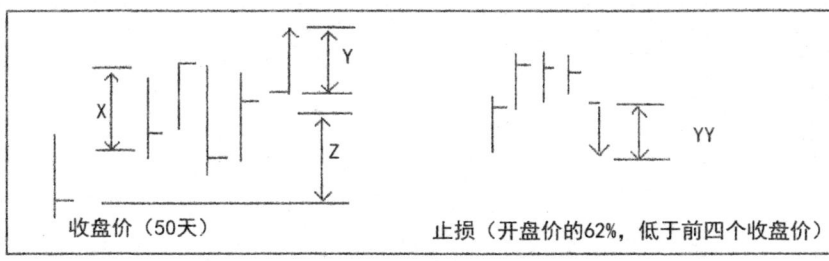

图 3.12　4 次收盘价交易方法

在图 3.12 中：

◇ X = 最后四天收盘价幅度（低于三十天平均日幅度）。

◇ Y = 开盘价加前一天幅度的 62%。

◇ Z = 前一天收盘价高于五十天前的收盘价。

◇ YY = 当天开盘价减前一天幅度的 62%。

◇ 止损 = 最大开盘价减进场后任一天的前一天幅度的 62% 和前四天收盘价。

表 3.1 和表 3.2 讲述了这些简单规则的效果。期货市场除两个以外，每一个市场都证明有良好的回报，股票市场除一个以外，每一个市场都证明有良好的回报。这并不是一个符合实际的交易方法，因为统计数字当中没有把佣金、滑点考虑进去，这可能会成为成功交易方法的基础。一种交易方法包括三个部分：进场、止损、退出（可以是获利目标达到而退出，也可以是为移动止损而退出），这三部分必须结合起来，才能形成有效的交易方法。这仅仅是一种方法，对退出技术和止损的深入研究会产生一种令人满意的进场、退市方法。

表3.1 坚挺竹线四次收盘价——股票

开盘价突破——每只股票100股 测试时段：1996.01.01—1999.10.30 佣金和滑点零美元							
个股	总利润/损失（美元）	平均利润/损失（美元）/年	与任何股票新高相比，最大跌幅股票（美元）	趋势/年	赢利%	市场时间百分比%	总利润（美元）除以总损失（美元）
美国电话电报	764	199	1,011	8	41.9	18	1.5
亚马逊	2909	1,518	2,650	13	44	37	1.7
康柏	1,013	264	927	9	48.6	21	1.8
戴尔	3,378	881	728	9	61.1	37	5.3
通用电气	2,098	547	2,311	14	45.5	32	1.4
国际商务机器	4,551	1,187	1,727	11	51.2	32	2.2
可口可乐	72	19	1,408	10	52.5	23	1
默克	−469	−122	1,639	10	28.2	24	0.9
微软	2,281	595	859	12	53.2	32	2
壳牌石油	61	16	1,291	8	46.7	23	1
李斯特网络	1,792	935	1,344	10	50	28	3
雅虎	5,322	2,777	4,890	12	39.1	35	2.1
总结		净利润/损失（美元）	与任何股票新高相比，最大跌幅股票（美元）		50,000美元收益（%）		
平均/年		6,201			12.4		
总数		23,772	6,404				

* 鉴于交易不是很频繁和进场时间较短，50,000美元应该足以交易十二只股票。

表3.2 坚挺竹线四次收盘价——期货

开盘价突破——每个信号一份合约
退市:开盘价突破最大值达到前日竹线波动幅度的62%和前四次收盘价最低点
测试时段:1984.01.01—1999.06.30
佣金和滑点零美元

期货名称	总利润/损失（美元）	平均利润/损失/年（美元）	与任何期货新高相比，最大跌幅期货（美元）	趋势/年	赢利%	市场时间%	总利润（美元）除以总损失（美元）	获利（%）
英镑	31,744	2,048	19,719	16	35.1	35	1.3	9.7
德国马克	51,763	3,340	12,688	14	46.8	33	1.8	23.8
日元	85,600	5,523	14,313	12	43.9	33	2	32.7
瑞士法郎	56,425	3,640	16,538	16	38.5	34	1.6	19.9
美元指数	-3,460	-255	14,510	16	35	32	1	-1.6
美国债券	55,270	3,566	15,080	18	45.9	41	1.5	20.1
(美国)中期国库券	41.610	2,685	8,300	15	43.8	41	1.6	27.4
市政公债	50,190	3,628	8,570	15	51.4	40	1.8	35
欧元	13,625	879	6,600	7	47.2	41	1.6	12.4
黄金	9,800	632	5,660	19	35.7	36	1.2	9
白银	-5,260	-339	25,480	22	32.6	37	0.9	-1.2
大豆	29,120	1,879	5,010	17	39.6	34	1.5	29.5
小麦	17,988	1,161	7,475	17	41.5	38	1.4	14.1
玉米	17,363	1,120	3,738	10	42.2	33	1.9	26.2
大豆粉	31,120	2,008	4,821	18	44.1	39	1.9	33.3
棉花	53,090	3,425	10,440	17	40.4	36	1.9	29.9
活牛	13,144	848	5,252	18	39.5	35	1.3	14.6
活猪	20,904	1,349	6,552	18	38.6	38	1.4	17.7
猪腩	21,228	1,370	11,212	17	40.2	34	1.2	10
原油	47,170	3,043	6,130	14	48.4	34	2.4	37.3
燃用油	15,179	985	8,421	16	36.1	30	1.2	9.4
天然气	47,190	5,148	9,430	15	45.7	39	2.4	38.3
咖啡	151,725	9,789	44,438	18	42.2	38	1.9	19.8
标准普尔500指数	49,000	3,161	29,725	21	39.1	42	1.2	7.7

(续表)

开盘价突破——每个信号一份合约
退市：开盘价突破最大值达到前日竹线波动幅度的62%和前四次收盘价最低点
测试时段：1984.01.01—1999.06.30
佣金和滑点零美元

总结	净利润/损失（美元）	与任何期货新高相比，最大跌幅期货（美元）		平均利润要求（美元）
平均/年	58,163	24,811	平均	21,474
平均/年	901,526	39,628	最大	21,474
平均交易	175			

	交易	百分比	赢利/损失比率	赢利/损失（美元）	平均交易赢利/损失（美元）	平均交易时间	总数(%)
做多头	2,561	41.7	2.3	571,832	223	6.3	63.4
做空头	2,578	39.9	2.1	329,628	128	5.9	36.6

	收益(%)	达到%收益（美元）的资本要求
平均亏损指的是过去15日的平均数		
1. 回报利润加上平均亏损	84.5	46,285
2. 回报利润加上最大亏损	69.5	61,102
3. 五倍平均利润回报要求	54.2	107,370
4. 限于20%的资本最大亏损回报	29.4	198,140

波段图

波段图非常有帮助，它不用竹线图就可以清楚地表明价格波动情况（参见图3.13），简化了竹线图，这类图表可以用来分析研究诸如角度、时间、距离和轨道线等因素，它是由前一次交易低点到下一次交易高点的延长线构成的，当前一次竹线低点被突破，市场产生反转，另一种情况是当一定量的交易朝相反方向出现时，走势会反转。

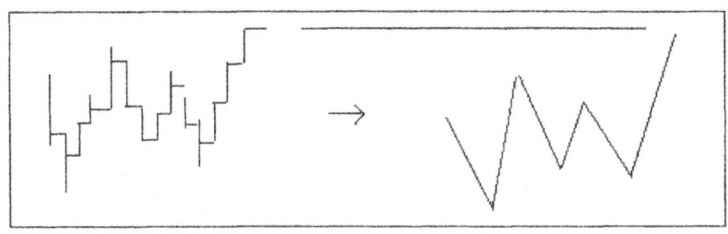

图 3.13　波段图

日波动区间

图3.14显示了三天市场交易出现不同的新高、新低、开盘价和收盘价。图3.14A预示市场第二天低价卖出，因为它是在竹线低位收盘，并低于开盘价。图3.14B表明的是中间位，因为它收盘于竹线中点。图3.14C预示市场第二天高价卖出，因为收盘价高于竹线中间位和开盘价。

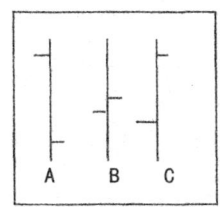

图 3.14　日波动区间预测

人们普遍认为,如果市场收盘价高于开盘价和竹线中点,潜在的信号就是股票或期货市场会出现牛市。统计数据表明,如果以一天为基础,从表格中反映的情况证明该想法是错误的,但这并不是说市场在当天的较早时候不会出现以较高的价格交易。表3.3 和表 3.4 的交易规则如下:

◇ 如果前一天市场收盘价低于当天的开盘价和竹线中点,开盘时做多。
◇ 如果前一天市场收盘价高于当天的开盘价和竹线中点,开盘时做空(仅限于期货)。
◇ (当日)收盘平仓交易。

不用止损,表格无疑告诉我们在下跌日(或上涨日)购入期货有优势,实际上甚至在股票中也有突破。

这些表格说明,你应该考虑在市场下跌日而不是上涨日做多。当然也有例外,就是当市场突破交易变化模式时。看到数据不要太兴奋,因为 85% 的时间市场都在交易中。

表 3.3 日波动区间——股票

收盘价跌做多——每个信号 100 股
收盘价跌后开盘做多,收盘平仓
测试时段:1996.01.01—1999.10.30
佣金和滑点零美元

个股	总利润/损失(美元)	平均利润/损失(美元)/年	与任何股票新高相比,最大跌幅股票(美元)	利润/损失(美元)	与任何股票新高相比,十二个月跌幅股票(美元)	趋势/年	赢利%	市场时间百分比%	总利润(美元)除以总损失(美元)
美国电话电报	-3,705	-967	4,149	-3,086	3,951	222	43.8	47	0.9
亚马逊	829	433	4,328	2,893	4,121	236	49.6	48	1
康柏	-1,410	-368	3,719	-2,758	3,719	225	49.1	47	0.9
戴尔	2,891	754	952	787	952	227	52.8	47	1.2
通用电气	1,302	340	3,381	75	3,381	227	47.3	47	1
国际商务机器	-3,704	-996	4,523	-1,973	4,523	225	47.2	47	0.9
可口可乐	5,665	1,478	1,504	949	1,104	224	52.1	47	1.2
默克	2,544	664	2,064	669	1,088	229	50.9	48	1.1
微软	4,344	1,133	2,572	1,320	2,572	232	53	48	1.1
壳牌石油	3,385	883	1,815	1,286	738	223	50.9	47	1.2
李斯特网络	-8,872	-4,629	9,900	-8,201	90,003	231	46.2	48	0.8
雅虎	-4,239	-2,212	16,386	-4,781	16,386	232	49.9	48	0.9

表 3.4 日波动区间研究——期货

收盘价跌做多,收盘价涨做空——每个信号一份合约——日交易
测试时段:1984.01.01—1999.06.30
佣金和滑点零美元

单个收益	总利润/损失(美元)	平均利润/损失(美元)/年	与任何期货新高相比,最大跌幅期货(美元)	利润/损失(美元)	与任何期货新高相比,十二个月跌幅期货(美元)	趋势/年	赢利%	市场时间百分比%	总利润(美元)除以总损失(美元)	获利(%)
英镑	-18,200	-1,174	30,531	-25	4,288	203	49.3	45	1	-3.8
德国马克	29,013	1,872	24,163	1,963	4,663	208	52.1	46	1.1	7.5
日元	41,763	2,694	14,900	-4,113	7,538	207	50.5	45	1.1	16.6
瑞士法郎	48,950	3,158	27,588	2,213	6,738	209	52.2	46	1.1	11.1
美元指数	57,730	4,250	11,160	5,250	3,580	211	52.3	46	1.1	35.9
美国债券	94,370	6,088	16,830	7,430	8,590	213	51	46	1.1	33.5
(美国)中期国库券	43,180	2,786	13,990	250	6,590	203	49.8	45	1.1	18.9
市政公债	-11,680	-844	47,730	11,940	2,800	207	47	45	1	-1.7
欧元	18,525	1,195	3,450	-775	1,225	158	46.8	39	1.1	32.4
黄金	53,380	3,444	9,900	550	960	199	54.2	45	1.2	32.6
白银	55,450	3,577	29,945	1,675	4,045	201	55	45	1.1	11.5
大豆	90,845	5,861	7,625	-1,180	3,430	212	52.8	46	1.2	70.6
小麦	5,438	351	10,063	1,038	1,600	207	48.2	46	1	3.4
玉米	1,638	106	6,813	-1,175	2,238	204	47.8	45	1	1.5
大豆粉	10,990	709	15,540	110	2,080	208	49.8	46	1	4.4
棉花	16,600	1,071	20,810	-955	8,705	201	52.2	45	1	5
活牛	26,952	1,739	6,244	5,336	2,616	213	50.1	46	1.1	26.8
活猪	-2,352	-152	15,236	-1,888	5,116	208	50.4	46	1	-1
猪腩	56,604	3,652	11,108	3,672	8,940	206	52.2	45	1.1	29.6
原油	18,880	1,218	29,870	-6,170	9,090	212	50.2	46	1.1	3.9
燃用油	-1,151	-75	37,170	-3,163	8,875	207	49.9	46	1	-0.2
天然气	25,740	2,808	17,090	8,360	5,830	204	48.8	45	1.1	14.7
咖啡	73,144	4,719	51,881	-38,906	42,938	208	51.4	46	1.1	8.7

(续表)

收盘价跌做多,收盘价涨做空——每个信号一份合约——日交易
测试时段：1984.01.01—1999.06.30
佣金和滑点零美元

复合收益	净利润/损失(美元)	与任何期货新高相比,最大跌幅期货(美元)		交易数量	市场时间百分比%	平均利润要求(美元)
平均/年	47,471	37,713	平均	4,577	100	15,801
总数	735,808	72,719	最大	70,936	100	15,801

	收益（%）	达到 % 收益(美元)的资本要求
平均亏损指的是过去15日的平均数		
1. 回报利润加上平均亏损	88.3	53,514
2. 回报利润加上最大亏损	53.60	88,520
3. 五倍平均利润回报要求	60	79,005
4. 限于20%的资本最大亏损回报	13.1	363,595

内包日线

内包日线指的是，在交易日内价格波动没有超出前一天交易日范围（参见图3.15），收盘价就预测目的来说跟其他任何一天收盘价一样，没有显著意义，除非在同一区域内出现两到三次前面的收盘价，然后收盘价可能会给人们暗示下一步小波动的方向。通常突破内包日线新高或新低的波动都会指明下一次市场小震荡的方向。

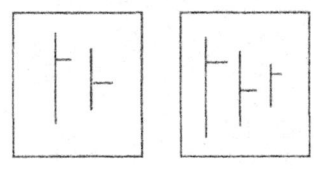

图 3.15　内包日线

有时会出现两个内包日线，超出第二天竹线的波动通常更明显，会指明下一次出现小波动的方向，特别是以超出该价差收盘时更是如此。

从供求角度来说，内包日线是模棱两可的。该理论的观点是，当市场突破新高或新低，市场就会变得明晰，证明供求发生了变化，交易有利可图。内包日线发生的概率大概是整个市场的12%，从统计数据来看，仅仅靠这一模式频繁交易是不可能赚到钱的，表3.4和表3.5也清楚地表明了这一点。这些研究旨在表明，通过将此用作进场信号，可以稍稍占据技术优势，如果和其他技术手段结合用于你的交易，那将是一种完美的模式，因为它可以使你从容进场。采用内包日线交易方法就是以高于竹线新高三个点做多，以低于竹线新低三个点做空。另外，采用该交易方式的最佳时机是：

◇ 随大势交易。
◇ 当市场处于震荡区时，在购买区做多，在售出区做空。
◇ 以紧随内包竹线的收盘价交易，这往往暗示着进场是否有效。

表3.5和表3.6表明，从统计学角度来说，是有显著意义的，但如果前一次竹线以高于开盘价（3个点以上）收盘，证明有需求，故没有给人们提供任何优势。这一优势通过日交易，不足以弥补滑点和佣金。为了实现获利目的，通过持有头寸和平仓作进一步研究，从而形成有利可赚的交易方法。

表 3.5 内包日线——股票

内包日线突破做多——每个信号 100 股
测试时段：1996.01.01—1999.10.30
佣金和滑点零美元

个股	总利润/损失(美元)	平均利润/损失(美元)/年	与任何股票新高相比,最大跌幅股票(美元)	利润/损失(美元)	与任何股票新高相比,十二个月跌幅股票(美元)	趋势/年	赢利%	市场时间百分比%	总利润(美元)除以总损失(美元)
美国电话电报	-206	-54	386	-325	386	9.1	57.1	4	0.8
亚马逊	-256	-134	556	-209	556	4.7	55.6	2	0.6
康柏	25	7	313	-163	247	6.3	50	2	1.1
戴尔	151	39	31	-27	31	6.5	56	3	3.3
通用电气	978	255	305	1,273	103	9.9	55.3	4	2.1
国际商务机器	79	21	559	-123	485	6.5	48	3	1.1
可口可乐	-157	-41	546	389	18l	10.7	46.3	4	0.9
默克	377	98	113	226	100	7.6	58.6	3	1.8
微软	984	257	146	594	146	7.0	66.7	3	4.2
壳牌石油	656	171	112	210	9	7.8	63.3	3	4.6
李斯特网络公司	201	105	187	297	0	6.8	69.2	3	1.6
雅虎	-1,408	-732	2,728	-2,172	2,728	9.4	56.6	4	0.7

总结	净利润/损失(美元)	与任何股票新高相比,最大跌幅股票(美元)	50,000 美元收益(%)
平均/年	373	1,420	0.7
总数	1,429	3,059	

表 3.6 内包日线业绩表——期货

内包日线突破做多/做空——每个信号一份合约——日交易
测试时段：1984.01.01—1999.06.30——日交易
佣金和滑点零美元

单个期货	总利润/损失(美元)	平均利润/损失/年(美元)	与任何期货新高相比，最大跌幅期货(美元)	利润/损失(美元)	与任何期货新高相比，十二个月跌幅期货(美元)	趋势/年	赢利%	市场时间百分比%	总利润(美元)除以总损失(美元)	获利(%)
标准普尔500指数	5,245	338	10,578	3,638	10,273	17	49.6	6	1.1	2.1
英镑	15,494	1,000	3,838	-1,369	1,406	17	49.4	6	1.4	21.8
德国马克	3,075	198	4,438	-650	1,100	16	47.8	6	1.1	3.9
日元	8,838	570	4,288	-3,400	3,925	17	47.96	1.3	10.2	
瑞士法郎	463	30	7,838	-2,138	2,388	15	50.4	6	1	0.3
美元指数	-680	-50	5,510	-1,840	3,140	18	49.6	7	1	-0.8
美国债券	12,990	838	6,520	4,180	1,210	18	51.1	7	1.3	10.6
(美国)中期国库券	7,520	485	4,270	1,770	370	18	48	7	1.2	9.7
市政公债	10,750	777	7,810	2,900	950	18	55.5	7	1.3	8.9
黄金	-1,400	-90	6,760	-510	64021	44.7	8	1	-1.2	
大豆	-9,765	-630	11,695	-1,025	1,455	17	50.4	6	0.7	-5.1
小麦	5,825	376	2,075	1,063	38817	56.2	6	1.4	15.3	
玉米	2,700	174	1,763	-600	738	15	55.1	6	1.3	8.6
大豆粉	1,949	126	2,222	-342	849	18	52.7	7	1.1	4.5
棉花	6,555	423	2,855	-95	2,000	17	53.4	1.2	12.6	
活牛	1,984	128	2,648	508	468	15	52.6	6	1.1	4.4
活猪	6,516	420	1,356	-160	1,356	15	54.4	6	1.4	22.2
猪腩	-508	-33	5,032	324	1,132	17	48.3	7	1	-0.5
原油	13,180	850	2,010	420	930	14	59.4	5	1.9	28.1
燃用油	-1,961	-127	6,724	-1,281	1,495	16	52	6	0.9	-1.6
天然气	7,190	784	2,720	1,130	1,120	15	53.5	9	1.5	16.6
咖啡	9,600	619	20,119	-4,594	5,531	20	53.3	8	1.1	2.7

(续表)

内包日线突破做多/做空——每个信号一份合约——日交易					
测试时段：1984.01.01—1999.06.30——日交易					
佣金和滑点零美元					
业绩总结	净利润/损失（美元）	与任何期货新高相比，最大跌幅期货（美元）	交易数量	市场时间百分比 %	平均利润要求（美元）
平均/年	6,810	8,358	平均 362	68	18,100
总数	105,558	24,112	最大 5,604	68	18,100
平均交易	19				

	收益（%）	达到 % 收益（美元）的资本要求
平均亏损指的是过去 15 日的平均数		
1. 回报利润加上平均亏损	25.7	26,458
2. 回报利润加上最大亏损	16.1	42,212
3. 五倍平均利润回报要求	7.5	90,500
4. 限于 20% 的资本最大亏损回报	5.6	120,560

外包日线

外包日线指的是交易日新高和新低超过前一交易日新高和新低。每年期货交易中发生的概率大约 10 至 15 次，通常表明了一天中供求关系发生了显著变化，或供大于求，或求大于供。这一理论的基本思想是人们应与新近发生的供或求的步调保持一致，通过电脑提供的各种方法来检测这一现象的形成，以便搞清楚这种形式的交易是否可以给人们带来技术优势。检测方法是，在价外日快收盘时做多，一至三天后平仓，大体上来说，这并不是一种有效的进场方法。

反转日

反转日随走势改变一般每年发生 15 至 30 次左右（参见图 3.16）。反转日线是一天当中从牛市到熊市或从熊市到牛市行情的变化，从统计意义上来说，仅靠这种日交易模式你是没办法赚到钱的，然而，只要这些交易模式与其他技术手段相结合，就不是一种日交易模式了，那在交易中就非常有帮助。

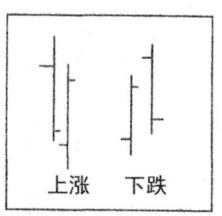

图 3.16　反转日

反转日指的是交易价格低于（或高于）前一天的竹线变动幅度，而收盘又低于（或高于）前一天新低或新高和开盘价（参见图 3.17）。这种价格走势标志着当时在起作用的短期趋势的暂时或永久结束。

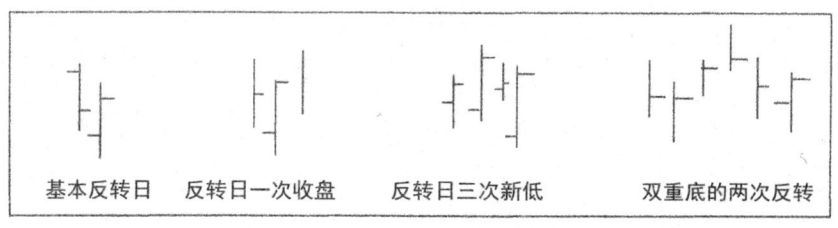

图 3.17　反转日

反转日类型与位置

图 3.18 中,反转日三次新低对市场走势产生重大影响,这是上涨调整的一种模式,双重底中的第二次反转日比单一的反转日力量要强大得多。

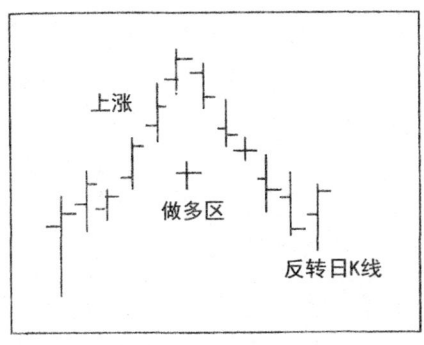

图 3.18　上涨中的反转日

当市场处于做多区时,反转日上涨比做空区可能性更大。

图 3.19 解释了随反转日短期上涨情况。市场超过两次日新高,然后回落并低于前日高点收盘,表明购买压力消失。反转日竹线变动幅度确定其效度,其在模式中的位置具有显著意义,处于双底的反转日,如果竹线变动幅度与前一日相同或高于前一日,比处于单底的反转日意义更显著。

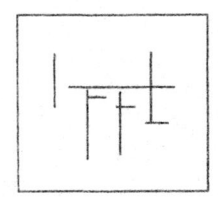

图 3.19　双日反转

影响反转日效度的因素包括：

◇ 竹线变动幅度。
◇ 收盘反转量。
◇ 支点低于或高于反转日量。

利用反转日变化模式确定进场信号，在计算机化研究中增加了更多的因素：

◇ 根据基本的反转日变化模式，收盘时做多或做空。
◇ 进场后，如果当天市场相对于前一天的竹线变动幅度，其开盘价差达到50%突破，就离场。
◇ 走势技术手段。如果前一天收盘价高于五十天前收盘价，做多进场，反之亦然。

表3.7和表3.8表明了这一特征对股票和期货的研究结果，佣金和滑点未计入。这些表格清楚地说明了利用反转日变化规律可以使你在市场中获得优势，然而，利润不足以顾及滑点和佣金，该领域还需作进一步研究才能产生一种有利可赚的交易方法。

表 3.7 反转日日线——股票

变化模式结束日收盘时做多——每个信号 100 股
测试时段：1996.01.01—1999.10.30
佣金和滑点零美元

个股	总利润/损失（美元）	平均利润/损失（美元）/年	与任何股票新高相比，最大跌幅股票（美元）	利润/损失（美元）	与任何股票新高相比，十二个月跌幅股票（美元）	趋势/年	赢利%	市场时间百分比%	总利润（美元）除以总损失（美元）
美国电话电报	-170	-44	1,046	-684	1,046	9.7	32.4	9	0.9
亚马逊	4,096	2,137	629	2,914	554	15.1	51.7	18	4
康柏	1,385	361	398	716	192	11.0	40.5	12	2.6
戴尔	1,839	480	438	829	438	18.5	50.7	24	2.2
通用电气	-2,844	-7421	3,136	-1,719	2,003	21.1	29.6	16	0.4
国际商务机器	-868	-226	2,161	-1,275	1,745	16.4	47.6	16	0.8
可口可乐	-1,454	-379	2,092	367	470	16.2	25.8	15	0.6
默克	487	127	1,765	-955	1,765	16.7	39.1	16	1.2
微软	159	41	1,193	794	1,067	21.9	35.7	20	1
壳牌石油	-1,279	-334	1,575	-814	911	15.4	33.9	16	0.6
李斯特网络	2,500	1,304	523	1,763	523	13.6	38.5	12	2.7
雅虎	8,599	4,486	5,593	4,836	5,593	21.9	42.9	26	2.3

总结	净利润/损失（美元）	与任何股票新高相比，最大跌幅股票（美元）	50,000 美元收益（%）
平均/年	3,248	4,425	6.5
总数	12,450	7,397	

表 3.8　反转日——期货

变化模式结束日收盘时做多/做空
开盘价差突破前一日 0.5 价差,平仓
测试时段:1983.01.01—1999.06.30——每个信号一份合约——日交易
佣金和滑点零美元

单个业绩	总利润/损失(美元)	平均利润/损失(美元)/年	与任何期货新高相比,最大跌幅期货(美元)	利润/损失(美元)	与任何期货新高相比,十二个月跌幅期货(美元)	趋势/年	赢利%	市场时间百分比%	总利润(美元)除以总损失(美元)	获利(%)
英镑	26,956	1,634	19,281	4,506	1,488	23	46.2	22	1.3	7.9
德国马克	25,113	1,522	13,038	9,075	1,050	28	41.3	25	1.3	10.6
日元	27,788	1,684	14,513	-3,163	8,800	26	46.1	24	1.2	9.9
瑞士法郎	39,700	2,406	12,525	6,550	1,788	29	43.5	24	1.3	16.9
美元指数	-3,970	-292	12,090	-680	2,860	28	38.2	24	1	-2.2
美国债券	37,450	2,270	16,990	6,880	3,050	31	43.1	29	1.3	11.5
(美国)中期国库券	42,690	2,587	5,990	9,670	1,970	29	46.3	28	1.6	34.6
市政公债	80,300	5,805	7,910	1,090	2,380	27	48.7	30	2.2	59.8
黄金	11,380	690	7,950	320	1,190	29	39.8	26	1.2	7.4
大豆	15,380	932	9,320	1,720	1,760	30	36.9	26	1.2	8.7
小麦	18,400	1,115	4,400	275	863	27	40.5	25	1.5	21.7
玉米	21,175	1,283	2.313	-550	738	26	44	26	1.9	45
大豆粉	32,220	1,953	4,325	180	1,130	28	44	27	1.8	35.3
棉花	24,875	1,508	9,020	-2,730	3,260	29	38.8	26	1.3	15
活牛	18,216	1,104	6,360	-2,636	3,424	29	40.7	27	1.4	16
活猪	24,112	1,461	3,844	1,756	2,404	29	40.5	28	1.5	29.7
猪腩	13,384	811	12,672	-7,472	10,052	29	36.6	27	1.1	5.4
原油	29,410	1,857	10,020	410	1,890	31	44.1	29	1.5	15.4
燃用油	18,824	1,147	9,232	-4,196	4,351	29	39.6	27	1.2	10.2
天然气	48,280	5,267	4,470	2,950	4,470	28	49.8	30	2.3	62.2
咖啡	87,638	5,311	19,913	-12,000	13,688	31	44.2	29	1.5	21.4

(续表)

变化模式结束日收盘时做多/做空
开盘价差突破前一日0.5价差,平仓
测试时段:1983.01.01—1999.06.30——每个信号一份合约——日交易
佣金和滑点零美元

业绩总结	净利润/损失 (美元)	与任何期货新高相比, 最大跌幅期货(美元)		平均利润要求 (美元)
平均/年	38,747	16,563	平均	13,166
总数	639,320	35,196	最大	13,166
平均交易	71			

	收益（%）	达到%收益(美元) 的资本要求
平均亏损指的是过去15日的平均数		
1. 回报利润加上平均亏损	130.3	29,729
2. 回报利润加上最大亏损	80.1	48,362
3. 五倍平均利润回报要求	58.9	65,830
4. 限于20%的资本最大亏损回报	58.9	175,980

三日横盘反转

股票或商品最近三日的走势可经常用来指明下一步市场短期走势。市场短期走势变化会以多种形式出现,在三日变化模式中,显然有些特征有时可以用来评估市场短期走势可能出现的拐点,以便获益。

在任一特定的三日市场里,会出现九个潜在的支撑或阻力点：三个新高、三个新低、三个收盘价。一个原则是：如果收盘价高于这九个点的平均数，在第三天收盘时做多。尽管可以制定一套规则，但你必须认识到它们都不是绝对的，之所以把它们提出来，主要目的是它们可以作为辅助工具，但不要作为交易方法。

实现上涨反转的要求是：

◇ 市场三日走势中，前两日收盘价彼此接近。
◇ 前两天价差小于第三天。
◇ 第三天收盘价高于日波动区间62%的点，并高于前两次收盘价。
◇ 第三天最低价高于第二天最低价。
◇ 如果市场处于做多区做多，出现短期变化的可能性更显著。注意，第三天震幅会扩大，以高点收盘，低点高于第二天低点。

最强式三日横盘上涨反转是位于当日新高和收盘价高于前两日新高，并且收盘价高于开盘价。上述反向也适用于下跌反转。图3.20展示了先进数字信息公司的几次三日横盘反转情况。

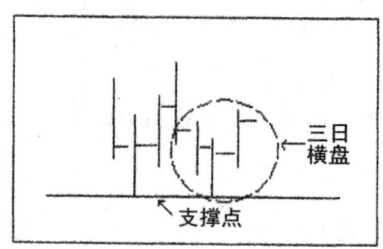

图3.20　三日横盘反转

图 3.21 模式反映的是三条日线时段内由供到求的情况，反之亦然。这一模式在每一类期货或股票中每年发生 35 至 40 次，通过一种方法成功利用这一模式的关键是等着某一天进场，在第二天收盘时做多，市场在强势上涨后通常会出现开高走低，以下数据建立在：

◇ 三日横盘后的收盘日做多。
◇ 退出：进场后任一天离开盘价价差突破达到 0.5。
◇ 走势：两天前收盘价高于五十天前收盘价。
◇ 两天前收盘价低于四天前收盘价。

应用这些简单规则，在 21 个期货市场中除了 3 个没获利，其余全部获利，在 12 个股票市场中有 9 个获利，如表 3.9 和表 3.10 所示。这不是单独使用的方法，必须与退出规则和何时买股票才能获利的方法结合使用。图 3.22 提供了用这一交易模式组合 21 种期货的收益情况。

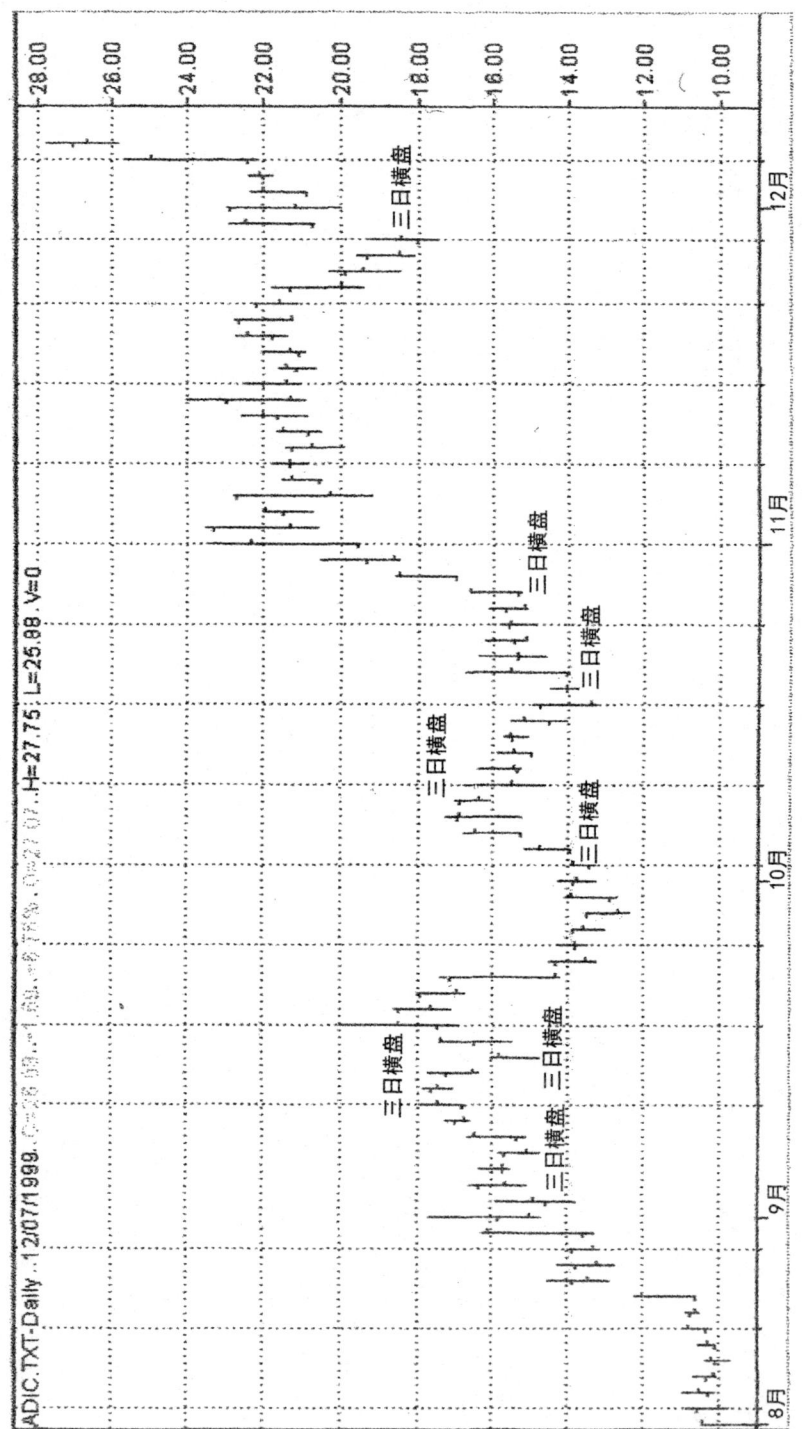

图3.21 供求变化

表3.9 三日横盘——股票

个股	总利润/损失(美元)	平均利润/损失(美元)/年	与任何股票新高相比,最大跌幅股票(美元)	利润/损失(美元)	与任何股票新高相比,十二个月跌幅股票(美元)	趋势/年	赢利%	市场时间百分比%	总利润(美元)除以总损失(美元)
美国电话电报	1,099	287	275	574	275	8.1	45.2	8	2.9
亚马逊	-745	-389	1,353	-485	1,028	12.5	41.7	11	0.5
康柏	880	230	437	659	149	10.7	36.6	11	1.9
戴尔	960	250	884	-166	884	14.6	44.6	15	1.7
通用电气	-103	-27	1,495	964	1,495	14.4	32.7	11	1
国际商务机器	281	73	995	-203	995	13.3	33.3	11	1.1
可口可乐	245	64	1,064	-465	465	12.3	38.3	13	1.1
默克	-1,052	-274	1,503	-363	776	11.5	27.3	9	0.5
微软	1,354	353	726	1,369	726	15.4	44.1	14	1.7
壳牌石油	-1,134	-296	1,621	-338	708	12.5	31.3	11	0.6
李斯特网络	1,217	635	620	530	620	11.5	40.9	10	1.9
雅虎	753	393	3,171	-1,718	3,171	13.6	57.7	15	1.3

变化模式结束日收盘时做多——每个信号100股
测试时段：1996.01.01—1999.10.30
佣金和滑点零美元

总结	净利润/损失(美元)	50,000美元收益(%)
平均/年	980	2.0
总数	3,755	

表3.10 三日横盘——期货

变化模式结束日收盘时做多/做空
开盘价差突破前一日0.5价差,平仓
测试时段:1983.01.01—1999.06.30——每个信号一份合约——日交易
佣金和滑点零美元

单个业绩	总利润/损失(美元)	平均利润/损失(美元)/年	与任何期货新高相比,最大跌幅期货(美元)	利润/损失(美元)	与任何期货新高相比,十二个月跌幅期货(美元)	趋势/年	赢利%	市场时间百分比%	总利润(美元)除以总损失(美元)	获利(%)
英镑	7,800	473	13,325	-2,556	2,619	20	44.5	16	1.1	3.2
德国马克	8,100	491	15,163	-513	1,800	18	41.3	14	1.1	3
日元	3,388	205	14,863	-1,463	5,563	17	44.5	14	1	1.2
瑞士法郎	15,600	945	9,575	3,288	463	19	42.5	15	1.2	8.4
美元指数	-2,170	-160	11,700	1,770	2,160	18	38.1	16	1	-1.2
美国债券	37,940	2,299	6,390	1,400	3,490	22	44.1	1.9	1.5	25.3
(美国)中期国库券	8,300	503	9,590	310	1,480	22	39.4	18	1.1	4.5
市政公债	42,480	3,071	3,960	-540	2,390	23	45.6	22	1.9	53.3
黄金	14,230	862	3,120	130	520	12	44.3	11	1.6	19.3
大豆	15,450	936	9,750	1,025	1,185	1,6	45.1	14	1.4	8.4
小麦	10,913	661	4,375	-313	563	18	41.6	16	1.4	12.9
玉米	5,275	320	3,050	-475	538	15	37	13	1.3	8.9
大豆粉	22,855	1,385	6,255	690	570	16	46	15	1.8	18.5
棉花	-4,375	-265	13,175	-695	1,995	20	36.7	16	0.9	-1.9
活牛	1,276	77	4,172	284	764	25	36.9	21	1	1.6
活猪	-868	-53	7,640	452	948	21	34.9	16	1	-0.6
猪腩	26,252	1,591	5,508	-1,396	5,020	17	37.8	14	115	20
原油	11,460	724	4,990	100	2,220	22	40.7	19	1.3	10.3
燃用油	6,157	375	10,088	-1,961	2,444	19	41	16	1.1	3.1
天然气	11,070	1,208	4,790	510	1,730	20	40.4	17	1.3	13.7
咖啡	91,988	5,575	14,869	-3,956	6,375	19	46.7	17	1.8	28.2

(续表)

变化模式结束日收盘时做多/做空
开盘价差突破前一日 0.5 价差,平仓
测试时段:1983.01.01—1999.06.30——每个信号一份合约——日交易
佣金和滑点零美元

综合业绩	利润/损失（美元）	与任何期货新高相比,跌幅期货(美元)		交易	市场时间百分比 %	平均利润要求（美元）
六个月	-13,223	12,870	990629 期货	126	95	5,243
十二个月	-4,189	16,701	990629 期货	296	96	6,382
平均/年	20,189	13,646	平均	382	98	7,997
总数	333,120	21,744	最大	6,301	98	7,997
平均交易	55					

平均亏损指的是过去 15 日的平均数	收益（%）	达到 % 收益(美元)的资本要求
1. 回报利润加上平均亏损	93.3	21,643
2. 回报利润加上最大亏损	67.9	29,741
3. 五倍平均利润回报要求	50.5	39,985
4. 限于 20% 的资本最大亏损回报	18.6	108,720

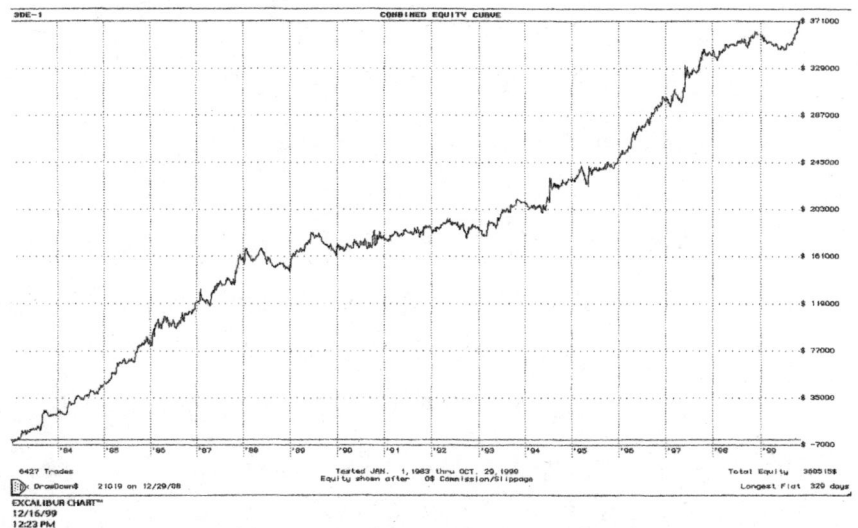

图 3.22　三日横盘组合期货收益

典型跳空

有大量不同类型的跳空,但典型跳空与其他跳空相比,发生的频率更高,而在交易中又最有用(参见图3.23)。

图 3.23 典型跳空

上涨典型跳空位于日线低点高于前一次日线收盘价处,而下跌典型跳空位于目前日线低于前一次日线收盘价。就上涨典型跳空而言,市场足够坚挺,不可能再回落到前一天的收盘价,最强式典型跳空具有下列特征:

◇ 竹线波动范围高于前两次竹线波动范围。
◇ 竹线收盘价高于竹线开盘价。
◇ 竹线收盘价高于前两次竹线收盘价。

如果市场在中午显著高于开盘价,其他要求又满足,那么可以尽早进场。做空股票正相反。就其本身而言,这并不是方法,在选择哪些股票方面,还需作出某种判断。图3.23并没有明确的退出点和止损点,但显然,大多数股票都获得了直接获利的机会,进场股票在上涨股市或股票走出震荡进场获利更大,最好的时机就是在进场后两天内、前两条竹线为狭窄的价差竹线。图3.24显示了壳牌石油一些更明显的典型跳空。

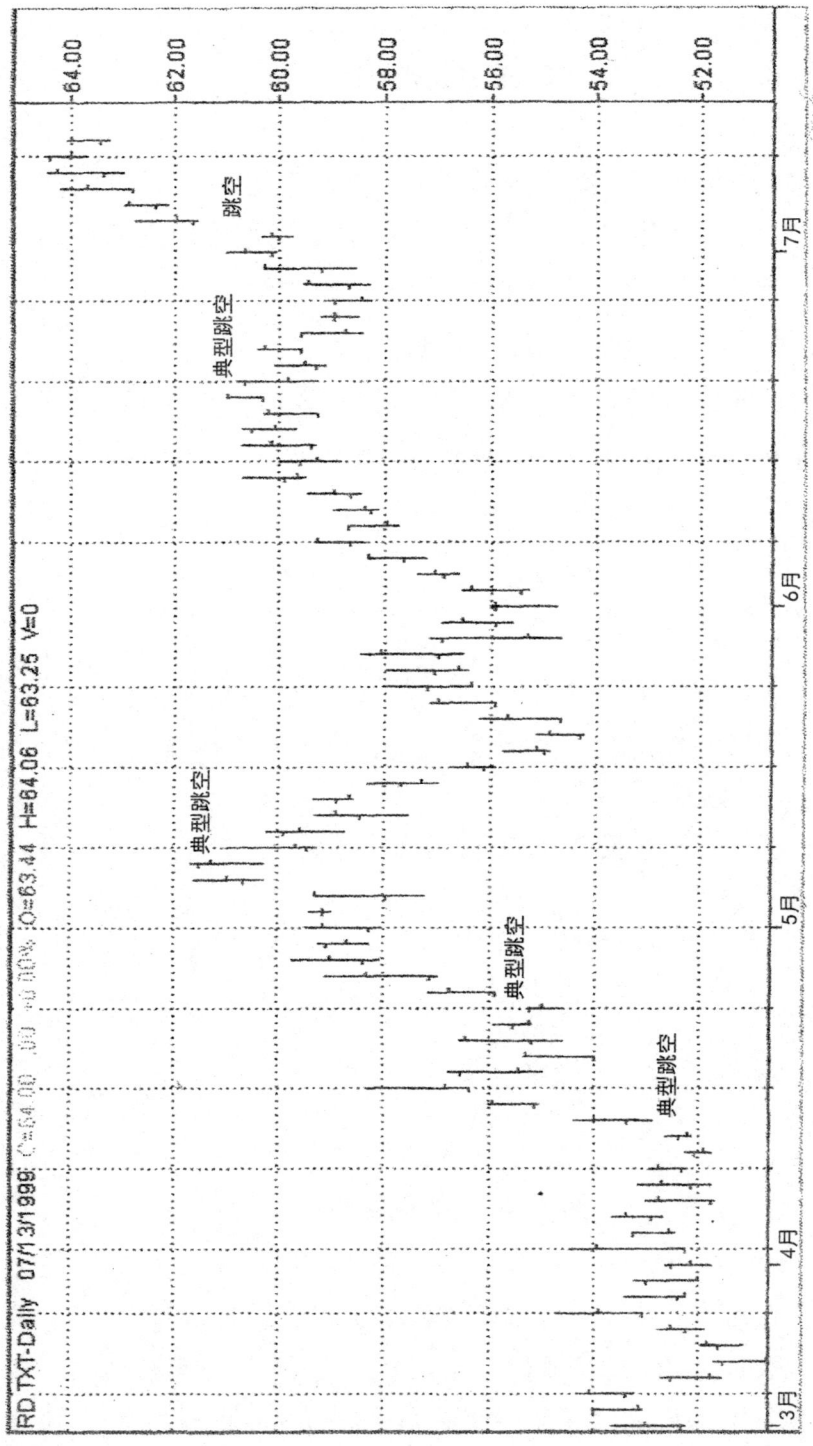

图3.24 壳牌石油典型跳空

吊钩收盘价

吊钩收盘价反映的是强烈的需求或供给，它由同一方向的一条或一条以上的竹线组成，随后是一条与市场走势相反的小幅波动竹线，其基本理论是市场将会在第二天继续朝原先的竹线延伸，图 3.25 显示的双钩收盘价，扭转了趋势。

仅仅一天后的吊钩收盘价信度不及两天后的吊钩收盘价高，图 3.26A 显示的吊钩收盘价，与图 3.26B 显示的吊钩收盘价相比较，更可能会上涨。

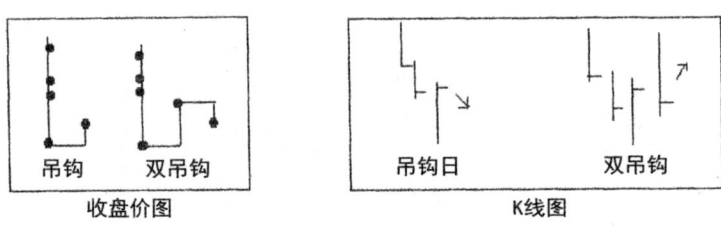

图 3.25　吊钩与双吊钩

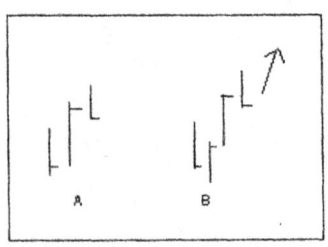

图 3.26　吊钩比较

吊钩收盘价，作为一种有效的交易工具，由詹姆斯·T.克尼夫斯于 1984 年使之普及化，可以利用电脑来确定吊钩模式的效度。至于吊钩模式也有很多其他版本，下面设计的计算机研究，其主要目的就是确定吊钩模式以一天为基础看是否可以取得统计意义上的优势。供研究的规则是：

◇ 市场有两个连续的上涨收盘价。
◇ 随后的下跌收盘价低于前一天的收盘价，但高于第二天的收盘价。

第二天开盘买入，收盘时平仓，卖出指令与此相反（仅限于期货）。表3.11和表3.12表明了这可以作为有效的进场信号，因为它几乎在所有期货市场获利，除了3个例外；在12个股票市场有8个获利，这一模式每年大概出现18次至30次左右，占整个市场时间的6%到11%。虽然仅靠这一模式你还不能赚钱，但是将之和其他技术手段相结合，那将是一种非常有效的进场信号。

表 3.11 吊钩收盘价——股票

模式结束后开盘日做多——每个信号 100 股——日交易
测试时段：1996.01.01 —1999.10.30
佣金和滑点零美元

个股	总利润/损失(美元)	平均利润/损失(美元)/年	与任何股票新高相比，下跌股票(美元)	利润/损失(美元)	与任何股票新高相比，下跌股票(美元)	趋势/年	赢利%	市场时间百分比%	总利润(美元)除以总损失(美元)
美国电话电报	-755	-197	799	-462	799	12.8	40.8	5	0.6
亚马逊	1,643	857	1,079	1,590	1,079	20.9	47.5	8	1.9
康柏	62	16	594	-381	594	17.0	44.6	7	1
戴尔	439	115	426	256	272	18.0	55.1	7	1.4
通用电气	-256	-67	881	138	624	19.3	48.6	7	0.9
国际商务机器	385	100	572	403	265	17.5	53.7	7	1.2
可口可乐	-94	-25	1,070	298	270	17.2	47	7	1
默克	304	79	717	2	384	18.0	52.2	7	1.2
微软	1,118	292	539	286	539	17.0	61.5	6	1.8
壳牌石油	417	109	482	426	163	12.8	65.3	5	1.4
李斯特网络	-1,970	-1,028	2,027	-1,848	1,965	15.7	43.3	6	0.5
雅虎	1,436	749	4,429	815	4,429	20.9	62.5	8	1.2

总结	净利润/损失(美元)	与任何股票新高相比，最大下跌股票(美元)	50,000美元收益(%)
平均/年	712	2,467	1.4
总数	2,729	5,584	

表 3.12 吊钩收盘价——期货

变化模式结束日开盘时做多/做空
收盘时平仓
测试时段:1984.01.01 —1999.06.30——每个信号一份合约——日交易
佣金和滑点零美元

单个市场	总利润/损失(美元)	平均利润/损失/年(美元)	与任何期货新高相比,最大跌幅期货(美元)	利润/损失(美元)	与任何期货新高相比,十二个月下跌期货(美元)	趋势/年	赢利%	市场时间百分比%	总利润(美元)除以总损失(美元)	获利(%)
英镑	6,981	450	8,975	-3,350	3,613	32	51.1	11	1.1	4.6
德国马克	12,588	812	4,400	750	1,138	30	56.2	11	1.2	16
日元	-13,413	-865	20,575	-2,513	2,950	31	48.2	11	0.8	-4
瑞士法郎	14,825	956	8,763	550	1,925	33	55	12	1.2	9.9
美元指数	18,650	1,373	5,910	280	1,230	32	53.3	12	1.3	20.9
美国债券	36,760	2,372	4,000	-2,530	3,060	30	54.8	11	1.5	44.3
(美国)中期国库券	24,600	1,587	3,980	230	1,350	29	52.7	10	1.5	33.6
市政公债	32,000	2,313	2,710	1,980	910	28	51.4	10	1.6	64.1
欧元	1,175	76	2,400	225	75	18	46.7	7	1.1	2.9
黄金	7,730	499	3,170	-20	370	33	49.4	12	1.2	13
白银	24,015	1,549	5,965	-1,040	1,900	32	54.9	11	1.4	21.6
大豆	13,245	855	3,780	-820	1,120	29	51.1	10	1.3	19.2
小麦	-2,475	-160	6,100	-588	1,500	31	44.4	11	0.9	-2.5
玉米	7,213	465	1,025	213	675	28	54.7	10	1.4	35.9
大豆粉	2,125	137	4,950	1,500	310	30	47.9	11	1.1	2.5
棉花	-7,310	-472	9,790	-4,860	5,230	35	47.9	12	0.9	-4.6
活牛	5,172	334	4,380	484	1,464	29	50.6	11	1.1	7.2
活猪	3,856	249	3,220	-768	2,284	33	51.6	12	1.1	6.6
猪腩	3,952	255	7,824	-1,936	5,044	31	49.6	11	1	2.8
原油	18,250	1,177	2,960	250	870	32	53.2	11	1.4	29.6

(续表)

变化模式结束日开盘时做多/做空
收盘时平仓
测试时段：1984.01.01 —1999.06.30——每个信号一份合约——日交易
佣金和滑点零美元

单个市场	总利润/损失（美元）	平均利润/损失/年（美元）	与任何期货新高相比，最大跌幅期货（美元）	利润/损失（美元）	与任何期货新高相比，十二个月下跌期货（美元）	趋势/年	赢利%	市场时间百分比%	总利润（美元）除以总损失（美元）	获利（%）
燃用油	4,326	281	6,889	-2,012	2,579	35	47.1	12	1.1	3.6
天然气	4,980	543	5,310	160	2,700	29	52.4	11	1.1	7.4
咖啡	22,275	1,437	18,319	-16,556	17,550	32	50.9	11	1.1	6.9
标准普尔500指数	13,525	873	20,675	7,075	17,900	35	49.4	12	1.1	3.3

综合业绩	利润/损失（美元）	与任何期货新高相比，下跌期货（美元）		净利润/损失（美元）	与任何期货新高相比，最大跌幅期货（美元）	交易次数	（美元）
六个月				-9,374	19,481	349	3,209
十二个月				-23,296	26,738	715	3,269
平均/年	16,454	13,022	平均	16,454	13,022	715	3,163
总数	255,045	28,084	最大	255,045	28,084	11,090	3,163
平均交易	23						

	收益（%）	达到 % 收益（美元）的资本要求
平均亏损指的是过去15日的平均数		
1. 回报利润加上平均亏损	101	16,185
2. 回报利润加上最大亏损	52.7	31,247
3. 五倍平均利润回报要求	104.1	15,815
4. 限于20%的资本最大亏损回报	11.7	140,420

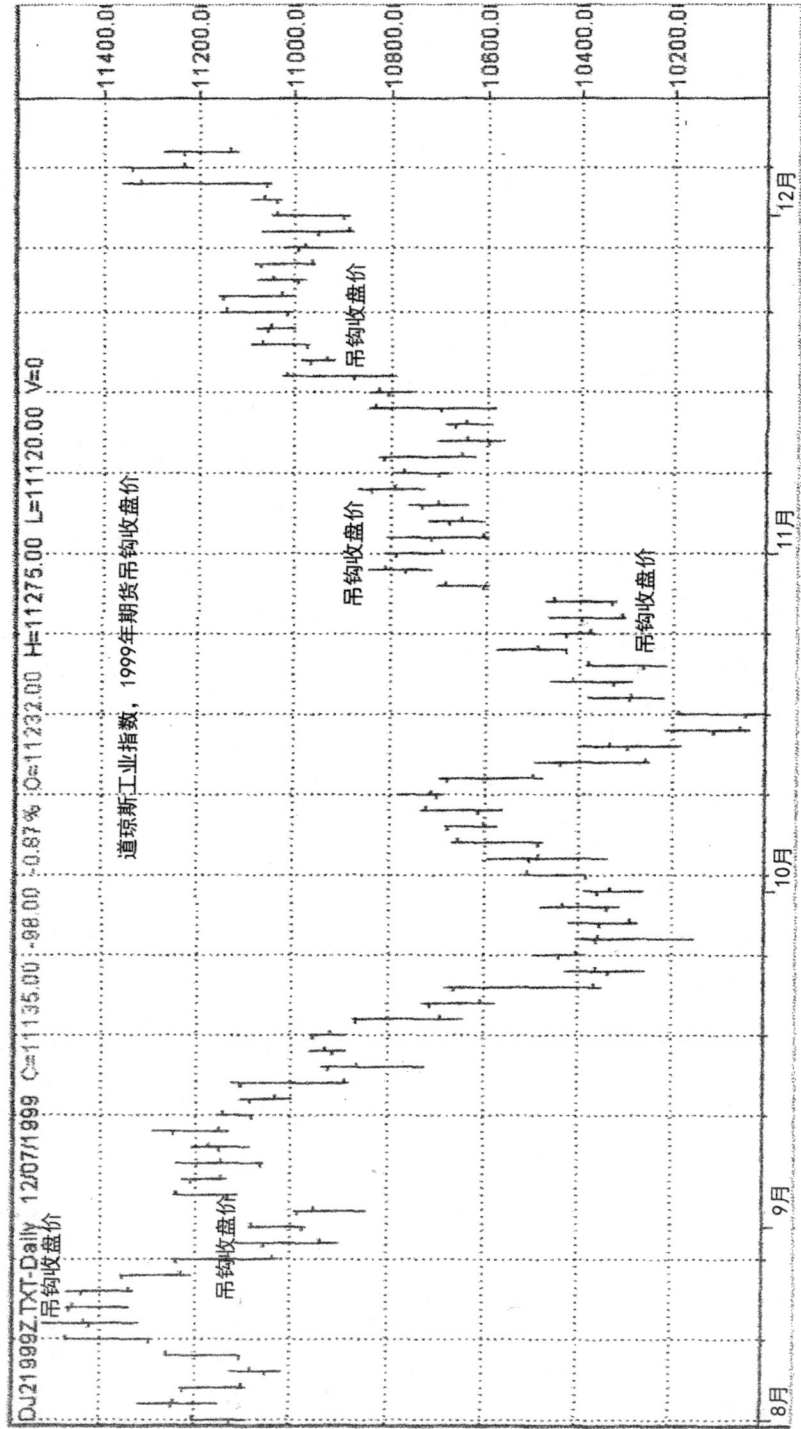

图3.27 道琼斯工业指数展示的吊钩收盘价

图 3.27 指出了吊钩收盘价出现的时机。可能的结论是：

◇ 出现的 5 次当中有 4 次在第二天会产生收益。
◇ 似乎在震荡模式的买入区域做多最有效，或者是市场处于上涨阶段，至于做空与此正相反。

窄幅波动竹线

窄幅波动竹线是指竹线波动范围低于之前数根竹线波动范围，没有固定量要求。图 3.28 表明最后三条竹线波动范围小，这表明市场供求大致平衡。伴随开盘价突破而出现的最后一条竹线呈现新高，明显表示进入上涨市场，从而获得交易优势。表 3.13 和表 3.14 表明电脑产生了这一优势数字，12 只股票有 8 只赢利，他们在期货上的赢利甚至更大，检测规则（仅限于做多，做空与此正相反）如下：

◇ 前一天竹线波动范围低于前五天任一天的竹线波动范围。
◇ 进场：开盘区间突破前一天竹线波动范围的 50% 和前一天最高价。
◇ 走势：前一天收盘价高于前五十天收盘价。
◇ 退出交易：任一天市场开盘区间突破达到 0.5。

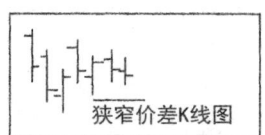

图 3.28　窄幅波动竹线

表 3.13　窄幅波动——股票

模式结束后开盘突破日做多——每个信号 100 股
进场后任一天价差最低达到 0.5,平仓
测试时段:1996.01.01—1999.10.30
佣金和滑点零美元

个股	总利润/损失（美元）	平均利润/损失（美元）/年	与任何股票新高相比,最大下跌股票（美元）	趋势/年	赢利%	市场时间百分比%	总利润（美元）除以总损失（美元）
美国电话电报	-417	-109	417	3.1	25	2	0.1
亚马逊	3,032	1,582	399	6.8	53.8	8	13.5
康柏	-67	-17	429	2.6	50	3	0.8
戴尔	1,243	324	259	5.2	65	9	7.4
通用电气	884	231	734	4.4	52.9	4	2.1
国际商务机器	-1,881	-491	2,173	5.7	45.5	5	0.3
可口可乐	567	148	469	4.2	56.3	4	2.1
默克	-365	-95	581	3.9	46.7	3	0.6
微软	1,452	37.9	599	5.5	52.4	5	3
壳牌石油	336	88	652	5.5	52.4	4	1.4
李斯特网络	2,656	1,386	278	6.8	69.2	8	10
雅虎	1,723	899	831	5.2	60	7	9

总结	净利润/损失（美元）	与任何股票新高相比,最大下跌股票(美元)	50,000 美元收益(%)
平均/年	2,390	1,401	4.8
总数	9,163	1,648	

表 3.14 窄幅波动交易——期货

变化模式结束日开盘最低时做多/做空
进场后任一天价差最低达到 0.5, 平仓
测试时段：1983.01.01—1999.06.30——每个信号一份合约——日交易
佣金和滑点零美元

单个市场	总利润/损失（美元）	平均利润/损失/年（美元）	与任何期货新高相比,最大下跌期货（美元）	利润/损失（美元）	与任何期货新高相比,十二个月下跌期货（美元）	趋势/年	赢利%	市场时间百分比%	总利润（美元）除以总损失（美元）	获利(%)
标准普尔500指数	47,343	2,869	13,493	26,100	12,338	13	45.9	12	1.6	11.5
英镑	-10,325	-626	29,319	138	3,088	9	39.6	8	0.8	-2
德国马克	3,163	192	17,513	-425	850	8	42	7	1.1	1
日元	1,588	96	8,525	-7,513	8,525	9	41.9	8	1	0.9
瑞士法郎	9,900	600	14,750	5,475	1,225	8	41.4	8	1.2	3.6
美元指数	5,620	414	6,870	-1,070	2,150	9	42	9	1.2	5
美国债券	36,140	2,190	7,270	5,980	1,990	10	53.8	10	2	22
（美国）中期国库券	13,670	828	4,000	610	1,600	11	51.1	10	1.5	15.1
市政公债	28,820	2,083	5,240	3,400	1,200	12	45.9	12	1.9	29.6
黄金	4,440	269	5,670	200	110	6	42.6	5	1.3	3.8
大豆	14,175	859	4,445	-10	570	8	49.3	7	1.6	14.8
小麦	5,950	361	1,900	-638	638	8	47.8	8	1.4	13.6
玉米	2,213	134	3,525	100	500	9	50	8	1.2	3.3
大豆粉	16,120	977	2,305	-520	765	8	52.3	8	2.1	27.8
棉花	22,840	1,384	5,565	2,270	650	10	50.9	10	1.8	21.1
活牛	-4,624	-280	6,272	768	588	13	42.3	11	0.8	-4.1

(续表)

变化模式结束日开盘最低时做多/做空
进场后任一天价差最低达到0.5，平仓
测试时段：1983.01.01—1999.06.30——每个信号一份合约——日交易
佣金和滑点零美元

单个市场	总利润/损失（美元）	平均利润/损失/年（美元）	与任何期货新高相比，最大下跌期货（美元）	利润/损失（美元）	与任何期货新高相比，十二个月下跌期货（美元）	趋势/年	赢利%	市场时间百分比%	总利润（美元）除以总损失（美元）	获利（%）
活猪	3,536	214	5,220	1,184	792	11	45.7	9	1.2	3.4
猪腩	29,688	1,799	4,096	276	4,064	8	51.6	7	2.2	27.6
原油	11,740	741	2,610	2,860	770	9	50	8	1.7	16
燃用油	10,370	632	5,011	-449	1,344	9	50.3	7	1.5	9
天然气	9,920	1,082	3,210	-700	1,550	8	50	7	1.7	15
咖啡	66,525	4,032	17,363	1,463	1,069	9	53	8	2.3	18.1

综合业绩	利润/损失（美元）	与任何期货新高相比，下跌期货（美元）		交易	市场时间百分比%	平均利润要求（美元）
六个月	9,671	15,756		70	81	4,973
十二个月	39,889	16,695		155	80	5,129
平均/年	19,928	10,074	平均	199	86	5,854
总数	328,810	32,236	最大	3,281	86	5,854
平均交易	105					

		收益（%）	达到%收益（美元）的资本要求
平均亏损指的是过去15日的平均数			
1. 回报利润加上平均亏损		125.1	15,928
2. 回报利润加上最大亏损		52.3	38,090
3. 五倍平均利润回报要求		68.1	29,270
4. 限于20%的资本最大亏损回报		12.4	161,180

强劲需求或供给后的窄幅整理

这是进入活跃市场的有效工具,市场快速拉升后,往往会在相对狭窄的价格区间内,出现数天消化市场的走势,以保持赢利。强劲的需求使得市场走势很可能在第三条竹线之后得以继续(参见图3.29)。着手交易的规则(仅限于做多,做空与此正相反)如下:

◇ 市场有上涨的信号或走强的趋势。
◇ 十天平均走势线是上涨的。
◇ 市场在第一条至第三条竹线间有调整。
◇ 最近几条竹线中有一条价差低于十天平均竹线波动范围。
◇ 最后一条竹线可能稍低于前一条竹线新低,这也并不一定,但的确表明了市场惜售。

在窄幅整理竹线最高价探底时做多,低于窄幅整理竹线最低价时止损,在目标区或移动止损时卖出获利。图3.30和图3.31解释说明了该方法。

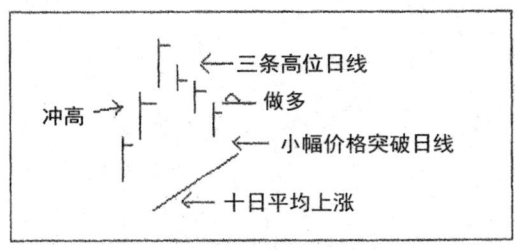

图 3.29　调整中的窄幅波动

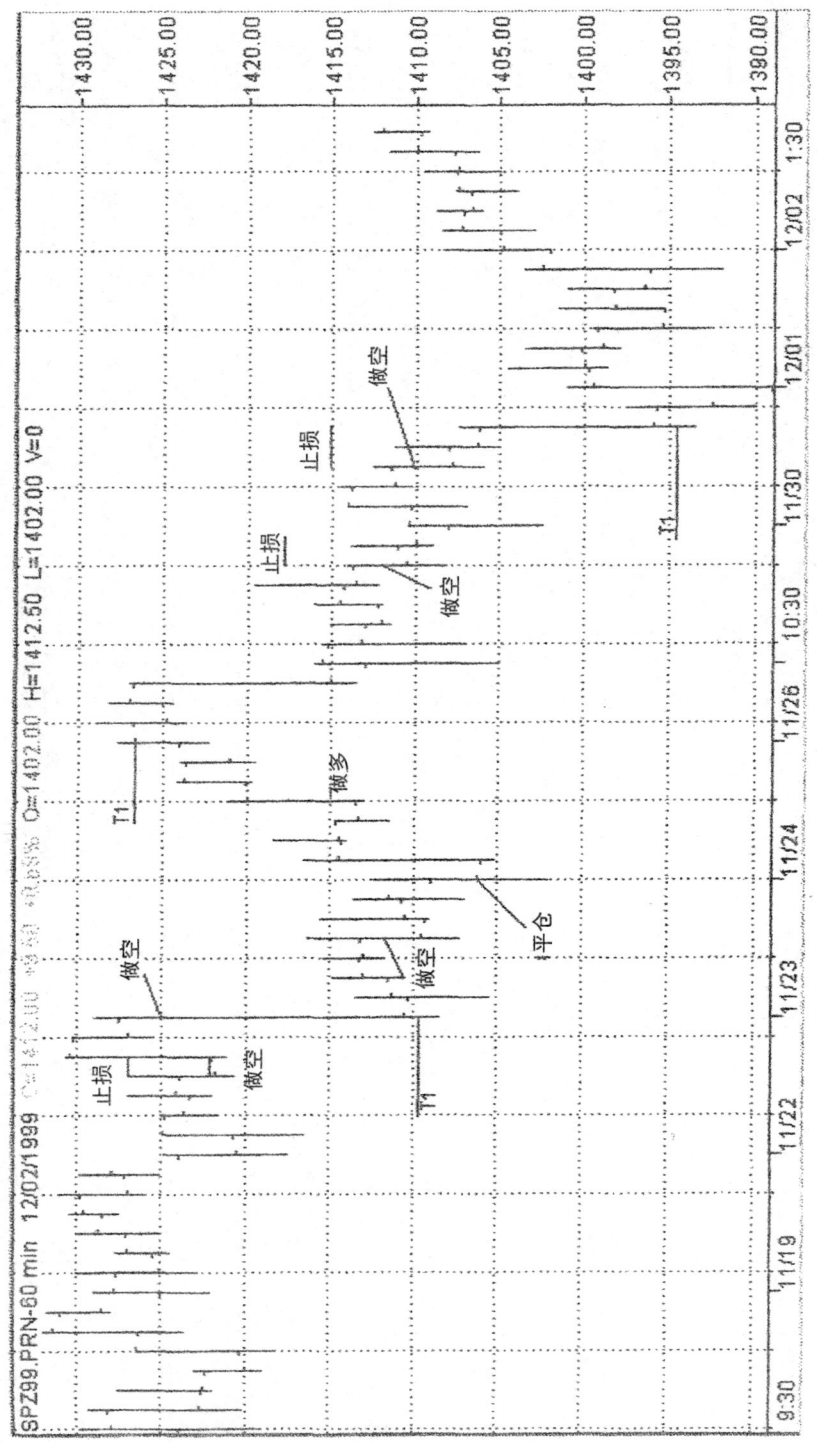

图3.30 标准普尔60分钟图（1999.12.22）

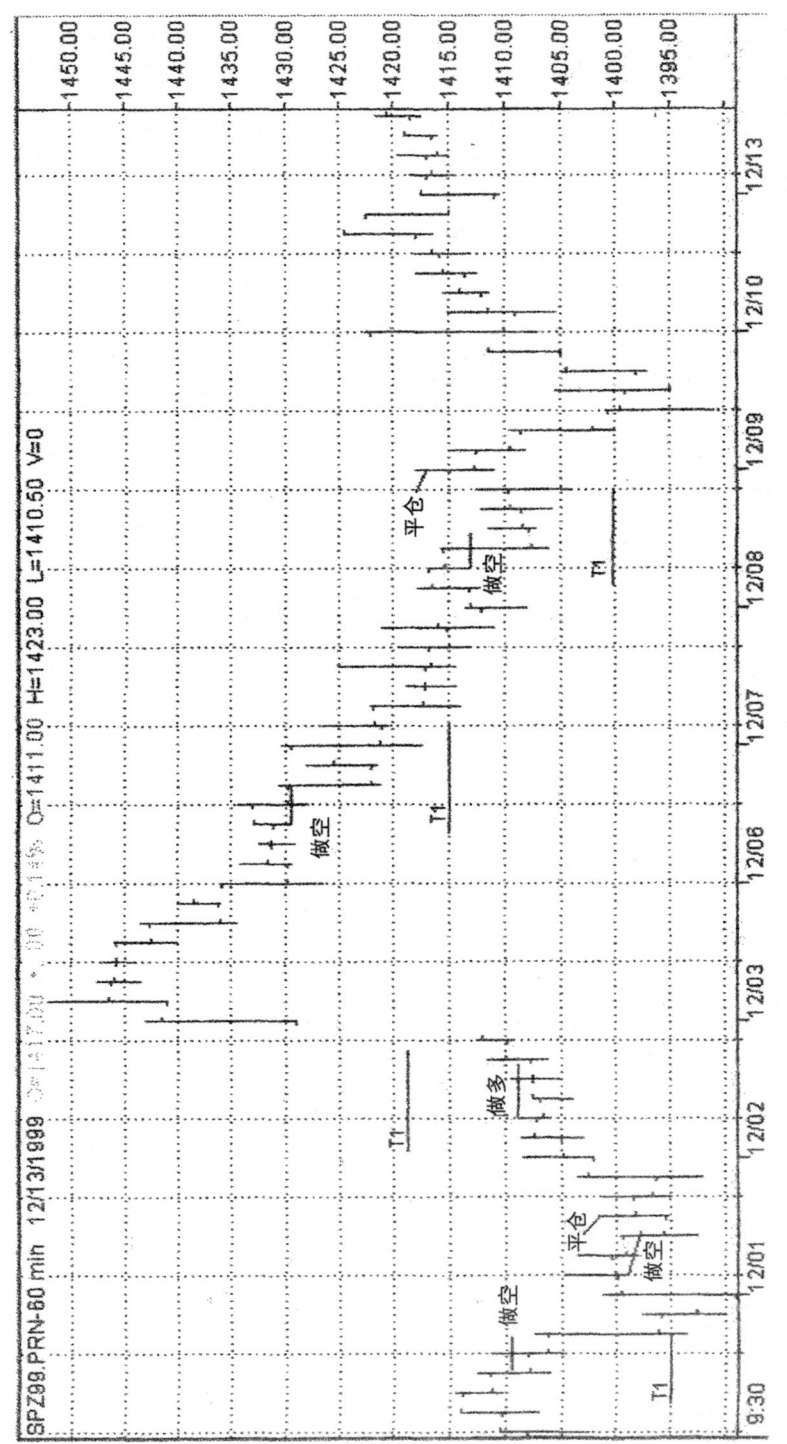

图3.31 标准普尔60分钟图（1999.12.31）

窄幅整理交易策略

窄幅整理交易策略是交易方案中非常有用的工具，要进行成功的交易，需要将它们与其他交易手段相结合。其基本概念是，当市场偏离横盘状态时进场，横盘状态以一条或一条以上窄幅波动竹线为特征。如果市场远离此点反弹，然后又回到该点，表明需求进入市场，这就是经典双底。如果你将此与累积或派发阶段结合，那将是一个有着非常显著意义的交易方案。沿着上涨方向进行交易，在窄幅波动竹线另一侧止损。例如，图 3.32 表明了进入点，可以是在最近上涨 A 校正点或 C 校正点。

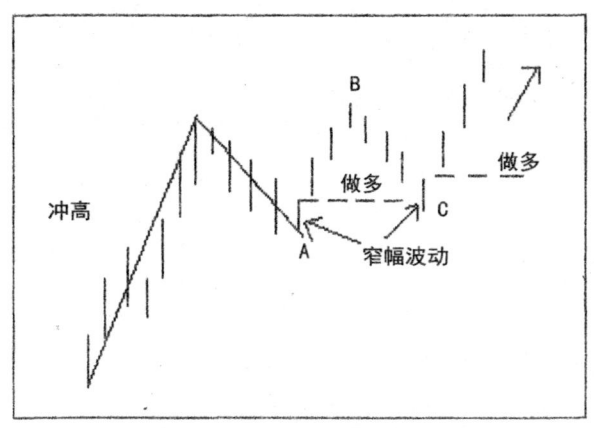

图 3.32　窄幅波动交易

宽幅波动竹线交易

宽幅波动竹线可以是行情看涨，也可以是行情看跌，主要取决于它在市场的什么阶段发生。如果它发生于做多放量快结束时，那就是熊市迹象。而如果它正在远离该形式，那就是牛市迹象。图 3.33 表明了宽幅波动竹线正走出该模式，大多数宽幅波动竹线在随后的竹线中是开高走低，购买区低于竹线波动范围，相反，赢利区高出宽幅波动竹线高点 50% 至 100%。显然，这表明是短期交易，市场在宽幅波动竹线出现后往往是窄幅波动竹线。但这并不是说百分之百是客观的，宽幅波动竹线的定义是主观的，这就是为什么读懂图表就显得尤为重要了，这种能力只有通过长期浏览无数图表才能形成。

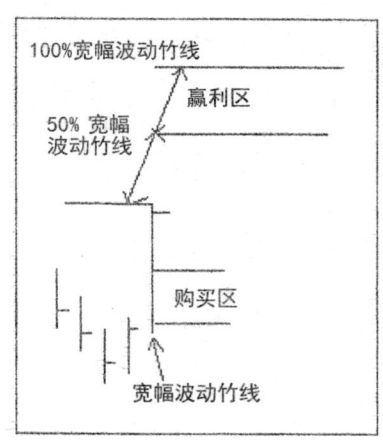

图 3.33 宽幅波动竹线交易

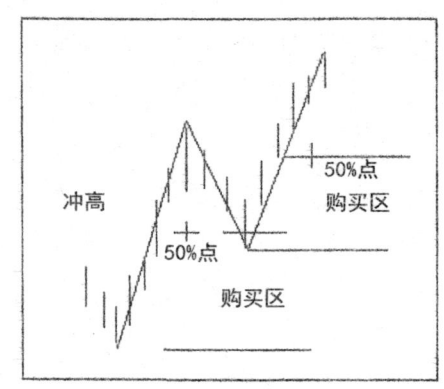

图 3.34 购买区

购买区

购买区位于低于 50% 的上涨位置，如图 3.34 所示。随着上涨越来越高，购买区就会处于高位，这些区域可以寻找到持有长头寸的规律。在进入市场之前，应该知道止损的位置在哪里，并知道在何处确定目标水平，在图上标出做多区、做空区和获利区，不要追逐不稳定的市场。从众多的股票中总能找到进场的方法，此时再选择你的进场区，一步一步的程序可以是：

◇ 只在购买区做多。
◇ 进场后马上进入止损。
◇ 如果进入了获利区，对交易平仓。想一想，你能从止损中走出来或从获利区平仓吗？这个问题是一种选择或放弃，如果你在目标处退出，市场有可能上涨得更高；如果你在止损点退出，常常意味着放弃巨额利润。

可能的解决办法是：

◇ 收紧止损。
◇ 平仓一半头寸，这有可能一半是对的，也有可能一半是错的。
◇ 在首次意识到供大于求时平仓。
◇ 短期内发出止损指令。例如，如果是日竹线交易，市场进入目标区时，利用三十分钟使止损趋紧。

止损点

不知道自己有什么风险的人，风险最大。

对每个人来，没有一种止损方法是最令人满意的，就风险与回报来说，我们应该找到自己的舒适度，下面提出多种可供参考的设置止损指令的方法：

◇ 三个低点低于最近一个到两个支点最低价。
◇ 在购买日有一个平均波动幅度低于最低价或收盘价。
◇ 自进场日起出现50%开盘价格区间。这时进行止损，如果与其他可能的止损相结合，将会变得非常有效。例如，市场开盘价可能低于止损点，这证明市场这天会出现新低。我们希望看到市场会偏离开盘价,比如说,大约八个低点或原先竹线波动范围的一半。
◇ 三个低点低于前两次竹线最低价或收盘价。
◇ 三条竹线后,如果交易无利可图,平仓。
◇ 如果可能,在损益平衡点谨慎交易。如果此时进场,市场走向有可能严重背离你的意愿;如果此时止损,不会受重创。不要试图在该点获利,你需要做的就是保护好自己,免遭重大损失。

就投资来说,做到未雨绸缪是非常重要的,当你进场时,最好问问自己该投资是否是一项长期投资,可以拥有五年到十年,这样,你就不会因市场短期起伏而恐慌。你是一位精明的生意人吗?令人遗憾的是,很多人把他们的平仓点或止损点建立在如下基础之上:

◇ 把止损点置于他们会丧失良机的地方。
◇ 止损点以整个股票市场走势为基础,如果整个市场跳水,我的投资将会被平仓掉。
◇ 当别人在你某项投资中发生恐慌性头寸平仓,你也平仓你的投资。
◇ 某些市场分析人士或经纪人叫你平仓。

这还引出了一则故事:

几年前,我有幸参加消费者新闻与商业频道"马克·海恩斯脱口秀"节目,马克在介绍时说我是期货市场的专家,他问我黄金下一步走势如何?我说我非常清楚黄金的期货走势,然而,我还未来得及回答该问题,听众就意识到了我只有23%的时间是正确的，但近来我一直在进步。所以说，我是危险的，因为有时候我是对的。假如人们早已知道事实真相，那么我连回北卡罗来纳的车票费都成问题了。无须说，打那访谈后，消费者新闻与商业频道节目提出了对受邀的客人要进行严格审查。

该故事的要意是，对声称知道所有答案的人要格外小心。如果你想成为一名生意人，必须意识到成功意味着需要做大量的工作，花上一生去追求那你永远驾驭不了的魔鬼，然而，你必须学会面对它，去挖掘超过你付出的东西。

获利

如果做多，且市场朝着目标区运行，可以通过以下措施保护好利润：

◇ 平仓市场头寸。
◇ 如果收盘价低于开盘价，平仓。
◇ 开盘后，如果价差突破到下跌一半时，平仓头寸。
◇ 让止损不低于每天新低。
◇ 收盘价低于前两次收盘价或低于开盘价，平仓。
◇ 后面时段里出现第三次强烈上涨，平仓。例如，如果周竹线图达到目标，在日竹线图的三个上涨日退出。

预测

这些因素在预测变化模式完成和反转中非常有用。人们可能会在收盘结束前，获取头寸小利，请记住，游戏的名字叫获利，而不是每次买卖获利90%，学会满足市场给你带来的小小赢利，你在做的要么是从市场中获利，要么一看到供大于求就获利平仓。

下面讲的七条可以作为预测变化模式完成的要点（参见图3.35）：

◇ 收盘竹线上窄幅波动是否表明缺乏供给或需求。
◇ 开盘朝变化模式完成方向。
◇ 开盘价差朝变化模式完成方向。
◇ 30分钟突破朝变化模式完成方向。
◇ 午间价高于开盘价并朝变化模式完成方向。
◇ 变化模式完成位置恰当时收盘。
◇ 变化模式完成后出现开高走低竹线。

显然，在很多模式中，市场也会跌入购买区，但模式完成将高于购买区。在这些点进场考验着你的判断力。

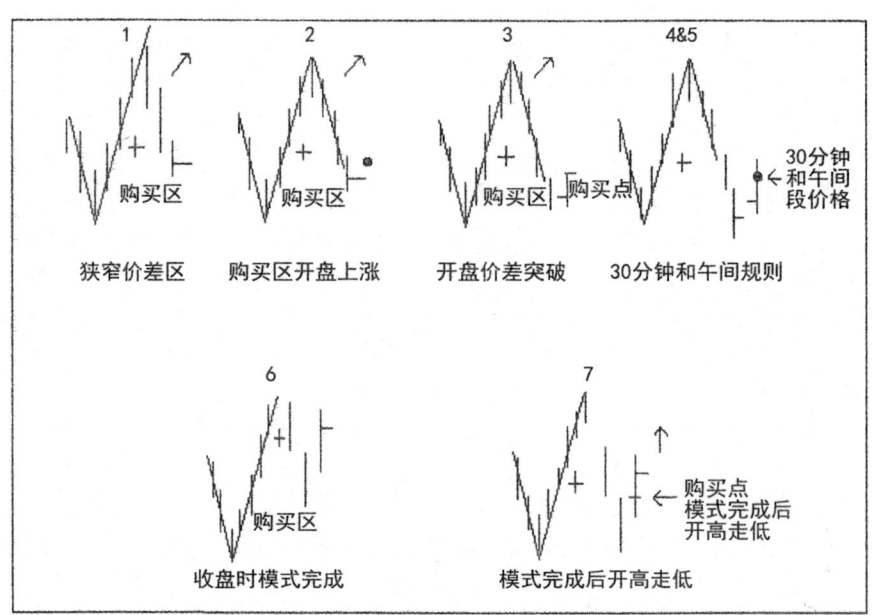

图3.35　进场信号

时间突破规则

一种流行的理论认为，第一次30分钟竹线突破而另一个30分钟竹线止损时进行交易，这一理论曾在日内标准普尔市场测试过，数据收集时间跨度达十四年。采用这种规则交易往往会造成巨大损失，如图3.36中收益曲线所示。人们应该注意，使用该规则在最后几年里赚到了钱，显然，这表明靠有限的数据得出交易结论是十分危险的。

这种工具——第一次30分钟竹线突破买或卖——可以成为进行交易的有效手段，但模式构架必须是合适的，犹如很多其他工具一样，该工具并不能孤立使用。

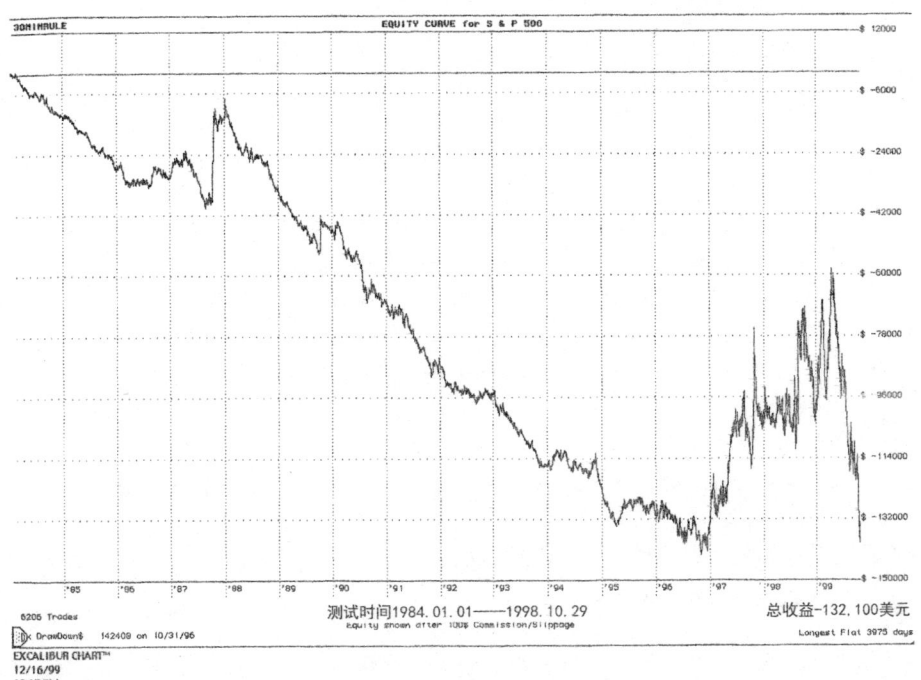

图3.36　30分钟标准普尔交易规则

跳空高开/跳空下跌

市场开盘时，大约20%至25%的时间，或者可以说一年中每个市场都有80次或者100次，都存在一个差，开盘价要么高于或低于前一天新高或新低（参见图3.37），人们对开盘价高于前一天的反应是，这是市场走高的强烈信号，应该做多，但当我们利用电脑仔细观察该规则后，也可以得出相反的结论。该观点通过两种方法检测：

◇ 开盘价上涨，做空。
◇ 开盘价上涨，做空，但只是在开盘价回落至前一天的新高时做空。

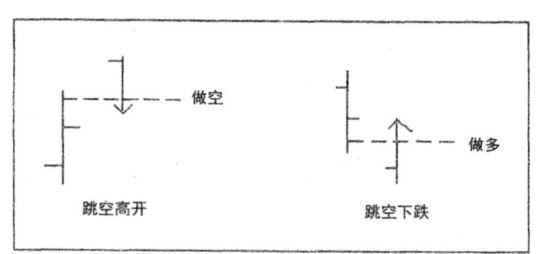

图3.37　开盘价格区间

对做多采用相反的方法。这两种观点同时在电脑中检测，不做止损，都是日交易。第二种方法与第一种方法相比，其效果差不多要高出一倍，如表3.15所示。它在期货市场一年交易大约60次，在取头寸前，它让市场朝有利于你的方向发展，这的确表明了通过买这种股票让你在市场里获得了收益，但在大多数市场，这还不足以弥补佣金和滑点。如果该方法和其他技术手段相结合，并采用适当的止损方法，可以为你的交易工具包中增添一种非常有价值的交易工具。顺便提一句，数据表明它可以用作债券日交易方法，给你带来收益。

这一模式类似于拉里·威廉姆斯提出的"实时"模式，其基本观点是一样的，但他如何看待进场和退出还不为人们所知。运用这种知识可能会带来：

◇ 如果市场向任一方向延伸，该信息或许更可靠，这可能意味着市场的结束，如果这样，这或许是获取头寸利润或反转头寸理想的方法。
◇ 关注前一次收盘反转的进场信号、大量的原先收盘价和大量的原先新高和新低。
◇ 一旦进场，研究一半价差止损。
◇ 研究高于或低于众多收盘价的开盘价差。
◇ 在取头寸前，关注一半价差反转。

计算机作出的这些简单研究会很快告诉你，与最近市场走势相关的开盘价是否可以给你带来技术优势。拉里·威廉姆斯和托比·克莱贝尔在该领域做出了显著的成绩，就研究开盘价和开盘价波动行为而言，你完全可以写一本书进行阐述。

表 3.15 开盘价差——期货

在差缩小时,开高走低至前一天新高,做多
开盘价(做空与此相反)——日交易,没有止损
测试时段:1977.01.01—1999.06.30,每个信号一份合约,日交易
佣金和滑点零美元

单个期货	总利润/损失(美元)	平均利润/损失/年(美元)	与任何期货新高相比,最大下跌期货(美元)	趋势/年	赢利%	市场时间百分比%	总利润(美元)除以总损失(美元)	获利(%)
美国债券	108,170	5,012	10,600	62	54.7	20	1.5	41.9
(美国)中期国库券	31,490	1,843	7,630	61	50.9	20	1.3	22
欧元	22,025	1,271	1,850	51	49.8	17	1.5	60.9
短期国库券	29,300	1,256	3,925	49	49.4	16	1.4	29.9
市政公债	30,320	2,192	4,820	51	49.4	17	1.3	38.3
英镑	14,213	590	10,113	59	47.6	19	1.1	5.4
德国马克	35,463	1,473	6,963	63	52.5	20	1.3	19.3
日元	7,188	322	22,150	62	47.4	20	1	1.4
瑞士法郎	21,638	898	13,038	62	52.2	20	1.1	6.5
加元	5,120	229	8,610	70	47.3	22	1.1	2.6
美元指数	−8,780	−646	14,940	49	48.9	16	0.9	−4.1
铜	45,925	1,728	6,313	60	53.2	19	1.4	23.4
标准普尔500指数	30,113	1,798	43,450	44	56.2	15	1.1	3.7
纽约期货交易所指数	67,900	3,975	28,750	44	56.1	15	1.3	12.3
活牛	42,320	1,447	3,596	50	52	17	1.5	37.4
猪腩	63,076	2,108	11,852	53	53.8	18	1.3	16.1
活猪	30,660	1,036	4,312	47	54.2	16	1.3	21.4
大豆	62,850	2,049	15,075	53	53.5	1.8	1.3	13
大豆油	41,754	1,365	2,610	50	53.5	17	1.5	47.4
大豆粉	49,960	1,634	5,730	50	53.1	17	1.4	25.8

(续表)

在差缩小时,开高走低至前一天新高,做多
开盘价(做空与此相反)——日交易,没有止损
测试时段:1977.01.01—1999.06.30,每个信号一份合约,日交易
佣金和滑点零美元

单个期货	总利润/损失(美元)	平均利润/损失/年(美元)	与任何期货新高相比,最大下跌期货(美元)	趋势/年	赢利%	市场时间百分比%	总利润(美元)除以总损失(美元)	获利(%)
小麦	24,126	789	5,863	50	48.8	17	1.2	12.6
原油	44,370	2,802	4,410	63	55.1	20	1.6	51.7
无铅汽油	31,357	2,163	4,557	57	53	19	1.4	38.8
燃用油	28,627	1,468	10,550	63	51.6	21	1.2	12.7
咖啡	242,981	9,406	12,413	59	58.7	19	1.7	63.3
糖	81,458	3,045	5,141	59	56.3	19	1.6	55.5
棉花	77,940	2,914	5,945	60	55.6	20	1.4	45.2
可可豆	24,480	1,300	5,310	56	53.2	19	1.3	22.1
橙汁	30,150	1,131	6,038	54	53.6	18	1.3	17.3

总结	净利润/损失(美元)	与任何期货新高相比,最大下跌期货(美元)		平均利润要求(美元)
平均/年	42,919	14,302	平均	20,000
总数	1,316,192	53,792	最大	20,000

		收益(%)	达到%收益(美元)的资本要求
1. 回报利润加上平均亏损		126	34,000
2. 回报利润加上最大亏损		58	73,792
3. 限于20%的资本最大亏损回报		16	268,960

1. 因为这是日交易,20,000美元作资本

第四章 渠道与趋势线交易

本章内容将有助于交易定位，这是因为它可以帮助识别主渠道与次渠道，对知道根据反转和连续模式什么时间交易非常有价值，同时也可知道利用简单趋势线加上基本的波浪理论作为进场手段。本章中的一些方法没有将计算机程序编入系统，然而，利用图中的趋势线和渠道观察图表时也是很清楚的，这几乎可以成为一种系统的方法。

在交易者工具包里，最有用的工具之一就是趋势线，很多人会利用一些很复杂的计算机程序呈现出来的指标，但这些指标通常只会告诉你同一件事：市场超买、超卖的程度。利用简单的趋势线，加上几种其他规则，就可以非常有效地让你选择交易时机，所以，要尽可能学会读懂图表，而不是看指标。我们至今尚未发现有一种指标能告诉你：市场上涨（顺涨或逆涨）了，如果你持有头寸，赶快行动吧。顺涨指的是：市场低于支点低点或支撑点交易、市场没有供给迹象、市场发生巨大反弹。逆涨指的是：市场高于支点高点、市场没有需求迹象、市场很快下跌。此点将在第六章作进一讨论。

趋势线与平行走势

新高发生之前，一个主要的支点高点是随至少两个支点低点而来（新低则反之）。一条主要的趋势线把两个主要的支点低点或高点连接起来，平行走势是指在主要支点间画的平行线，如图4.1所示，趋势目标位于到达平行线或趋势渠道处。小趋势渠道指的是连接小支点的渠道。

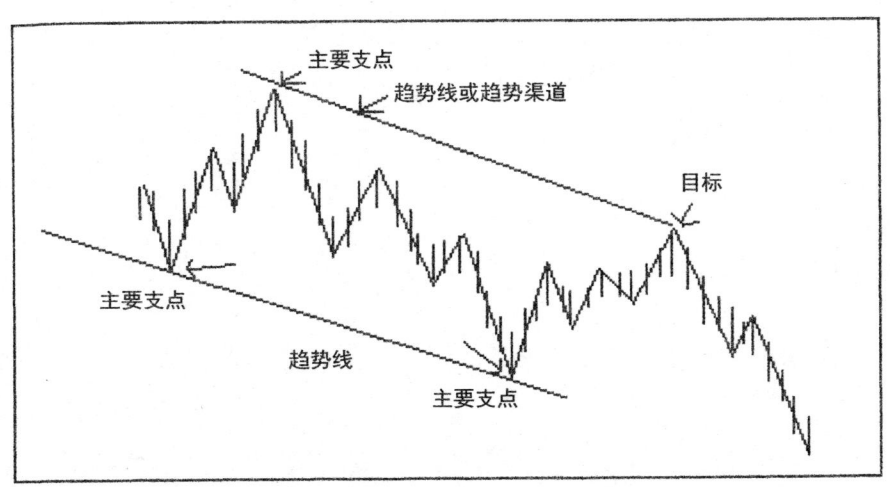

图4.1　趋势线与平行走势

图4.2表明了0-4交易线的运用情况，注意，这里没有运用简化阅读图表的竹线，震荡介于支点与支点间，0-4交易线连接了主要支点与第四波浪，0-4交易线表明了上涨行情与下跌行情，以波浪标识。市场穿越0-4交易线时，做进场交易，做多时，只要0-4交易线高于0-2交易线，做空时，反之亦然。宽幅波动竹线，如果收盘价在此点高于开盘价，是另一个需求信号（做多）。目标点位于平行趋势渠道上。图4.3说明了运用该技术

手段进行日元交易的情况。

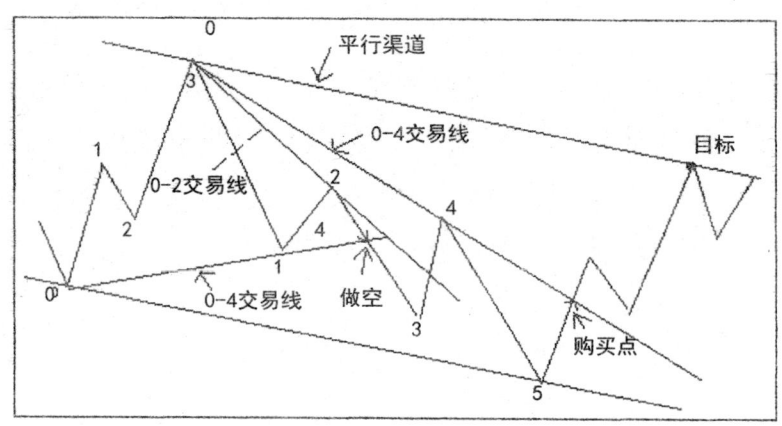

图 4.2 0-4 交易线

0-2 交易线

交易构架：市场有上涨需求，现在处于调整阶段（参见图 4.4）。如果波浪 C 位置高于小支点 A，那么根据 0-2 交易线穿越情况，可以做多，但是，如果支点 C 低于 A，那么，最好是等波浪 4 形成之后才进场。

根据平行趋势（0-4 交易线、0-2 交易线）交易，存在某些主观性，要想将此进行编程，编入机械的系统中，这种想法是相当难以实现的，然而，规则相对是很简单的，进场点和退市点也是清晰明了的，所以也不需要使用计算机编程。图 4.3 对日元的研究表明了该方法的运用情况。

图 4.5 列出了穿越 0-2 交易线进行交易的示例，讲了处于非规则调整终止时的情况。

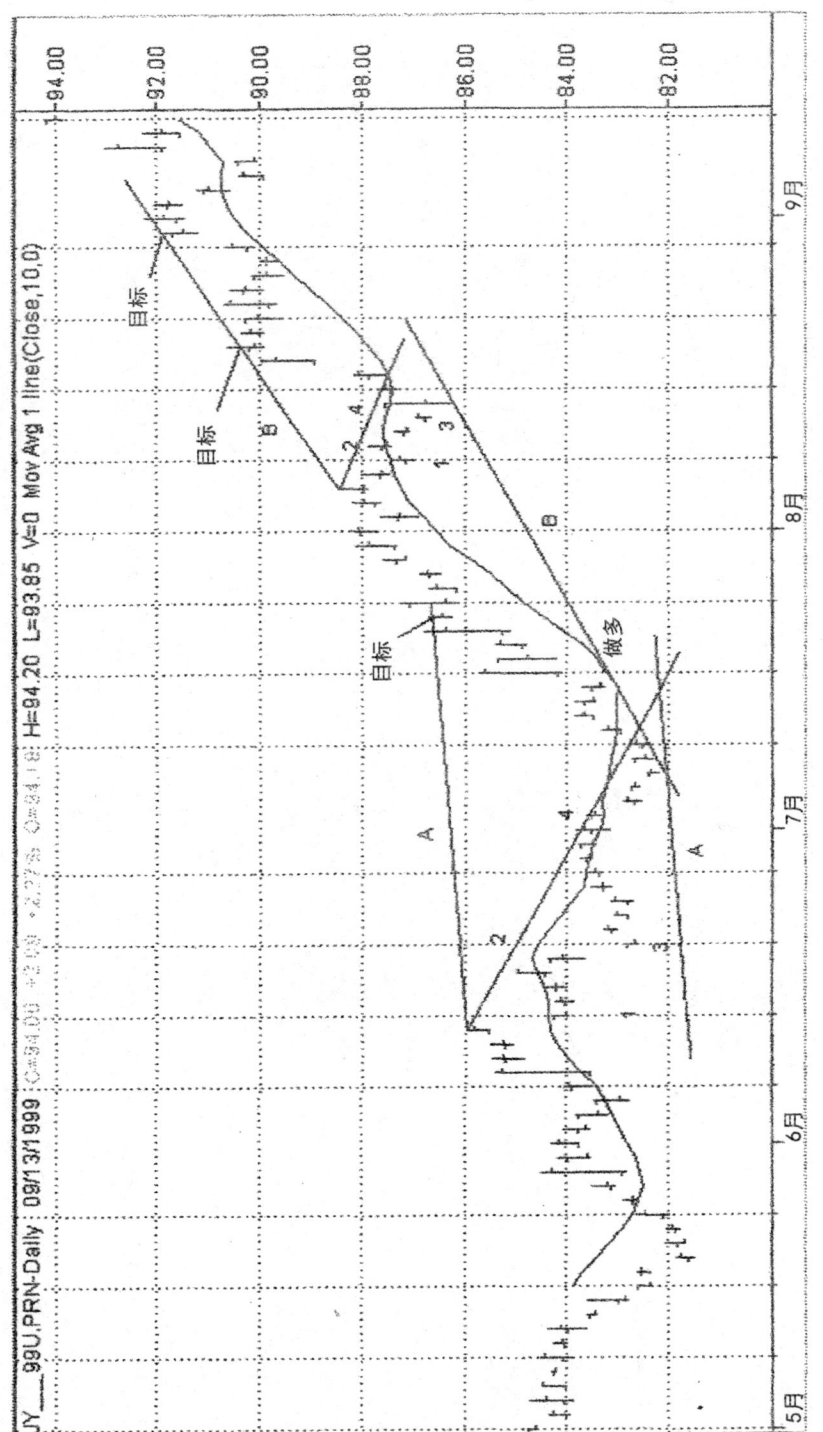

图4.3 日元（1999.09.13）

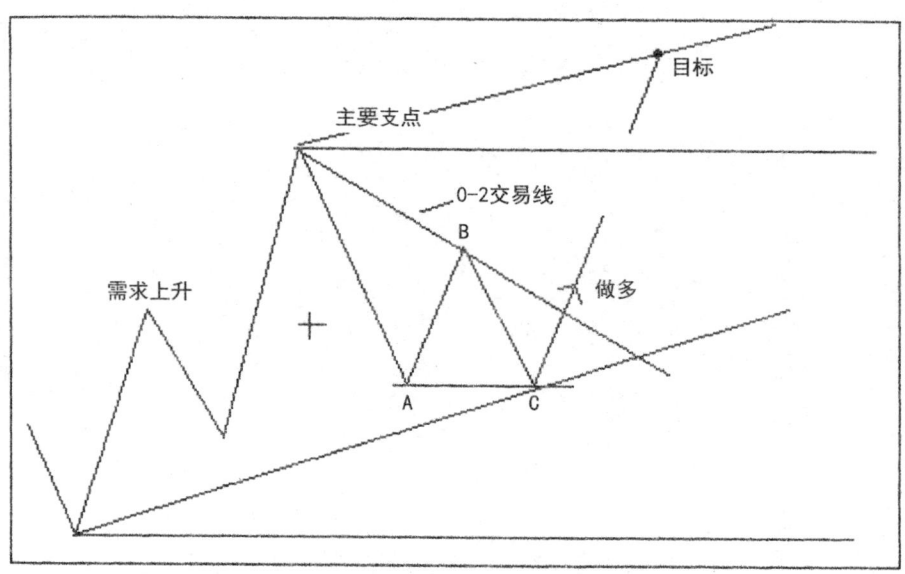

图 4.4　0-2 交易线

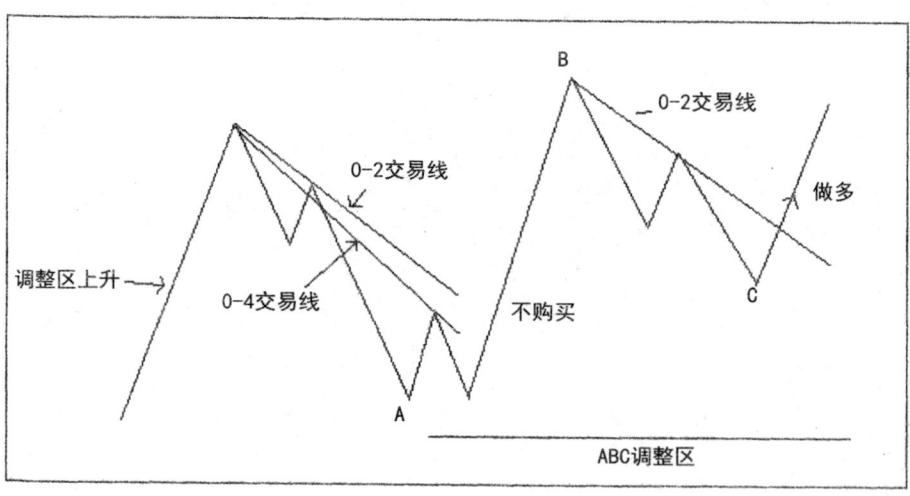

图 4.5　0-2 交易线（C 型）

趋势线和四次收盘方法

这是一种简单的方法,不需要运用电脑(参见图4.6),它只需要对趋势的判断能力以及对潜在的赢利是否值得冒险作出判断。

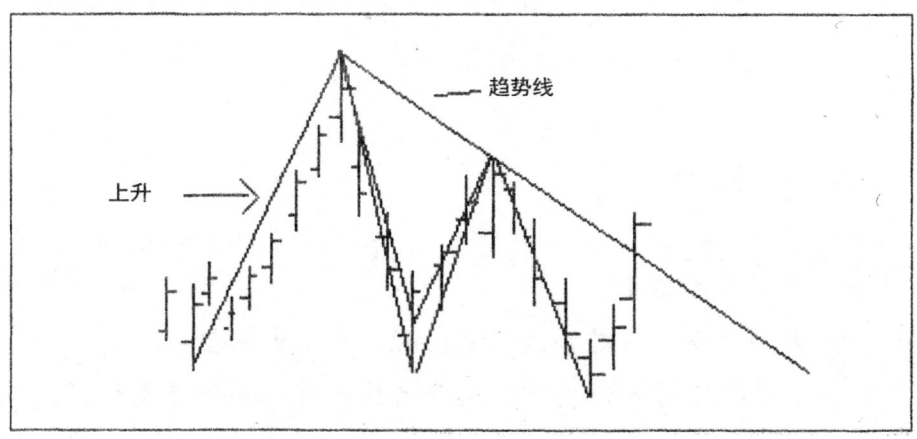

图4.6 四次收盘趋势线突破

做多安排如下(做空与此相反):

◇ 只沿着上涨或趋势方向交易。
◇ 介于最后两个高支点间画一条趋势线。
◇ 在过去二十天内有两个或两个以上上涨或相等的低支点。

市场走势高于该线,做多,如果:

◇ 收盘价高于开盘价。

◇ 收盘价高于前四次收盘价。
◇ 价差大于平均价。

低于最近支点低点，止损；一旦确信市场有虚假走势，比如说，出现广泛价差反转，平仓。

如果有喘息机会，让止损点达到平衡点才止损，以便可以自由交易。市场存在不存在喘息机会，这要依靠我们的判断能力，但有一个简单的方法或许可以使止损点推移到低于进场日的低点，假如出现一半价差超过进场日高点。

在下列情况下，获利了结：

◇ 在震荡目标处。
◇ 有四次收盘价趋势线突破，且与市场走势相反。
◇ 如果市场进入做空区，离开盘价出现一半价差突破。

这都是参考性建议，基本的指导思想是，如果供给明显高于需求，或者市场做多明显放量（做空与此相反），平仓。图4.7对荷兰皇家壳牌石油公司作的研究，充分说明了这些观点。

第四章　渠道与趋势线交易

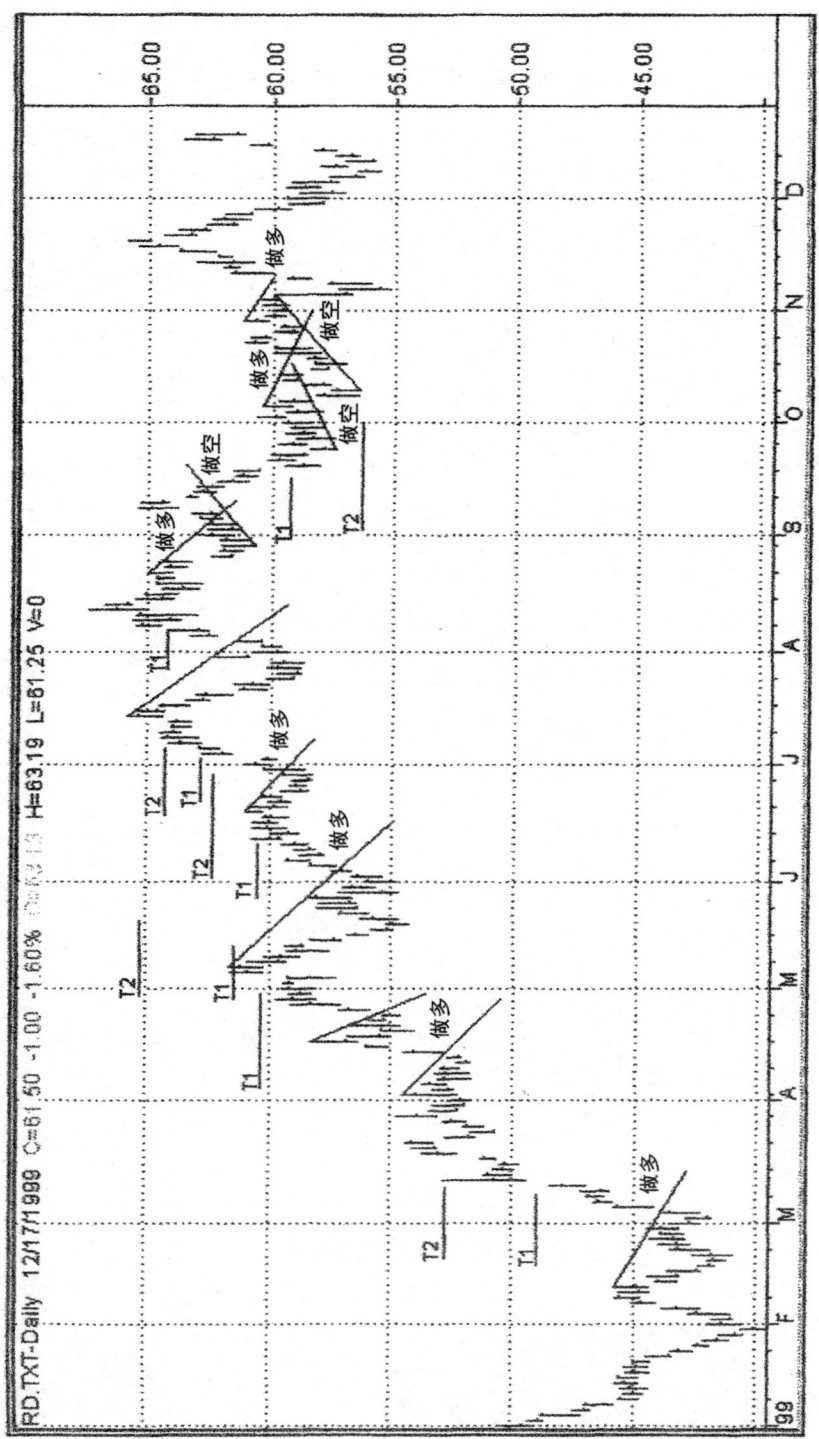

图4.7　荷兰皇家壳牌石油公司

趋势渠道系统

当市场触接趋势渠道线低点时，趋势变化第一次一发出积极信号，就做多或做空，上涨的趋势为：

◇ 开盘价上涨，做多。
◇ 根据11：30规则（市场在午间高于开盘价），做多。
◇ 在反转日，做多。
◇ 根据小反转模式，做多。
◇ 开高走低，做多。
◇ 短时间模式：跟踪图表半小时，一看到半小时图表（参见图4.8）发出市场走强的信号，就在趋势渠道平行点（日基本图表）做多。

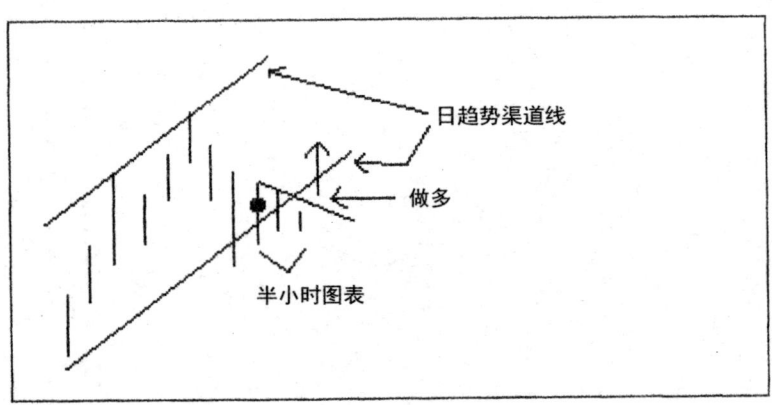

图4.8　短时间模式运用

第五章 波段交易

本章结合柱线图的供需关系以及波动理论，介绍波段交易的基本方法。交易者可以综合使用这些方法，将过去的价格变动影射至未来的价格进行预测，从而取得交易获利的技术优势。本章中的各个要素在本书中其他章节中也有所介绍。重复并非出于有意。常言道，独木不成林，股票交易也是如此。股票交易不能只用一种方式进行，而是要采用多种方式，同时交易者应该能够在纵观整个大背景的情况下决定当下应该采用哪一种方式进行交易。

波段图

波段图是在柱线图上从一个枢轴点到另一个枢轴点的线（见图3.3）。如果柱线图达到了新的高度，则可以判断其运动是向上行进的。而当一个柱线图的低度超越了前一个柱线图的低度时，其运动则为下降。因为没有开放端和闭合端，这种方法使得整个图景增加了清晰度。在决定使用哪一种交易方式恰当时应先观察两者的变化。

多头交易的行动点

插入式

按插入的方向进行交易（如图5.1）。与一些波动理论相反，同向的市场可能出现超过五种波形的情况，其中三个方向相同，另外两个与这三个波形方向相反。很多图中会有多达十一个明显的波形。一种运动或趋向会保持其方向直到一个反转的且具有比先前任何波形量级都更大的波形出现。这就是所谓的供给与需求。这种情况并非意味着市场趋势一定会转向，而是可能意味着，至少，市场已经转入震荡期。

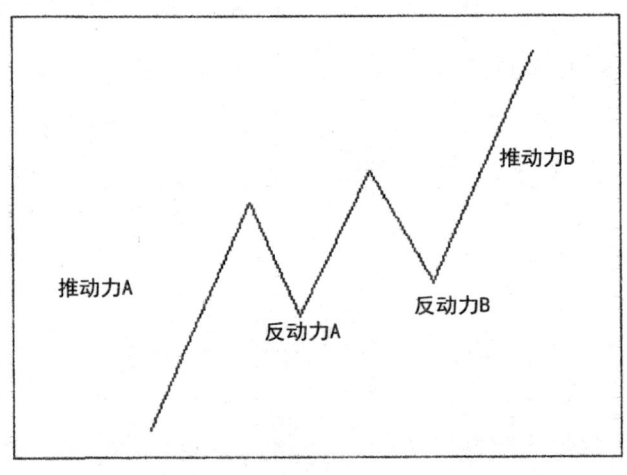

图 5.1

向上平行运动的波段图，通常在量级和时间上等同。图5.1表现了推动力B和推动力A等同，而反动力B和反动力A等同。这样可以使得交易者预测下一个变化终止点的时间和价格。

图5.2用日元展示了这些观念。图中展示了两个可以获利的交易。

第五章 波段交易

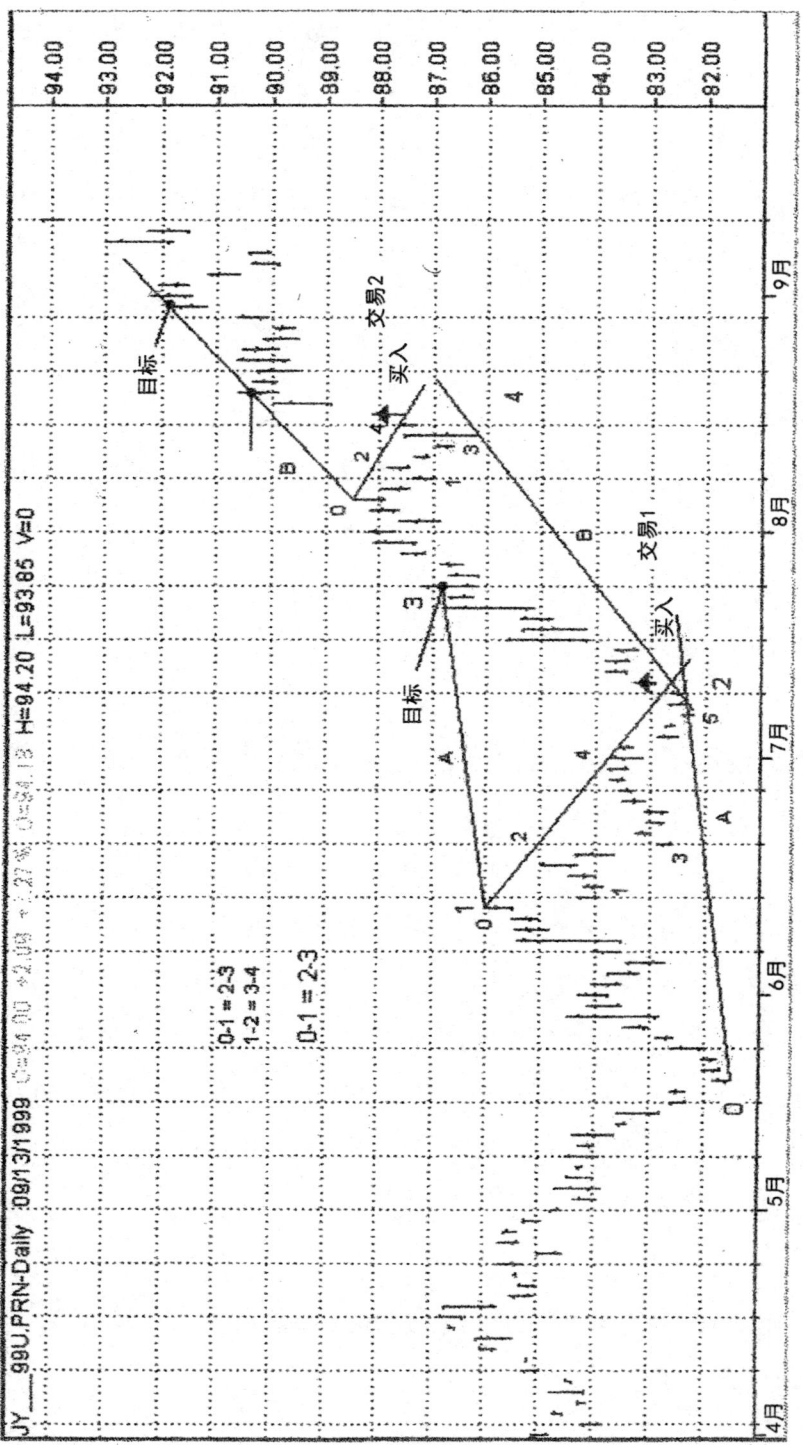

图5.2 日元（1999.09.13）

◇ 交易1：在市场趋势线穿过0-1趋势线并在之前的4边缘线之上时进行了一次买入。此次在81.50（图中0点处）到86.00之间是一次向上推进的过程。我们现在知道，整个市场趋势是向上的，日元是因时而动进行的买入。整个市场出现了五次朝向基点或波动开端依次盘整。现在整个盘整过程已经结束。进行了一次买入交易而且获得了5.50点的交易利润。

◇ 交易2：市场继续向上发展，上行至88.00以上，并证实突破86.00的预期确凿。市场进入了1，2，3浪或者ABC浪的盘整模式。在88.00点4-收盘趋势线突破模式完成时进行了一次买入交易。在平行模式下，在90.30点交易获利。

图5.3表示了一系列波段图的规则。该图是S&Ps公司一天内的交易图，其中价格未作标识。

◇ 反弹：一次反弹之后可能会发生实质性的变化。市场经常会返回并跨越其交易区域，正如此例所示。

◇ 以非常相似的方式穿越两个枢轴点：要警惕会有更大的摆动。接近的相似点可以认定为在一个条状区域内的两个点。这次穿越导致了趋势的逆转。完全替代了先前的下挫，显示出市场已经从供给转向需求。在先前一次完全回调的盘整后买入。

◇ ABC/ABCDE盘整至推进：预期在此次反应之后动向持续并继以上推。

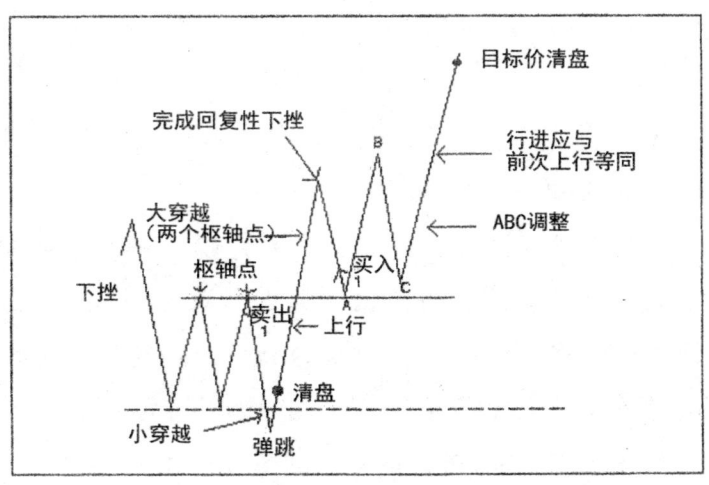

图 5.3　S&Ps 公司一日交易波段图分析

此次动态变化中有两次可能进行的交易：

◇ 交易 1：在市场试探枢轴点时进行了卖空交易。可以看到，因为前面的下挫可以确定市场趋势下行，那么在这样的市场中只能进行卖空交易。此次交易在反弹后显示出明显供给不足时立刻进行了清盘。

◇ 交易 2：在 A 线重新回调到前两次达到的枢轴点高度的时候进行了一次买入交易。因为作为前一次下行的完整的回溯，其行进目标与前一次行进方向相同，故其趋势为上行。

预 期

预期是投机成功的关键。在决定选择支持还是选择抵制的关键时期，交易者必须预期市场运动的目标。交易者应该将波段图和柱线图综合使用来做出决定。在选择支持时可以使用如下两种方法进场：

◇ 在逻辑支撑区买入。如在支持水平线以下，必须在合理的位置立即进行终止。
◇ 一旦市场进入支撑区，在其上的停顿点买入。超越市场的量应该在一个较宽的条状预期范围之内，超越了预期范围则表示盘整已经结束。进入的顺序应在观察到市场进入了支撑区或稍稍穿越支撑区。这一顺序在市场呈上升趋势并且购买区在 ABC 纠正区结束的位置时尤其有效。

如果市场呈现出明显的震荡，止盈点应建立在阻力区或如下的位置：

◇ 在波段目标上。
◇ 在平行趋势线的点上。
◇ 在主要的枢纽点，尤其是表现出有向相反方向变化的趋向时。
◇ 在穿越趋势线时，如果随着时间的推移可能出现反转的话。

动向结束

当一个反应在时间和空间维度上超过了任何先前反应的程度时，它预示着向上的移动即将结束。如图 5.4 所示，反应 3 比反应 1 和反应 2 在时间和空间上表现的幅度都大。同理，对于向下反应的情况则正好相反。

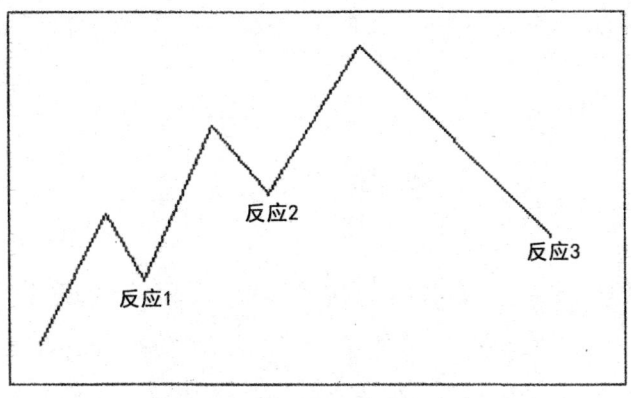

图 5.4 动向结束

回调买入

当竹线 1 的高度被穿越时,寻找机会在一个竹线内反应或者回调时买入(如图 5.5)。特别是在第一个竹线范围较宽且其宽度比低一层的竹线宽度大时尤其如此。

当一个高度被穿越,其下方条带状的高度就成为了支持点。交易者可以在支撑区向下偏 25% 出现停点的区域进行买入。

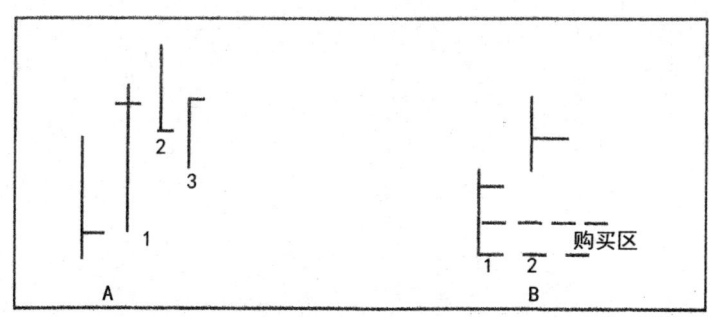

图 5.5 回调买入

在交易前，交易者应确保其他的方法和布局都支持其交易决策。

操作与反应

市场中，每一次操作都会带来时间空间上的反应（如图 5.6 所示）。这些反应并不一定等同。它们可能表现出在空间上相同但在时间上不同，或者相反在时间上相同而在空间上不同。那么就存在某种交易方法或者能力来判断什么时候在市场中出现了不平衡。举例来说，某一次操作在市场中 5 个交易日带来了 10 个点的涨幅。同等的操作在 5 个交易日带来了 10 个点的跌幅。但是如果市场在 5 个交易日内只出现了 5 个点的反应，其反应时间就结束，下一次操作就可能带来 5 个点或者 10 个点的等同于先前操作与反应的涨幅。

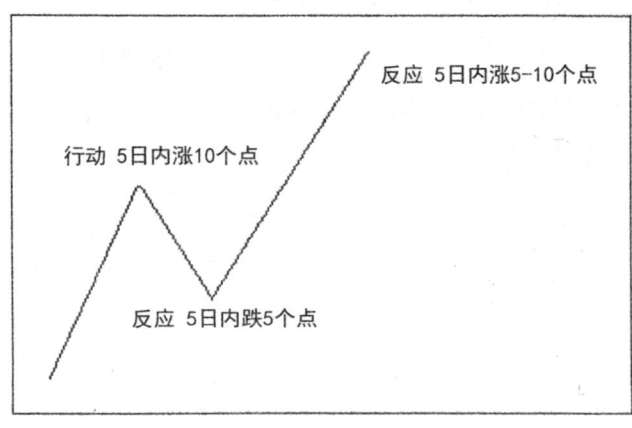

图 5.6　操作/反应

基础需求

基础需求是在到达最终底部之前超越供应的需求。其特点表现在在最终的低度之前出现了较大程度反弹的态势。可以看到，在图 5.7 中，止跌回升线 2 比回升线 1 幅度大。这一情形使得卖空操作者很紧张，因为可能出现另一种类型的动向而使其失去利润。需求可能会战胜供给，因为市场又一次接近了低值或者可能超越低值。这是在为可能的反弹作调整。

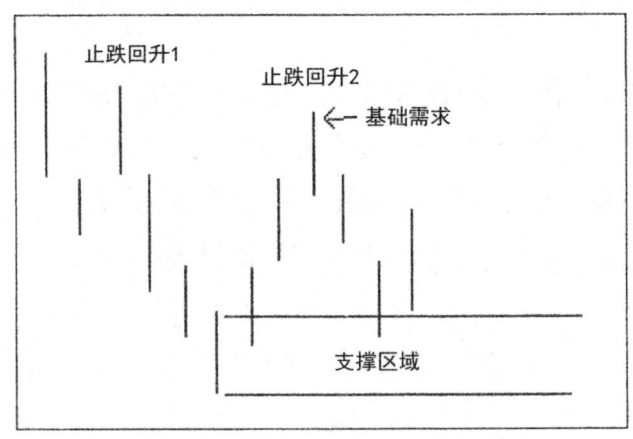

图 5.7　基础需求

时间与空间

当一个反应在时间和空间上超越了所有先前的状态，该趋势通常会结束（如图 5.8 所示）。在时间和空间信号出现后第一个竹线的 50% 处不可买入。

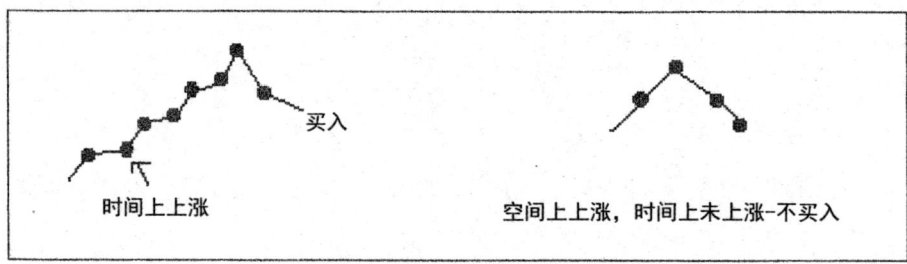

图 5.8　时间空间对比

在趋势改变前的高位卖出

将下跌趋势中短期上涨的股票卖出（图 5.9）。将上涨趋势中短期下跌的股票买入。这类交易使得交易者在交易可能发生错误时以低风险进入股市。尽量培养买入短期下跌、卖出短期上涨股票的能力。这种交易方式会大幅提高获利的潜力。

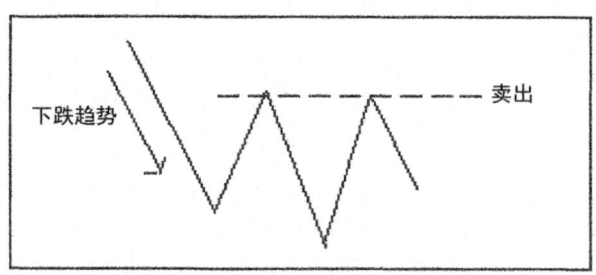

图 5.9　在趋势改变前的高位卖出

空头交易卖点（图 5.10）。

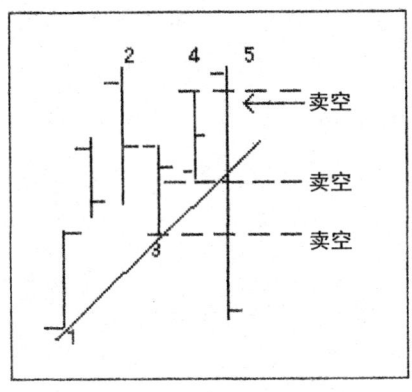

图 5.10　三次卖空的机会

◇ 点 1 到点 2：出现了 3 天的上涨，然而竹线 2 和 3 的收盘价低于开盘价，这是警示盘整的信号。
◇ 点 2 到点 3：1-2 的调整性反应是正常的。点 2 宽幅的竹线在高位建立了阻力点。
◇ 点 4：点 4 位置窄幅的竹线并非供给和需求要进入市场。
◇ 点 5：可以在三个位置进行少量卖空交易。注意：趋势线被打破，第五日反转收盘。止损点设在三个竹线高度之上。

三个竹线连续止跌回升

在很多情况下会出现三个竹线连续的止跌回升（如图 5.11 所示）。如果这种情况发生在市场下挫的阶段，这是一种警告而不是趋势的逆转。三个竹线反转向上的逆转将市场置于过度购买的疲劳期，尤其是在竹线的长度变短时。在第二天上涨竹线高度之上卖空应该比较恰当，尤其是主体趋势下跌时更是如此。总的说来，第三个竹线后的第一、二天的情况就可以看出结果。市场可能出现大幅度下跌，或者出现又一次的波动。此时卖空会在下跌的市场中获得短期的优势。

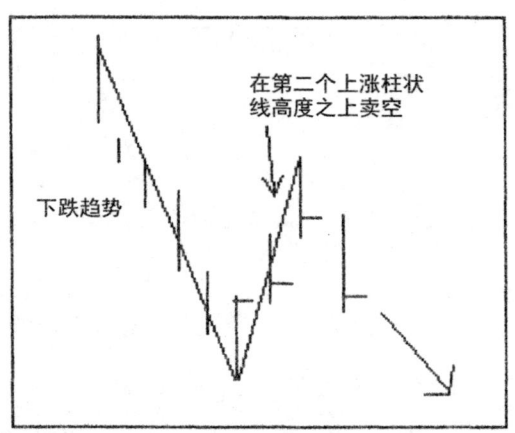

图 5.11　一至三个竹线的止跌回升

伴有幅度增加的三个竹线的止跌回升在三次进入震荡区后表现出优势的迹象（图 5.12）。应该在一天到一天半的反应时间和反应区间进场，因为此时市场已经进入购买区。购买区就是在 50% 调整点到三个竹线之间的区域。

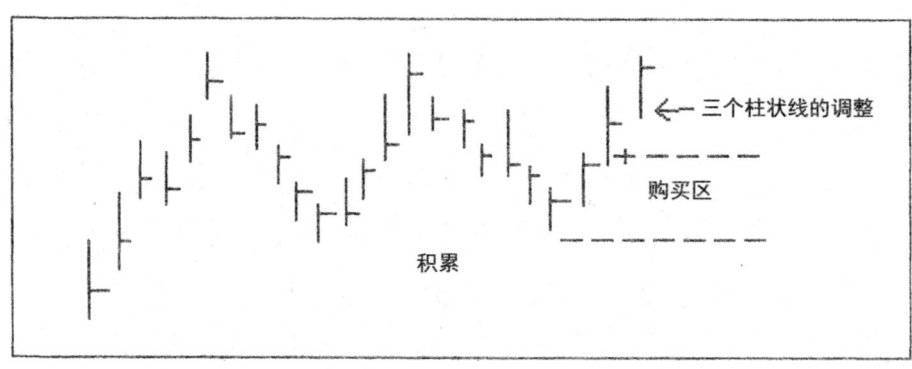

图 5.12　三个竹线的止跌回升至震荡区

保持获利并从支撑区止跌回升

如图 5.13A 所示,如果市场在枢轴点之上突破,并保持两到三个竹线的涨势,这种突破成为有效的可能性增加。两个竹线的止跌回升在穿透一系列低点后暗示着没有供给,从而会获得推动力,如图 5.13B 所示。同时波动幅度会加宽。

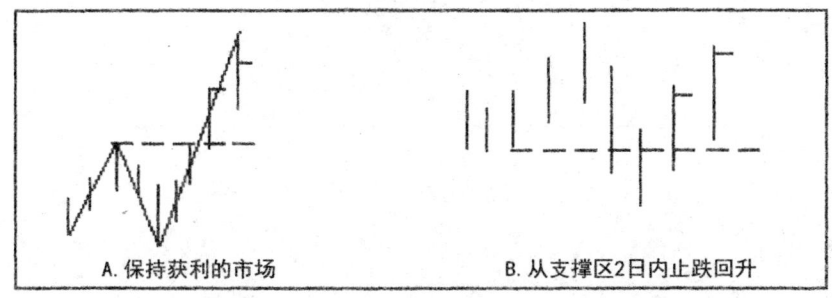

图 5.13 从支撑区保持获利/止跌回升

可通过涨势推进后三个周期判断其表现是虚假还是真实。

图 5.14A 表现的是一个市场突破紧缩构成的情形。据图中显示为有效突破。接下来的三个竹线通常情况下可以证实或者否认这一模式。图 5.14B 证实了这一情况,因为市场可以保持获利并且达到新的高度,而图 5.14C 的情形则预示着突破的失败。

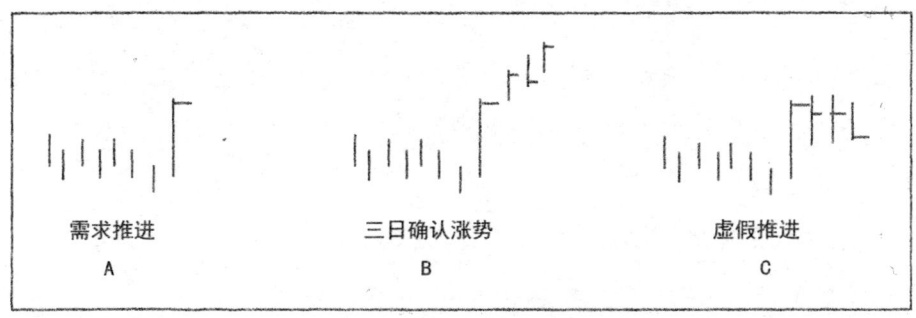

图 5.14 证实推进的三日图

趋势更改模型

图 5.15A 中，在 B 点被突破之前不能认定 A 到 B 为趋势改变。图 5.15B 中，0 到 1 的移动是受到需求的推动。当变化线相当于 A 线的 1.5 或 2.0 倍时，市场的主要趋势可能判断为反转下行。如果 C 点在下一个下摆过程中被突破，趋势下行的判断则可以得到确认。

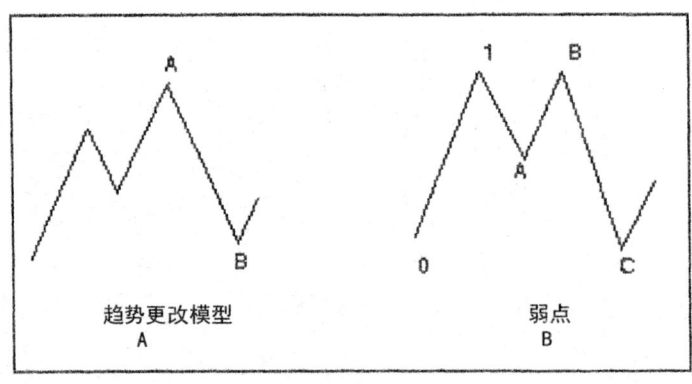

图 5.15　趋势更改模型

上行后的宽幅反转竹线

当市场在新的高度上强势向上发展，然后发生如下的情形时，就到了该收紧止损点或获取收益的时候了：

◇ 宽幅的反转竹线。
◇ 窄幅的竹线内的弹跳。

这种类型的行为暗示着供给正在进入市场（如图 5.16 所示）。

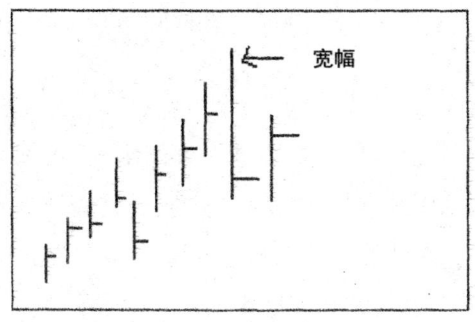

图 5.16　宽幅反转竹线

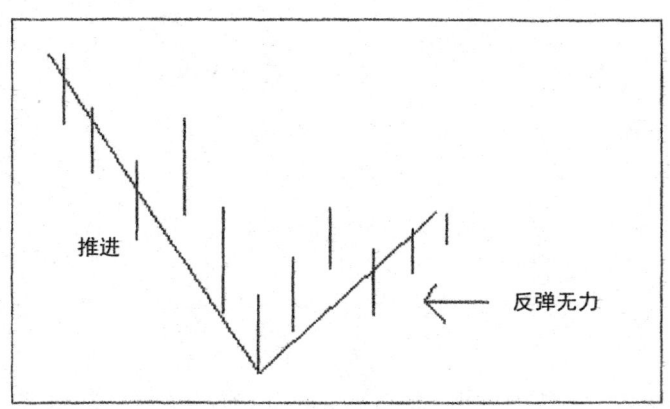

图 5.17　推进后反弹无力

卖出推进后反弹无力的股票。反弹无力的股票是指跌后以相对小幅度的竹线回升但又难以达到 50% 的下降幅度的股票（见图 5.17）。

趋势持续

在如下情形中（图5.18A）可预期其趋势持续：

◇ A例中0到1为下挫：
◇ ABC向上达到75%预示着ABCDE修正的最小量。
◇ 如果ABC坚持在1以上，市场为中性。
◇ 如果ABC坚持在B以上，市场趋势可能转向向上。
◇ 如果ABC突破点1，趋势可能保持向下。
◇ 在图5.18B中，0到1为向上推进：
◇ ABCDE是三角形状的修正。注意，这些一直保持在推进量的50%以上。
◇ 突破D点预示着回复到向上发展的趋势。
◇ 市场处于向上的修正中（图5.18C）。当向下完成5个波动之后，而第5个波动比第3个短，就有出现ABC强势止跌回升的可能性。如果该情形发生在支撑区，原因可能是推动力增加。

市场如何在一个点上发生变化决定了这个点是否可以经受住下一次考验。一定要经常回顾三到四个市场波动以决定市场走势。一个阶段的震荡之后的动向往往指向运动的方向。

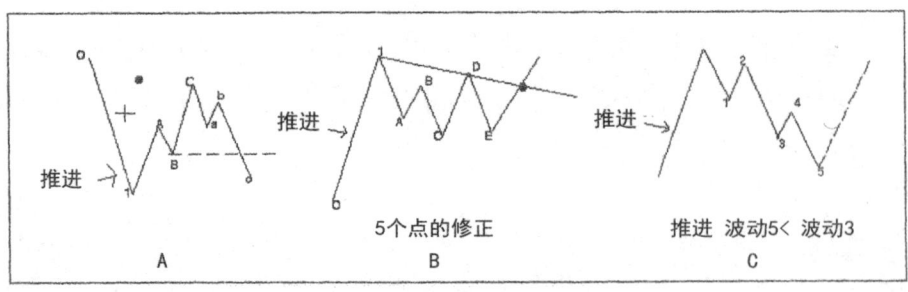

图5.18 趋势持续

三连跌至底

三连跌至底伴随着每次一个短期上推将市场置于超卖的状态之下并易于放量止跌反升（图5.19）。注意三次反弹中的区别。第三次反弹力量更大。如果其他条件允许，这是一次可以考虑进行多头投资的机会。

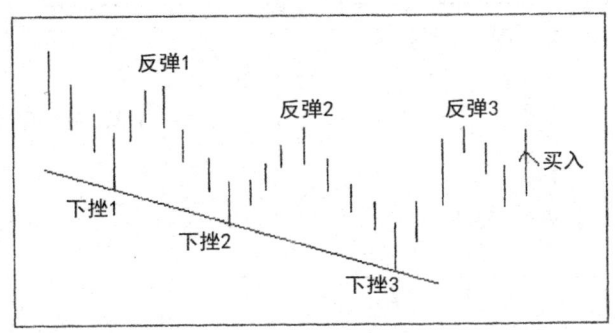

图5.19 趋势持续

支撑区/阻力区

支撑区或阻力区的能量可由如下几个因素衡量出来：

◇ 市场进入一个区域后在时间空间两个维度上反弹的量（反之亦然）。
◇ 支撑区或阻力区受到试探的次数。

这些因素是供给和需求的基本表达方式。如果市场进入了支撑区而不能在一到三个竹线内有明显反弹，那么这个支撑区则难以为继（图 5.20）。一个明显的反弹表明需求在此区域存在，并且很有可能保持到下一次重回到这个区域的时候。每一次支撑区受到试探都会吸收那一区域的潜在需求。正因如此，古人云"事不过三"——市场总是在第四次试探支撑区时突破——这一规律屡试不爽。

那么，交易者常常会提出一个常见而合理的问题：如何在只有基本知识的情况下学会赚钱？答案如下：

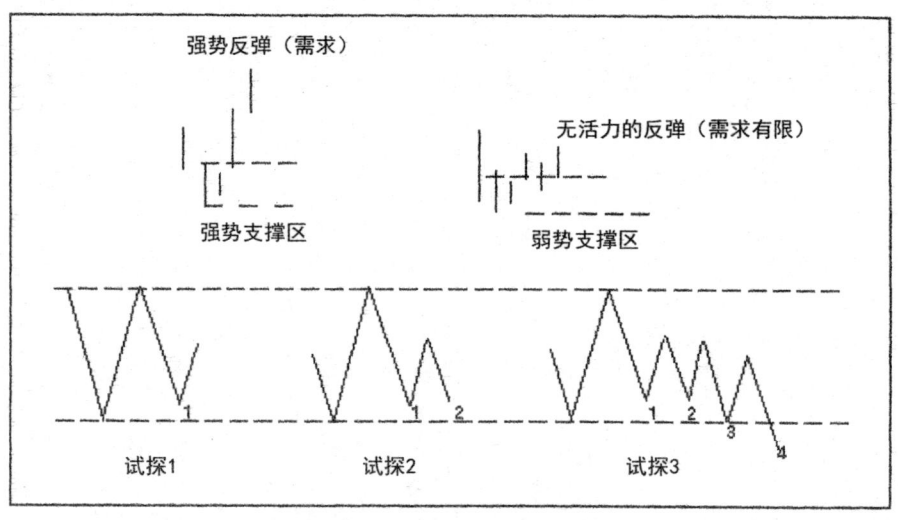

图 5.20　试探支撑区

◇ 预期。当交易者不知道结果如何时，应该在市场处于支撑区时买入，处于阻力区时售出。应该在靠前的时间框架中表现出供应疲软的迹象而在图中显现出有需求信息出现时买入，反之同理。应用短期反转模式。可以在真正进场前进行几次尝试，在成功进入前在外部被拒几次。学会接受小的损失，因为我们知道在这些时候胜利往往为期不远了。尽量多学习各种图式，直到学会判断有些理论上的支撑区不能坚挺而有些则可以。
◇ 设定止损点。如果交易判断失误，应当适时清仓。交易者要设定一个获利目标，然后在到达这个点时止盈或者至少获取部分收益。记住，能够获取收益的时间段有时会非常短。如果不立即采取行动，就很可能错失机会。

交易者应该培养识别强势反弹和弱势反弹区别的能力。在开始强势反弹后买入，而不要在弱势反弹后买入，反之同理。图5.21是S&Ps公司在1999年12月中的一日图表。此图表明了使用这一原则的情况。确切的买入/卖出点没有标识。主要的目的是介绍在交易时要使用这种方法。

在活跃的市场中交易，避开迟钝的市场（威廉·D.江恩）。关于这一点已经重申过多次，图5.22表现了要寻求的目标。

时间与价格预期

对未来时间和价格的预期可以基于最近波段图的历史来进行（图5.23）。这意味着未来市场动向会是近期表现的反映。最后两个反应或者波动1和波动3会反映在波动5中。这就给预期留出了时间和空间。最后的三次反弹和反应可以用来预测未来的拐点。注意，波形1和2是不同的，因此预期点也会不同。图5.23方框中的区域表现了波形5和波形6应该在时间和空间上到达终点。时间预期比价格预期更加不可靠。一些分析师认为底部至底部和顶部至顶部的时间预期比上述情况更加可靠。我们未得出同样的结论，但也不能完全反对这种观点。基于波形2和波形4可以预期到波形6。这是通过用波形5中心的方框区域作为起点预期所得到的。

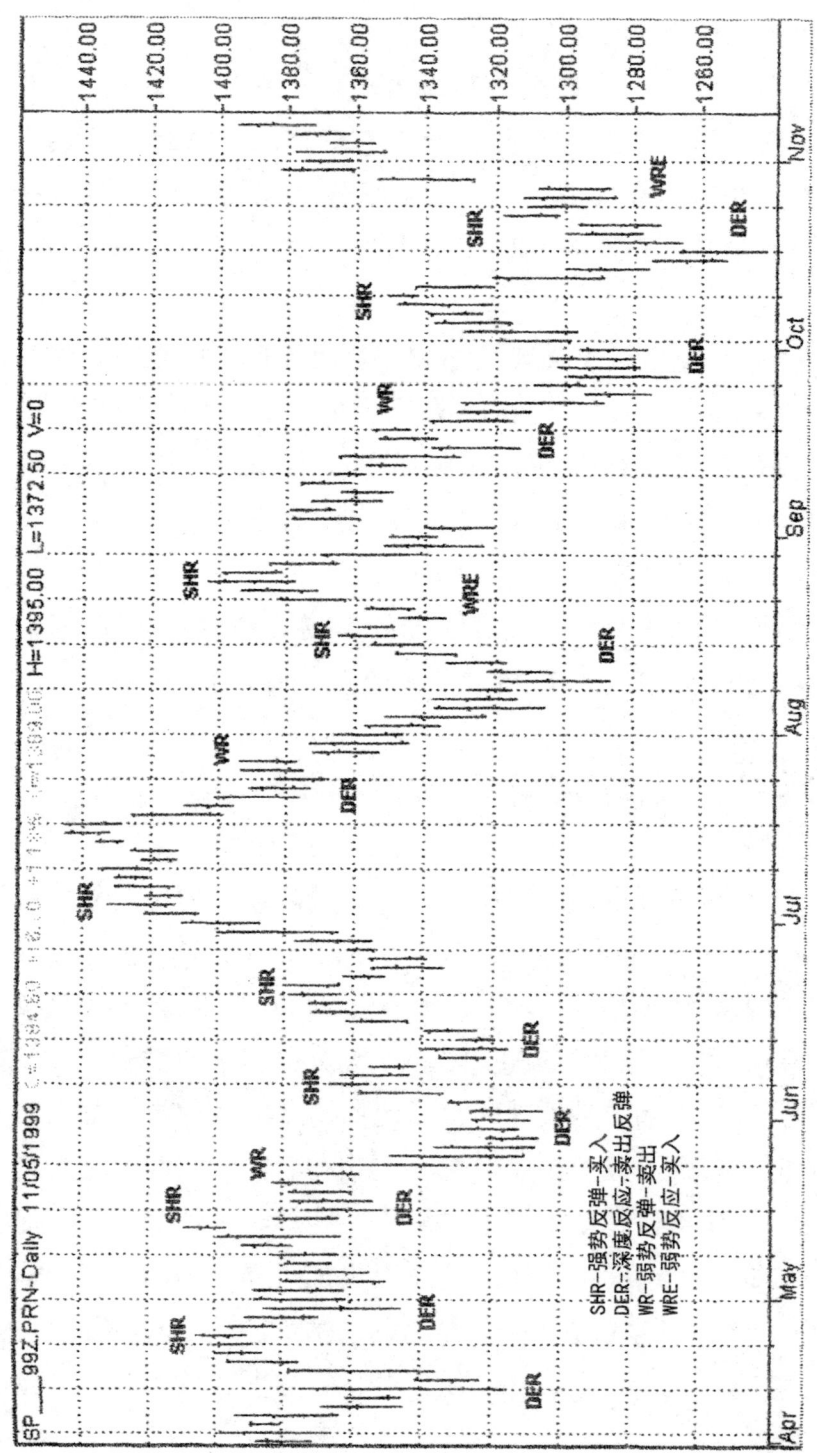

图5.21 S&Ps—日柱形图（1999.11.05）

第五章 波段交易

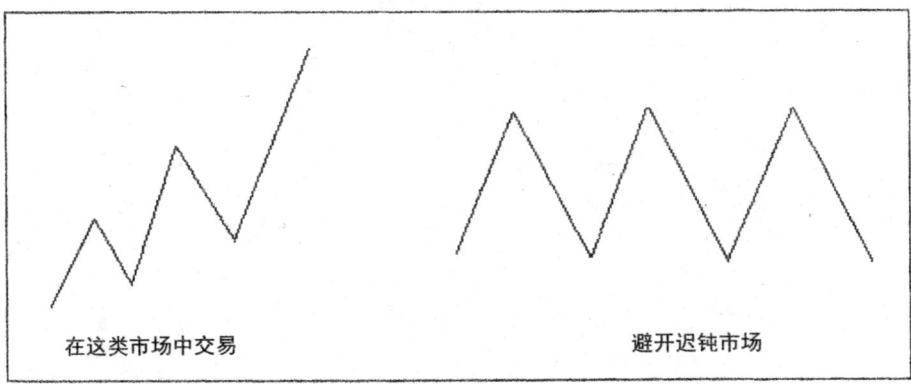

图 5.22 可交易的市场

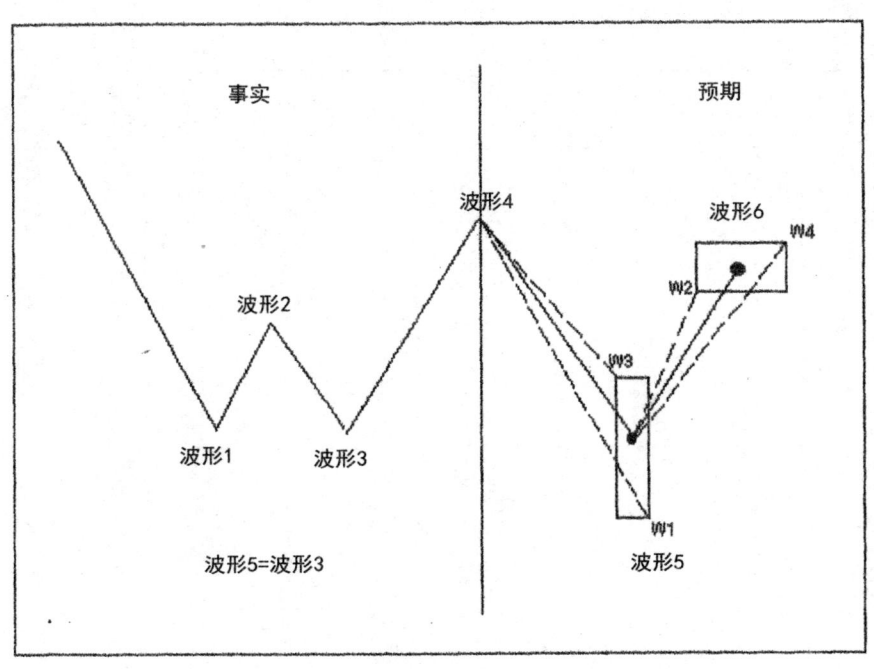

图 5.23 时间与价格预期

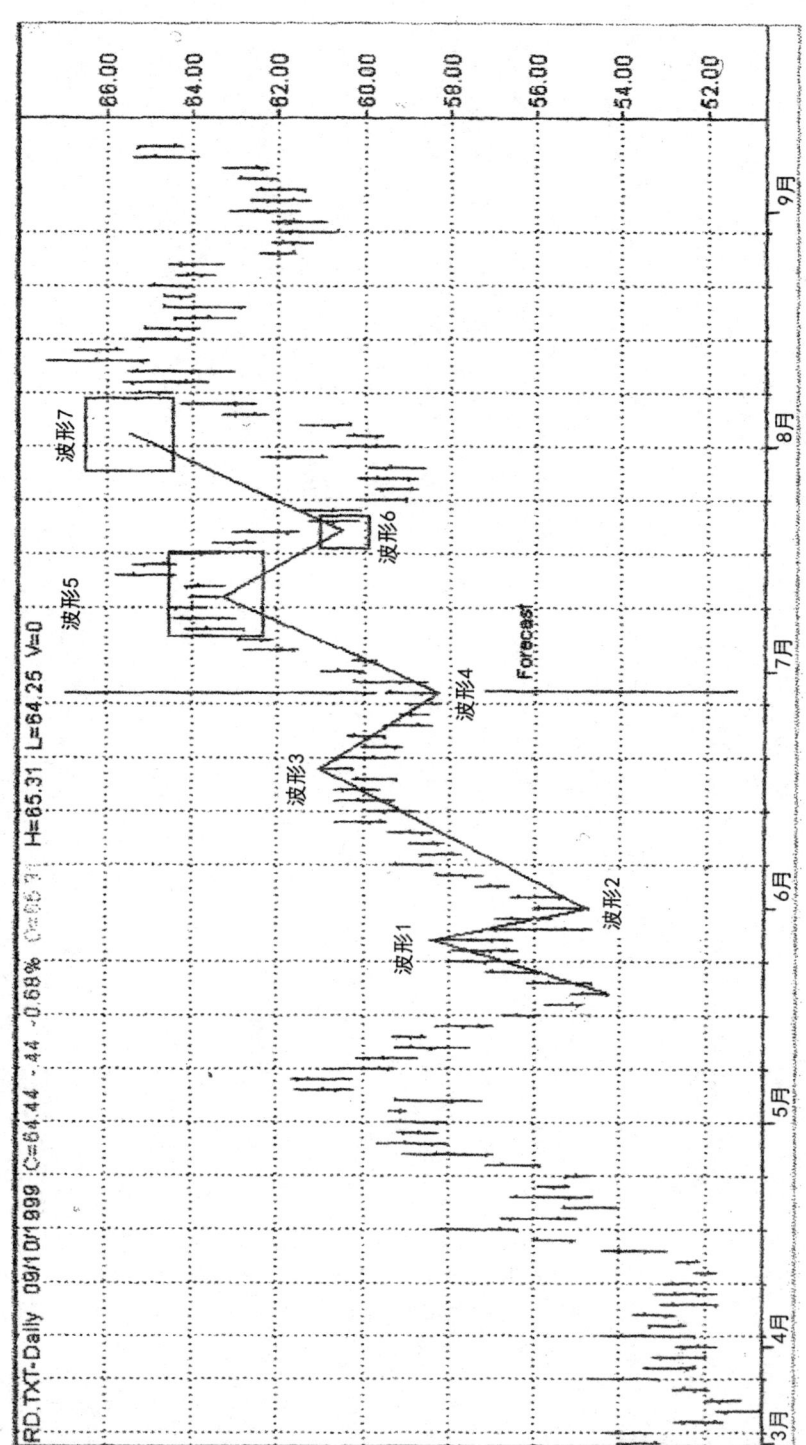

图5.24 皇家荷兰石油公司时间与价格预期

图 5.24 所示为该原则在皇家荷兰石油公司的应用。如果在某一个位置市场同时在时间和价格上进入目标域，使用本书介绍的交易方法来获取利润或者通过使用较前的时间框架图来收紧止损点。同时还需要考虑相反的情况，这就要放在更大的背景之下来进行决定。

趋势

趋势是一个很难把握的因素，对于趋势可以给出多种定义，其中每一种定义都存在一定的道理。常言道："识时务者为俊杰"，此言不虚。在本书中讨论的所有内容中，把握好趋势都是进行交易的关键所在。而一些主观性也总会存在，我们相信本书的读者会指出我们挑选了一些特定的例子来解释趋势。这是所谓的"事后诸葛亮"。如果能以这种方式交易则永无失败可言。然而在真实世界中情形则完全不同，很多的分析可能都是错误的。对于趋势的把握很大程度上和交易者的交易风格有关。如果交易者按长期趋势进行投资，如下的分析则不适合。对于趋势，一种定义如下：

◇ 10 个竹线的平均坡度：如果坡度向上，则趋势向上发展。
◇ 主要枢轴点：如果最后一个主要枢轴点比前一个枢轴点高，则趋势向上。这种说法有些模糊。ABC 盘整经常使得 C 低于 A，而这并不意味着趋势改变。
◇ 如果两者有冲突，跟随枢轴点方向所暗示的趋向。图 5.25 体现了这种方法的使用。

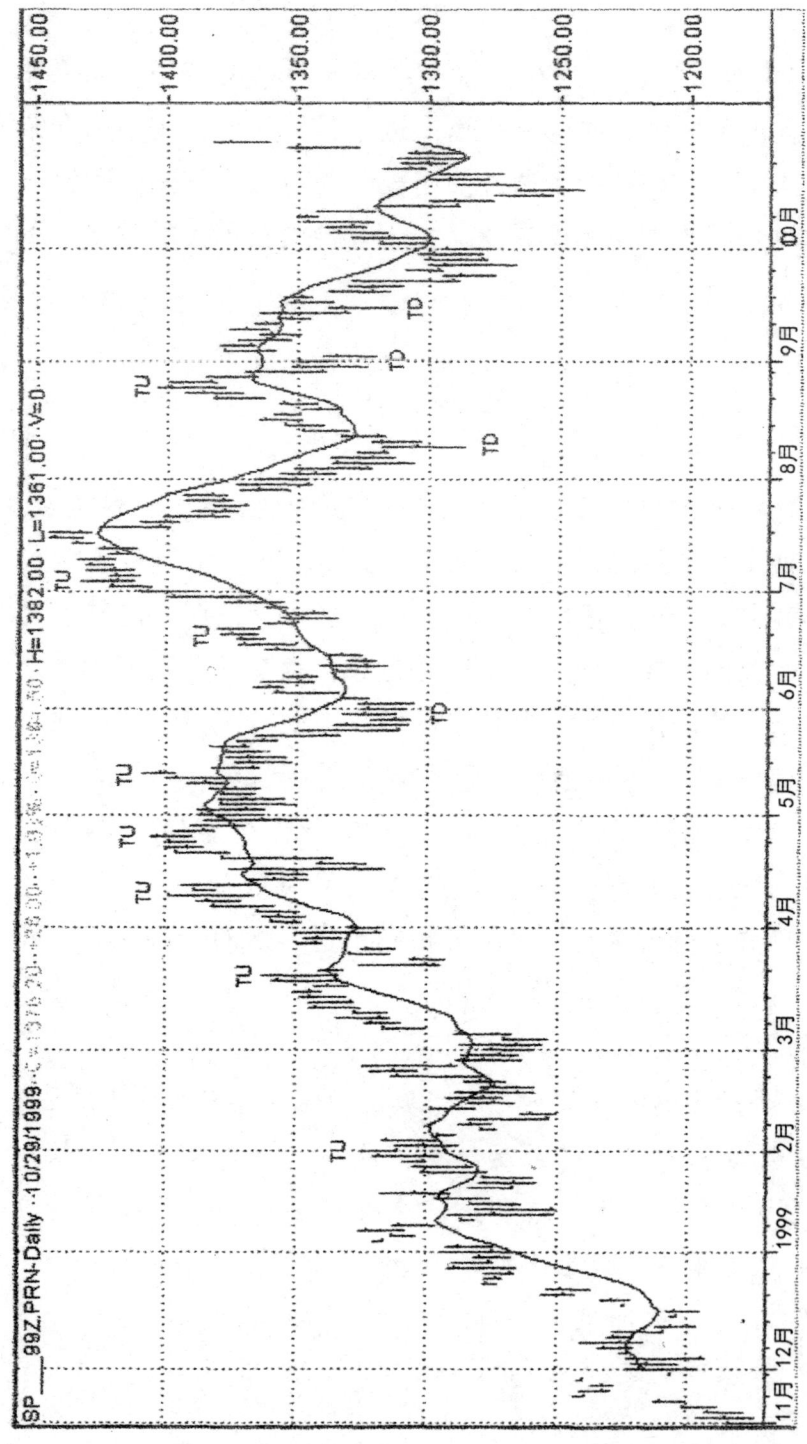

图5.25　S&Ps 未来趋势判断（1999.10.29）

在寻求有利的交易方式中，使用多重时间框架是非常有价值的。举例来说，使用一天的柱线图来分析趋势，而使用三十分钟或者一个小时的图来进行交易。只要定位在与一天趋势相同方向上的三十分钟的图即可。

首日止跌回升

在下跌之后反弹的第一天通常会暴露技术性的弥补（图5.26）。看一下整个图形的发展，比较一下一天在点3处收盘的情形和先前一天跌后反弹至点1和点2的情形。势力增强暗示着近期需求超过供给，趋势转为向上发展。要留意趋势的改变，如果这些发生在积聚的情况中，则可以做少量多头。

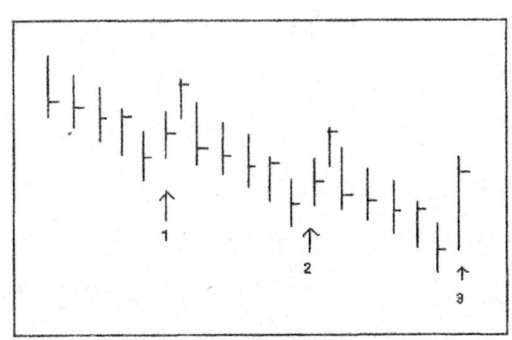

图5.26　首日止跌回升

第六章 模式

错一次不算错,问题在于不要一错再错。

伐木工来到森林,砍伐之前必须选择一棵树木。在股票交易中也是如此。一旦整个图景明了,交易者必须决定其所采取的具体的进场技巧、止损点和获利目标。本章将介绍19个与进场和离场相关的模式。在阅读到这些不同的技巧时,请时刻记住关于需求与供给之间关系的基本理念。交易图则是这两方面力量在市场中相互作用的反映,直到一方取得胜利。

这些模式表现了在某一个特定的时间点需求超越了供给可以进行买入(或者相反)。但这些信号远非百分之百正确,甚至有一些是错误的。短期的失败意味着错误的开端。在这些时候专业人士会积极地采取另一方面的交易政策。他们清楚地了解市场表现证明这些信号是虚假的。正因如此,迅速停止损失甚至是进行反向操作往往来得相当重要。交易者的交易方法库中应该包含处理当前错误交易的技巧。清盘获利的离场点与进场的点同等重要,如果我们姑且不说它更为重要。交易者的交易方案必须包含这三个要素:进场点、止损点和离场点。

下面将讨论如下几种交易方案:

◇ 开盘区间突破
◇ 上涨趋势的确认
◇ 弹跳反转模式
◇ 上攻反转模式
◇ YUM-YUM 持续模式
◇ L 型和反 L 型
◇ 双顶和双底
◇ 午前交易的小尾巴
◇ 清理模式
◇ 重叠竹线和非重叠竹线
◇ 两个交易日的交汇区
◇ 通道交易系统
◇ 回调
◇ 低位竹线买入的高点/高位竹线卖出的低点
◇ 三个竹线连续上涨/下跌
◇ 动态三角
◇ 窄幅/宽幅竹线
◇ 两日轻度反弹
◇ 突破紧缩模式
◇ 离场的重要性

开盘区间突破

开盘区间突破指的是开盘后的动向。研究表明,一天中开盘时的价位常常是当天的高位或者低位。在开盘后一段时间可以进行买入或卖出交易,如图 6.1 所示。

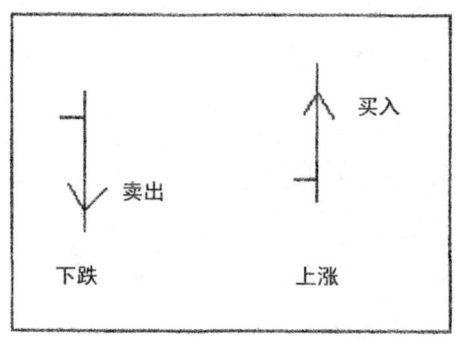

图 6.1 开盘区间突破

市场中有很多类型的突破型交易系统。无论是保持三个竹线还是十个竹线的趋势,这种方法都是在其趋势开始之初进场的最有效的选择方式。开盘后的动向经常会决定一天交易的基调,市场通常会在开盘区间突破的方向上收盘。将这些方法与已有的模式相结合使用,交易者就可以为自己的交易体系建立良好的开端。我们从经验上知道,至少有20、30亿美元的资金利用开盘作为突破口进行交易进入或退出市场。E.哈迪,拉瑞·威廉姆斯和托比·卡布尔使用这种方法做过很好的研究。

开盘突破幅度达到多少时是有效的呢?其答案有如下几种可能性:

◇ 使用预先设定的一定的量,例如八个最小波动点。这是一个很关键的临界量,小于这个量不大可能成功。这种方法在股票价格浮动率较低的股票上或期货上不起作用。这是一个很简单的统计学研究结果。

◇ 使得突破成为价格浮动的结果。其波幅可能是过去一段时间里或前几天中平均每天波动的幅度。比如说,研究表明如果和开盘时相比,市场变化量改变了50%,它就很可能在当天接下来的时间里保持这种趋势。

一日内波幅

将一天分成三个相等的时间段,围绕开盘区间突破在三个竹线的每一个时段采取一种措施。也可以使用每小时或者更小时间的竹线。鲍勃·布兰在这个领域,尤其是在W&P's公司以及在确认开盘区间突破是疲软还是持续的问题上的研究很有建树。

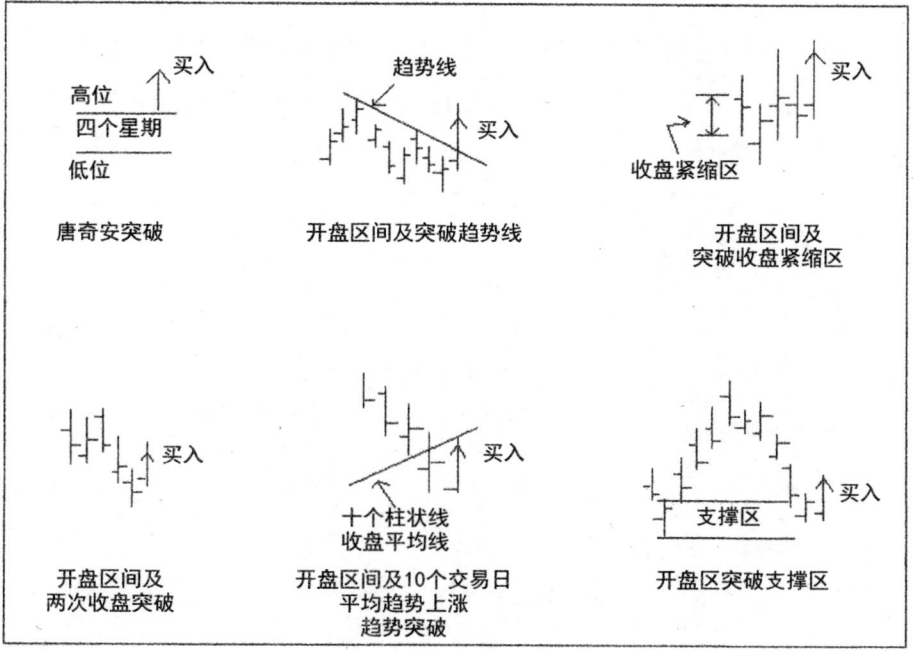

图6.2 开盘区间突破

开盘区间突破必须和其他的技术结合才能成为有效的进场技巧。图6.2展示了六个使用第二种方法来计算进入市场时间的例子。这些方法分别是：四周高或低（唐奇安或者特特尔突破系统），趋势线，收盘紧缩区域，两次先前收盘状况，趋势过滤例如 10 个竹线收盘的平均动态（如买入倾斜度必须向上），以及支撑区买入。所有这些方法都表现出需求超越供给。至于哪一种交易方法最好往往没有确定的答案。交易者可以使用一系列的方法组成交易体系。而交易计划的其他两个部分——止损和离场——也必须在整个体系中占据一定位置，它们的地位和进场一样重要。

上涨趋势的确认

确认趋势上涨是一个四步的过程，在大多数动向中都会出现（见图 6.3）。这是一种很有用的方法，但是不能单独使用。使用该方法的规则如下（向上变化）：

◇ 当前的竹线与前一个竹线相比较达到了一个低点。
◇ 这个竹线的高度的上限已经被超越（趋势向上或者能量标志）。如果是宽幅的竹线超越并带有几个向上的竹线的情况最佳。
◇ 在一到三个竹线的范围内，上涨的竹线的最低点已经被超越（回调或试探低点）。
◇ 上一个竹线的高度在回应中已经被超越并在其上方收盘。其低点必须比第一点提到的程度低。这是整个模式的结束点即买入点。

第六章 模式

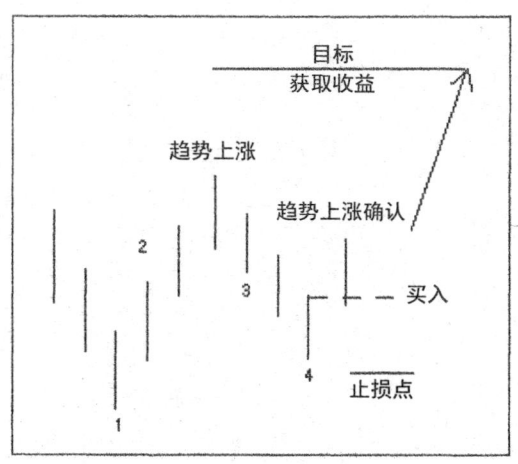

图 6.3 确认趋势上涨

止损点是买入竹线的最低价。在波段图的目标点获取利润。如果没能达到波段图的目标点，则在先前枢轴点下两次收盘的点，最后一个竹线在开盘之下的位置收盘时锁定利润。这一规则有一定的灵活性。不要让高利润仅仅因为价格没有达到目标而变成损失。

这一技巧在趋势强劲的市场中运作尤其有效，它与动态三角相接近。交易者应该根据趋势进行交易。有时一次交易要通过十个竹线来完成目标的构建。为达到目标要经过四步的过程。向上的竹线要相对长一些，与下跌的竹线相比较要在高位收盘。这种情况预示着有需求或者能量充足。

在该模式下交易者应在能量充足时买入。在能量充足区获取收益，而不要等到止损点时才卖出。当市场明显从紧缩震荡状态下突破时是例外的情况。图 6.4 用雅虎公司股票图展示了这一模式的使用。

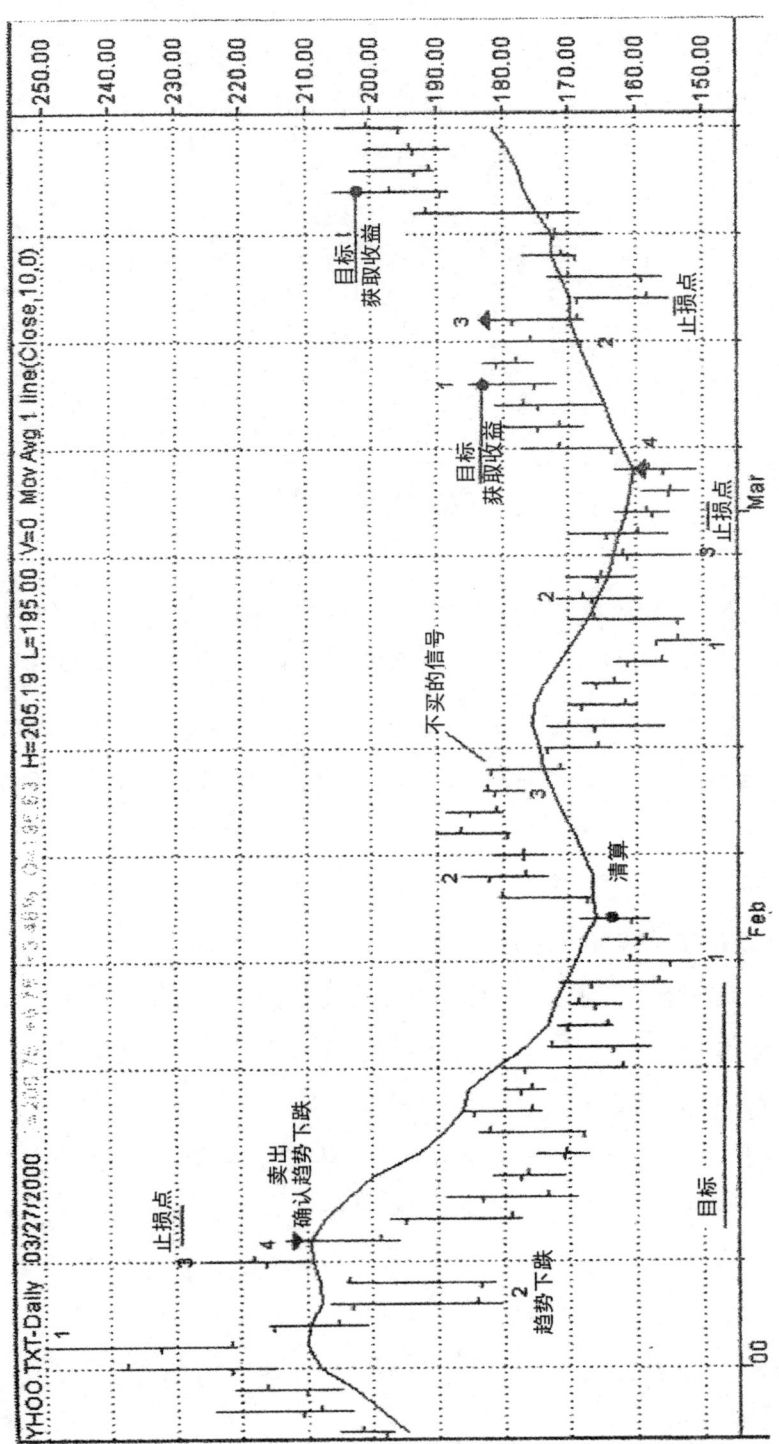

图6.4 雅虎公司股票确认上涨趋势

弹跳反转模式

威科夫教程提出了弹跳和推进的概念。这是表现需求超越供给的另一个方式。以此概念为中心设定了一系列规则来使得交易尽量成为一种机械式行为。从根本上说，市场进入了新的低点在重大的枢轴点同时清除了所有的涨停（图6.5）。当专业的股票交易者判断供给不足很明显时，他往往会立即买入，之后市场会表现出大幅反弹。市场上涨的幅度会超越先前两次收盘的情况。

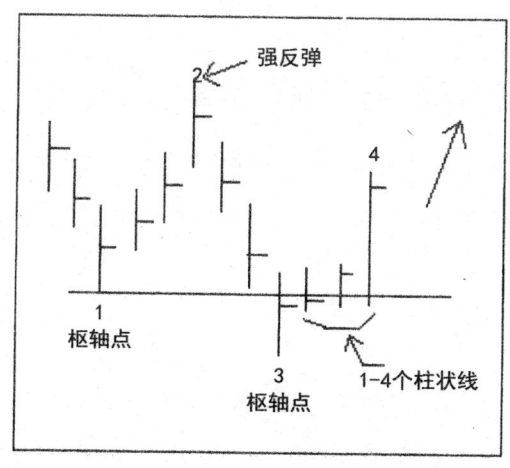

图6.5 弹跳

这一模式通常在动向结束时出现并且常常与当前的趋势相反。尤其当这一模式进入到一个震荡区而市场试图重新回到向下发展时效果最为明显。超强度的需求在市场达到新低时出现，结果会带来市场的上涨。震荡模式超越先前弹跳区很可能是一次力量的积蓄而不是分散。

弹跳规则

◇ 出现低拐点，且并不一定是最后的枢轴点。当出现了强势的支持时可能会出现几次反弹。
◇ 可能会出现相当强的反弹。
◇ 市场会进入一个新低，且低于先前的枢轴点。
◇ 在一至四天内，会出现宽幅的反弹，并且收盘高于前两次收盘价格的竹线。此次竹线的程度也超越了前两个竹线的。收盘时高于开盘和竹线中间的程度。

当宽幅竹线的高度被超越时就得到了确认。逆转了前两次枢轴点的弹跳比逆转单独一个枢轴点的强度要高。止损点在开盘竹线下0.5到1.0个水平。第一个目标就是前一个枢轴点的高度。

上攻反转模式

上攻反转模式实质上是弹跳反转模式的镜像反映。

◇ 出现高枢轴点。它并不一定是最后的枢轴点。当出现了确定的供给时可能会出现几次反弹。
◇ 可能会出现相当强的反应。但也不一定百分之百会出现。
◇ 市场达到了超越前一个枢轴点的新高。
◇ 在一至四天内，会出现宽幅的反应，并且收盘低于前两次收盘价格的竹线。此次竹线的程度也超越了前两个竹线的。收盘时低于开盘和竹线中间的程度。

当宽幅竹线的最低限度被打破时就得到了确认。逆转了前两次枢轴点的弹跳比逆转单独一个枢轴点的强度要高。止损点在开盘竹线上 0.5 到 1.0 个水平。第一个目标就是前一个枢轴点的低度。

这一模式通常在动向结束时出现，并且该模式常常表现出与当前趋势相反的状态（见图 6.6）。尤其当该模式进入到震荡区而市场试图重新回到向上发展时效果最为明显。在市场达到新高时出现超强度的供给，结果会带来股票的抛售。震荡模式很可能是一次力量的分散而不是积蓄。

一次不太明显的对枢轴点的超越暗示着需求匮乏而且市场很可能再次返回到低点。这是典型的上推反应。轻微反弹超越通常低于先前止跌回升顶部一半高度的位置。专业交易员发现需求不足时会大量抛售。在轻微反弹突破止跌回升顶部买入的交易者通常会很快承受损失。市场有可能达到新的高度。可能的止盈点在积聚的谷底，因为市场经常会在向上攻之后再跌回这个水平。

图 6.6 显示了一些雅虎公司股价反弹和推进的情况。一次反弹最终以失败而告终，正因如此设定止盈点和止损点非常必要。一次反应的确认应该在三个竹线内完成，否则这次反应就是值得质疑的。这个基本观点在所有时间框架内都起作用。

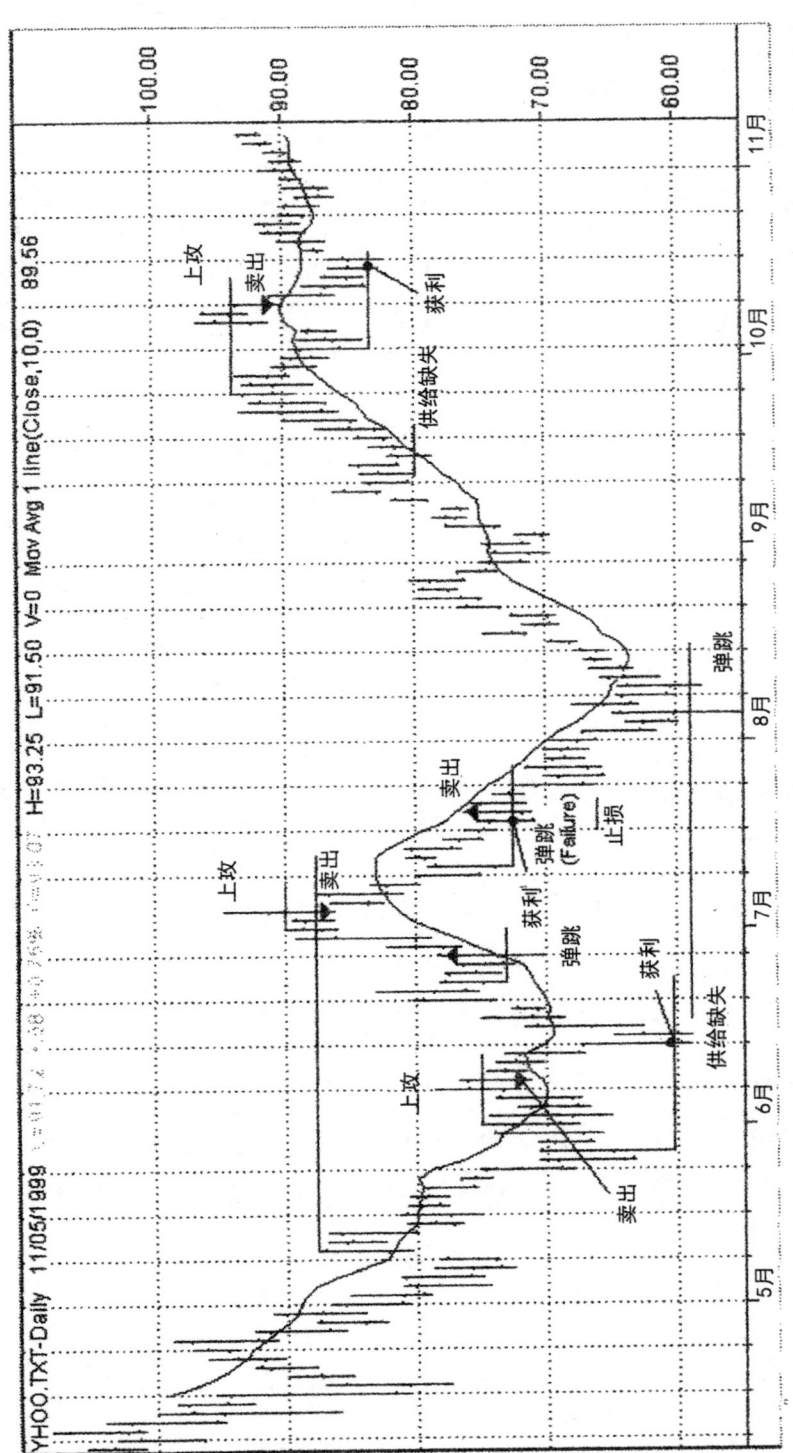

图6.6 雅虎公司股票弹跳上攻模式

弹跳及上攻的逆转反应

如果出现不止一次逆转枢轴点的情况，如图 6.7 所示，那么此次弹跳或上攻会包含更多的隐含信息。

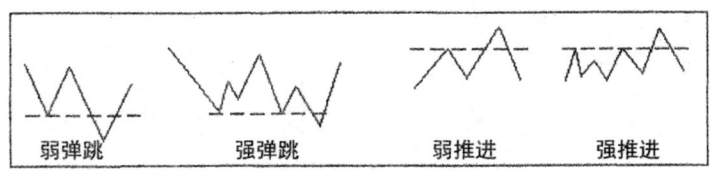

图 6.7 弹跳上推力量

YUM-YUM 持续模式

该图表现的是支付日的图形（图 6.8）。建立了一个高位的枢轴点。从这个枢轴点的高度上市场持续反应出现了几条竹线后接着是强劲的推进且超越了枢轴点的高度。其规则为：

◇ 宽幅竹线超越了枢轴点的高度，该宽幅竹线超越了10天竹线的平均幅度。
◇ 在该竹线高位附近收盘，收盘点高于开盘点。
◇ 当突破竹线的高度在两到三个竹线内被穿越时得到了确认。该确认是一种突破同时是强劲需求的标志。

下行的 YUM-YUM 恰好与此相反。这种构造通常被称为突破。在任何构造形成之前通常有较多次突破的失败。正因如此，将止损点置于枢轴点之外的决定风险比较大。YUM-YUM（YY）的出现证明了突破是确凿的。突破枢轴点的高度说明有大量的需求，宽幅竹线出现并且在高位收盘证实了这一点。能够在三天内保持并扩大收益则进一步证实了力量的强度。这一模式经常在动态市场中出现。图 6.9 表现了原油的 YUM-YUM 模式。

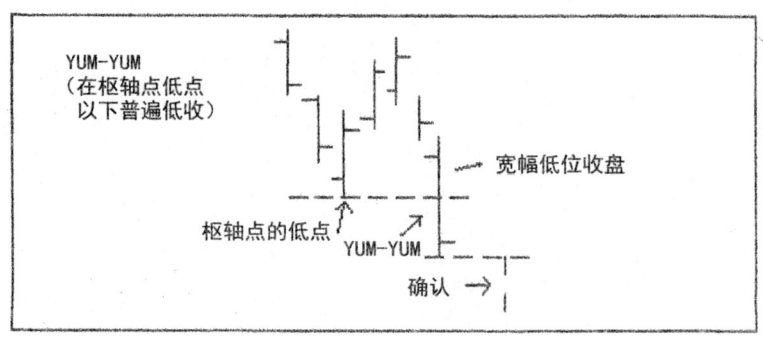

图 6.8　YUM-YUM

L 型和反 L 型

　　L 型的持续需要有强劲的推动力（如图 6.10 所示）。如果市场持续三到五个竹线获益（或者损失）并且程度变小，则该市场已经调整到新的价格区域，同时有很大的可能性另一个推动力已经进入市场并且方向与之相同。在三到五个竹线的调整之后的开盘和收盘的关系通常会反映出下一个推力的方向。如果收盘和开盘指向动向持续的方向，投资者则可以在第三天之后进入市场。

　　止损点设在进场竹线低点之下的一段区域。收益目标是前一推动力的 50% 到 100% 增加到最初推动力的高度之上的位置。图 6.11 表现了在 Cisco 使用这一方法的情况。

第六章 模式

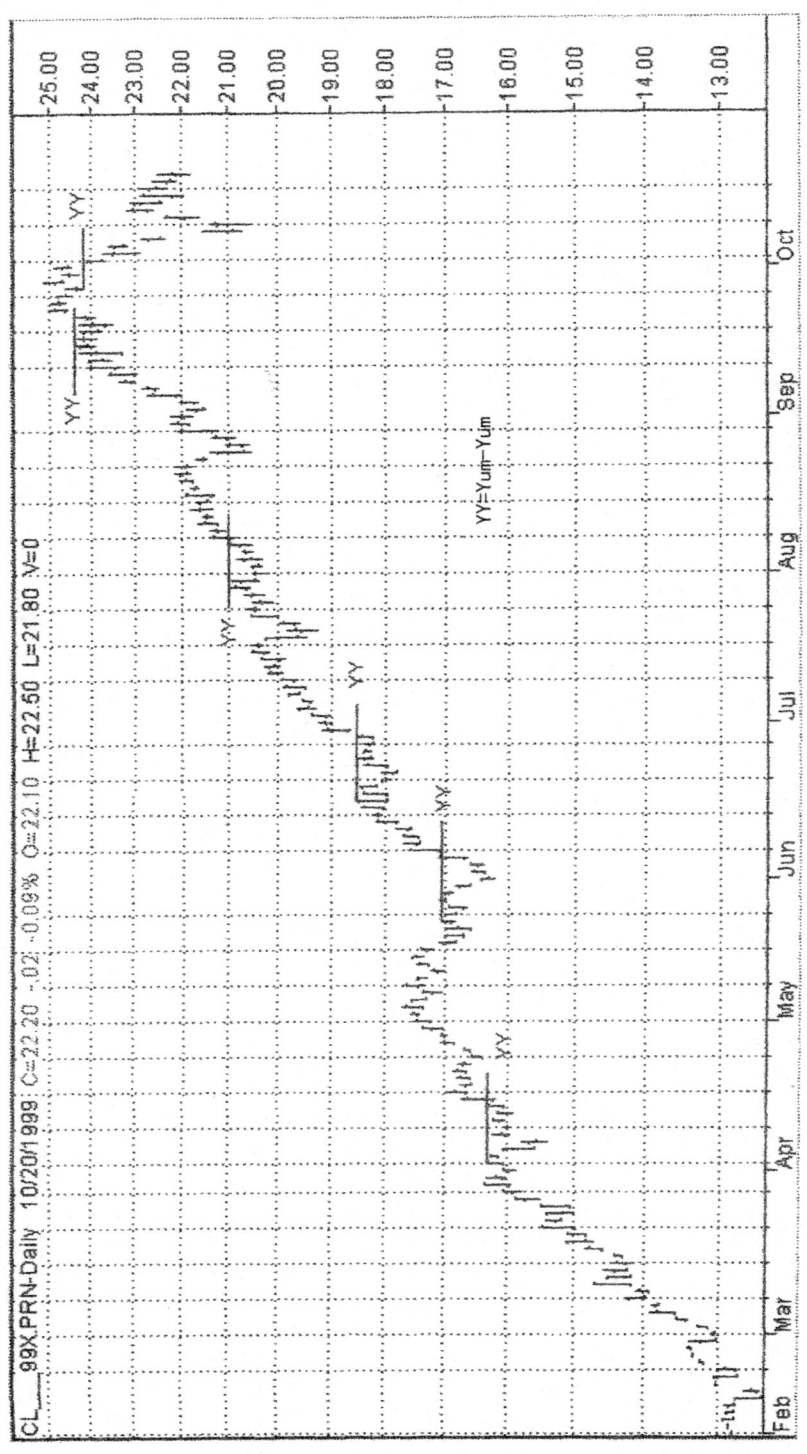

图6.9 原油期货（1999.10.20）

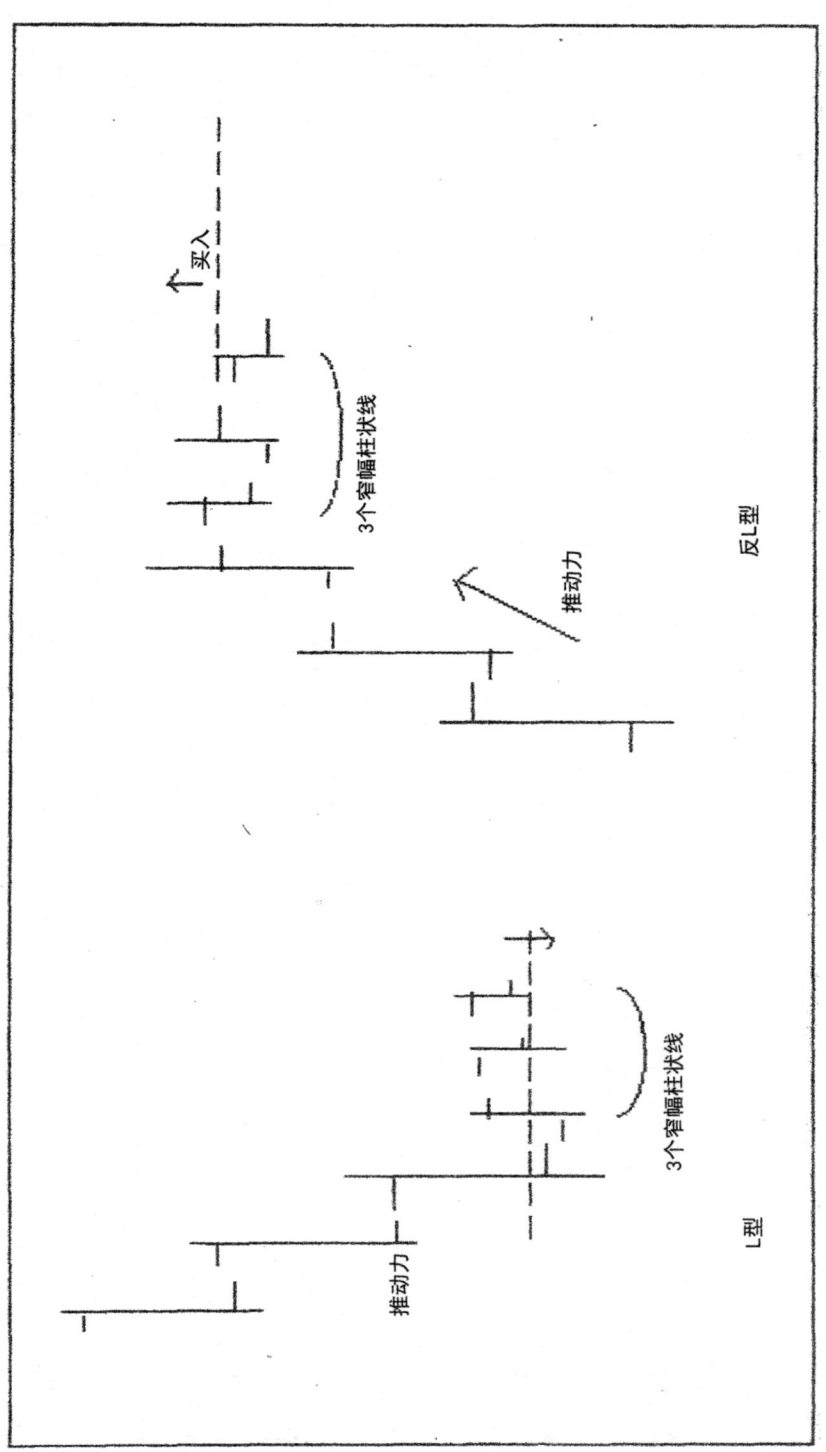

图6.10 L型和反L型

第六章 模式

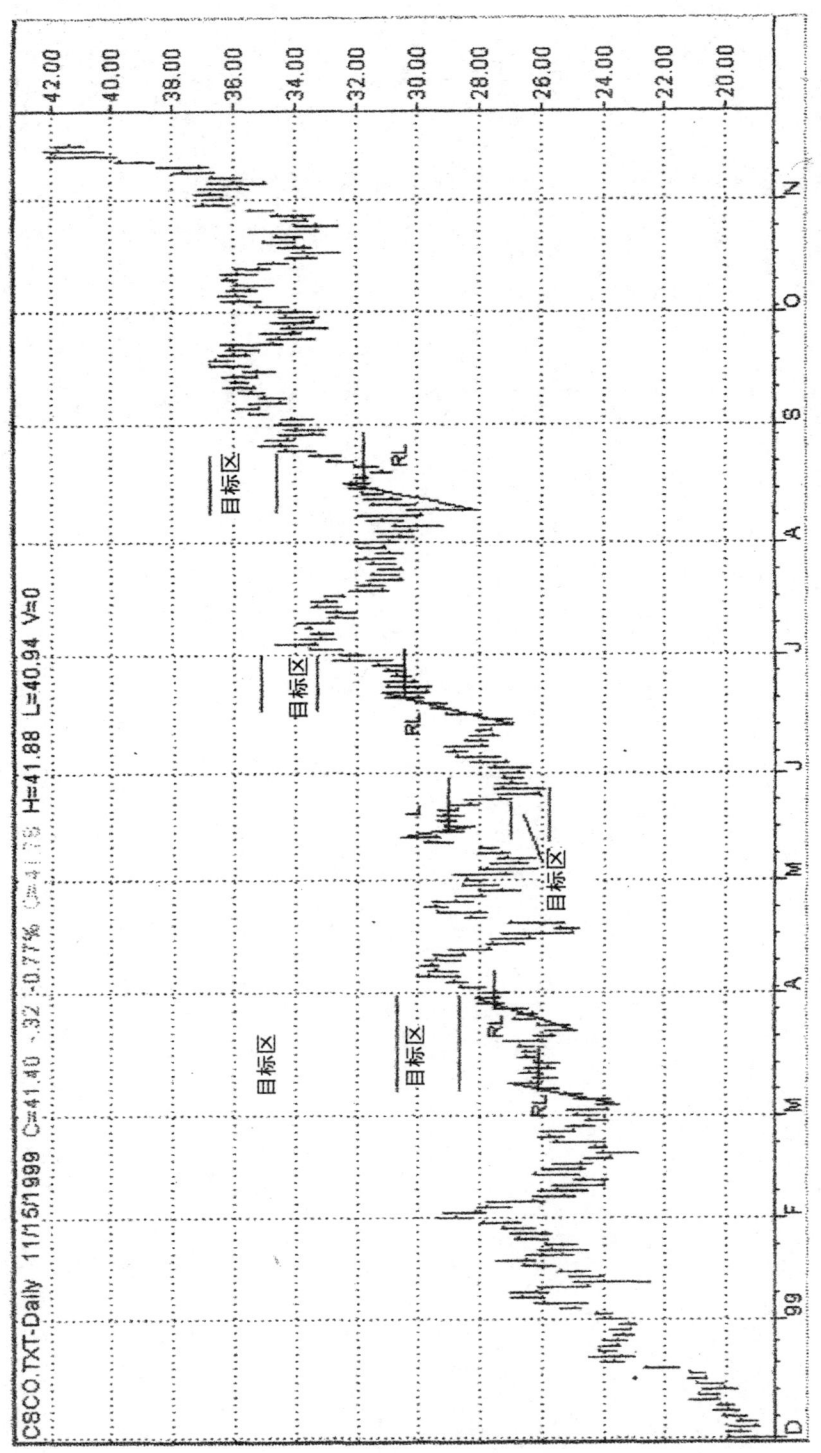

图6.11 Cisco 系统L型和反L型持续模式

双顶和双底

精确地计算三到五天内两次触顶和两次触底的时间是反转模式的很好的工具（图6.12）。请注意，宽幅的反转竹线是重要的组成部分（图6.13）。

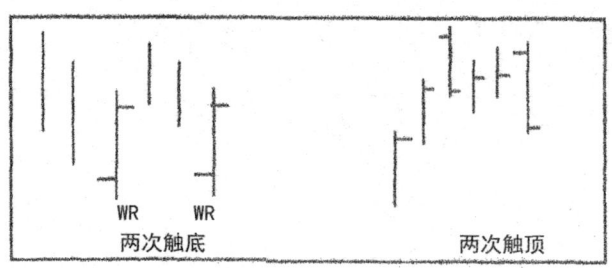

图6.12 双顶和双底

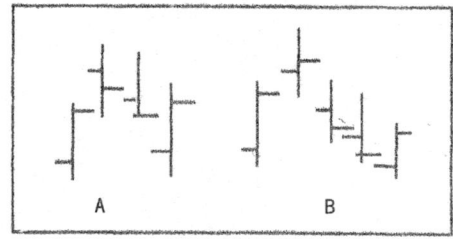

图6.13 双底对比

第六章 模式

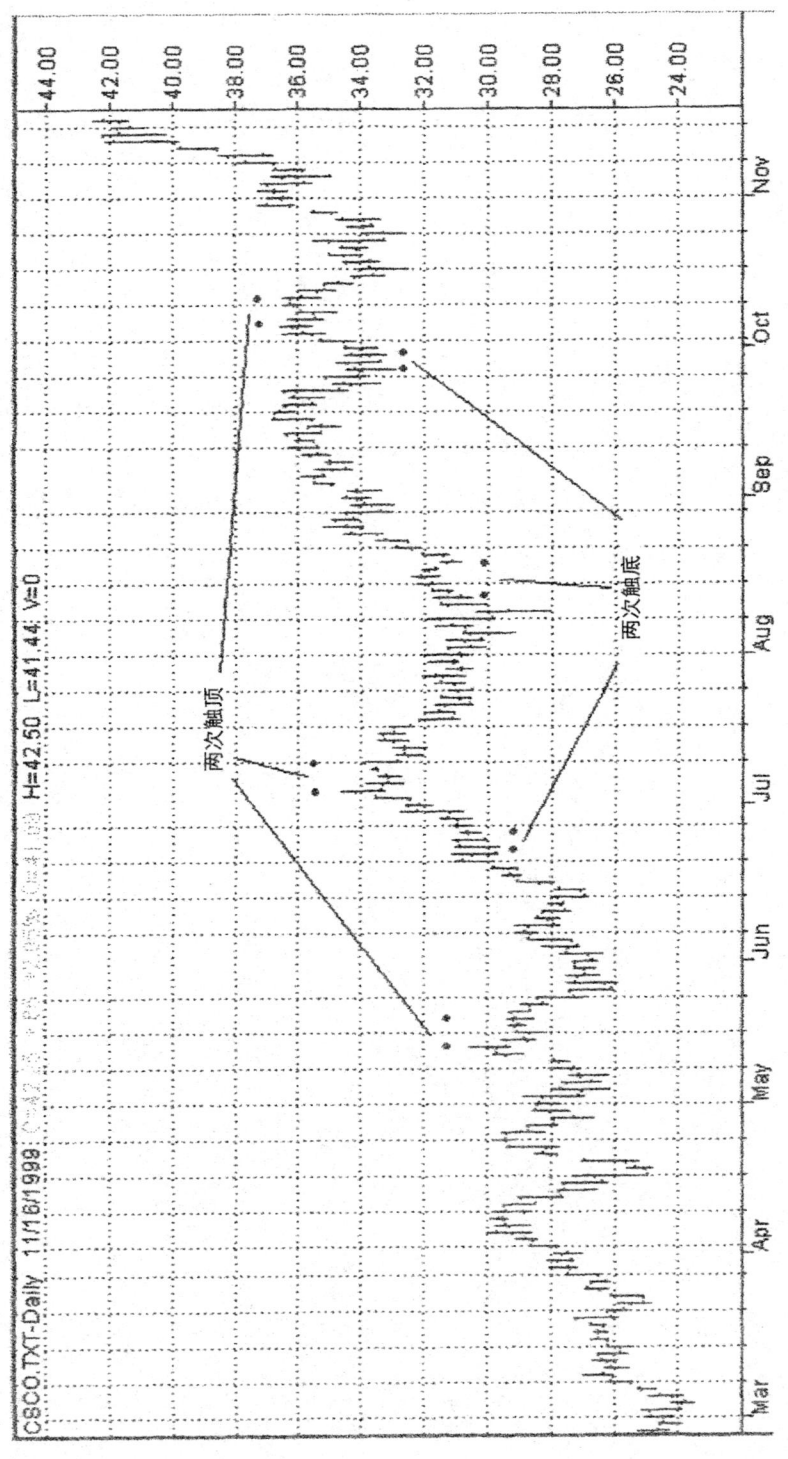

图6.14 Cisco 系统双顶和双底（1999.11.16）

图 6.13A 表现了有效的两次触底，因为触底的两天都出现了宽幅的竹线并且在高位收盘。认为图 6.13B 为双底则是有争议的，因为第二次触底的竹线幅度较小。图 6.14 的 Cisco 系统表现了这一模式。

午前交易的小尾巴

一个动态市场常常会在上午出现一个相反的动向接着反转逆转发展，然后下午时在接下来的趋势上有一个较强的表现（图 6.15）。小尾巴就是当开盘点到当天最低价格的幅度小于开盘点到当天最高价格幅度的情况。此时多头进场建仓可使用下列机制：

◇ 从开盘到中午的时间市场下挫。
◇ 下挫量少于开盘一半的量。
◇ 设置一个止损点，在高位之上买入或开盘之上的位置买入。
◇ 如果是满仓，在当天最低价格之下三到八个最小波动点设置止损点。

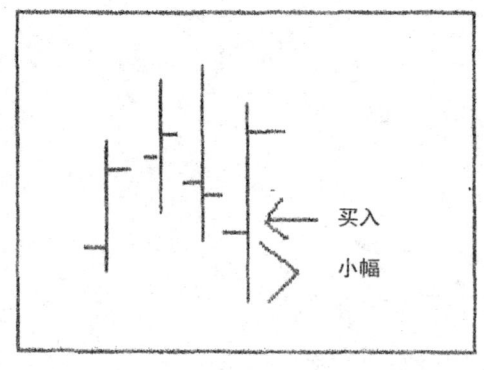

图 6.15　午前的小幅动向

这些做法也并不一定必须在一天当中的尾部进行。举例来说，它可能上午下跌，然后返回到开盘点位置之上并以此价格收盘。接下来的一天大的趋势将要形成。有必要尽早确认供给是否缺乏。

乔治·泰勒的《泰勒交易技巧》（交易家出版社，1950年出版）和彼得·斯德多梅尔1996年出版的《股票交易探索历程》对上午市场力量状况继以当天稍晚时间卖出（反之同理）作了进一步的研究。

很多人发表文章讨论这些研究的优点和缺点。这些研究还是值得使用判断型交易的市场学专业的学生仔细探讨的。

泰勒假定市场下一个竹线的动量会与前两个竹线的动量等同。根据前两个竹线的表现可以对第二天的最高价、最低价以及收盘价进行预测，如图6.16和6.17所示。他提出两种方法预测接下来竹线的表现：

◇ 前两个竹线从一个高位到另一个高位运动来预测接下来竹线的高度。此法假定高位的能量相同。而从一个低位到另一个低位的运动可以预测接下来竹线的低度。对于收盘预测使用同样的方法（此为我们对于收盘的创新性判断）。

◇ 低位到高位以及高位到低位。这也是所谓的交错。竹线1的低位到竹线2的高位可预测下一个竹线的高度。这一差别可以加在竹线2的低点的位置上来预测其能达到的高度。对于低点的预测则可以使用相反的方法。在所有的情况中，A_1 都与 A 相等同。

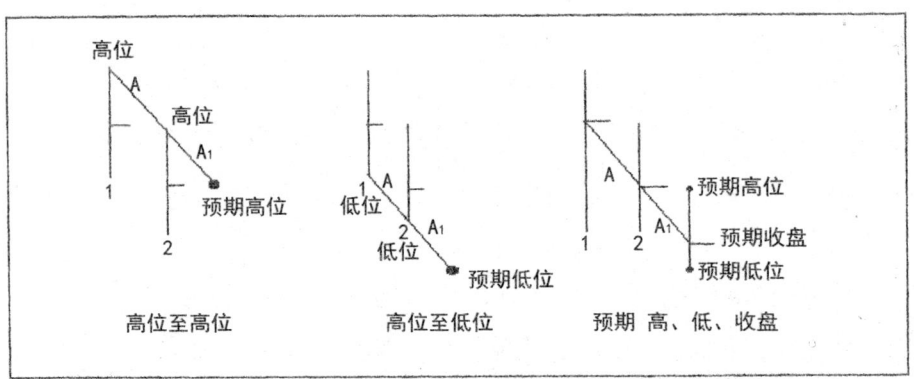

图 6.16 基于高位至高位，
高位至低位以及收盘至收盘预测下一竹线

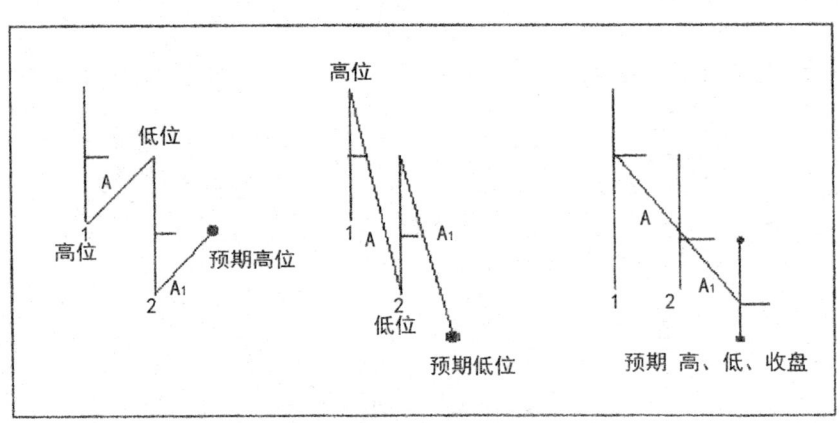

图 6.17 基于低位至高位，
高位至低位以及收盘至收盘预测下一竹线

上午上行的市场也可能在下午时下挫（反之亦然）。正如有些天开盘时在一天当中的低位或者高位却可以引发对于开盘量的突破，还有很多时候一天当中既会出现上行也会出现下行。Steidlmayer 将这种情况称为震荡日。这些目标则是震荡日中潜在的操作点。预期市场会在这些目标点上获得支持或阻力来建仓。这种方法很难体现在具体的操作中。然而，可以预先设定可能的操作点和规则,从而使得主观性的判断最小化。

我们建议可以在确立支撑区和阻力区使用这种方法,在这些时候市场可能达到一定水平然后转变方向。举例来说,阻力区可能是高价位的平均值到从高价位推进的区域、低价位到高价位推进的区域或者是前一天的最高价位。交易者可能希望在这个区域中在止损范围一半的位置卖出。根据我们的经验,市场会每天进入这些区域当中的一个。跟随市场的趋势进行交易,同时在采取行动之前观察接下来时间框架的情况。这是进行两到三天交易的很好的方法。交易者每两到三天在短期的弱势下买入然后在强势时卖出(反之同理)。

这些基本观念的拓展是使用三天的平均值来投射支持和阻力区。卓蒙的几何结构通过在三个竹线的平均值周围交易同时使用多重时间框架已经有所体现。

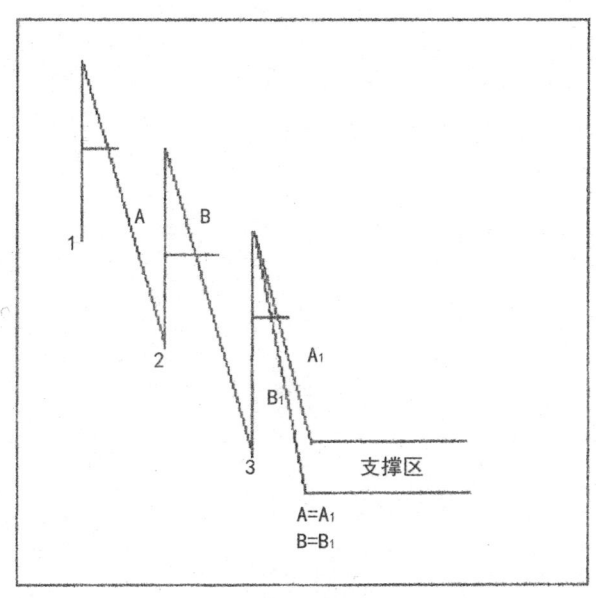

图 6.18　基于前三个竹线预测支撑区

最后三个竹线可以用来预测支撑区，如图 6.18 所示。对前两天从高点到低点的预测被用来预测下一个竹线可能达到的低度。这个区域可以考虑做长仓或平空仓。

清理模式

这一有力的方法是弹跳或上推的一种模式（如图 6.19 所示）。其主要特点是整个模式在一天内发生。其条件是：

◇ 市场在先前的阻力点，比如前一天的新低点的位置之上开盘。
◇ 市场下挫，并小幅超越低点（不到一半的幅度）。超越止损点。
◇ 市场反转发展并且超越一天的高位或开盘点。这时是进场的点。新的卖空交易遇困。

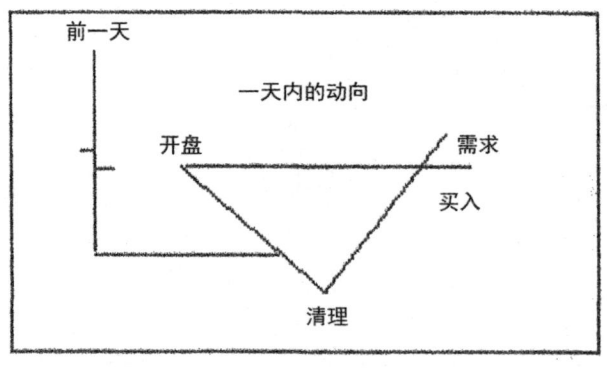

图 6.19　清理模式

如果市场比前一天的新低下挫一半的幅度并返回至新低位的附近或稍稍靠上的位置则需要特别注意。开盘点以及第二天上午开盘时第一个离开开盘点的位置就是关键所在。

预期是使用这些模式的关键。在早盘中段设定止损买入点挂单,那看起来是一个较高的价格。如果当天可以达到该位置,交易者则成功进入市场。

重叠竹线和非重叠竹线

重叠竹线指所有竹线发展的幅度在先前竹线幅度之内的情况（如图6.20A所示）。非重叠竹线指有些竹线不在先前竹线幅度之内的情况。如图6.20B所示,竹线1的最低点高于竹线3的最高点。因此在交易中要做出一些判断。这是一种简单的市场规则,这种规则可能使得交易者在趋势向上的市场轻度超卖的时候进入,反之同理。买入的基本理念是等到调整的程度显示调整线的高位在推进过程中低于最高竹线的低位时进行。然后在市场表现出下调疲软或者出现如下标志时买入：

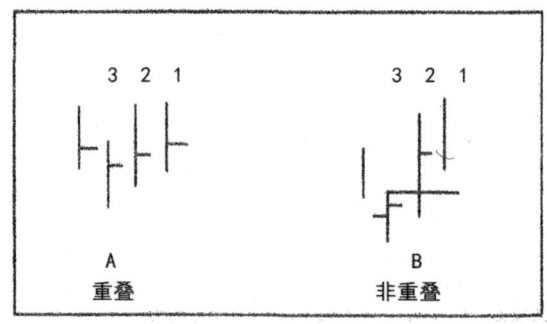

图6.20　重叠竹线和非重叠竹线

◇ 较短的时间段内预示供给疲软时。
◇ 向上的竹线在先前的两个收盘点之上收盘。
◇ 超越开盘点并高于先前的两个收盘点。

交易者应该在进入市场时设定止损点和止盈点。强劲的上行市场很少出现向下的非重叠竹线。

非重叠的顶和底

非重叠的顶部在一天的交易完全以低于最高竹线的低位卖出时出现（图6.21）。它可能第一天出现也可能在几天后出现。底部是镜像反映。然而这些只是些指导方针。交易者应该有自己的交易计划，其中包含何时进场、止损、清仓和平仓获利。

趋势向上的市场中很少会出现下行的非重叠竹线，如图6.22A所示。非重叠竹线通常出现在趋势逆转时，如图6.22B所示。以非重叠竹线之后的三个竹线为导向。如果市场不能在三个竹线之内止跌回升到竹线的顶点，则表示供给存在以及市场有进一步下挫的可能性。这一理念的运用有助于判断冲出震荡区后发展的方向。

市场可能两到三次重回到同一个区域。如果市场在下行的一天出现了非重叠，其卖点就在非重叠日高点之上的0.5到1的区域。当市场第一次进入震荡区时尤其有效。市场第三、第四次波动之后要特别谨慎，因为市场可能正准备离开震荡区。

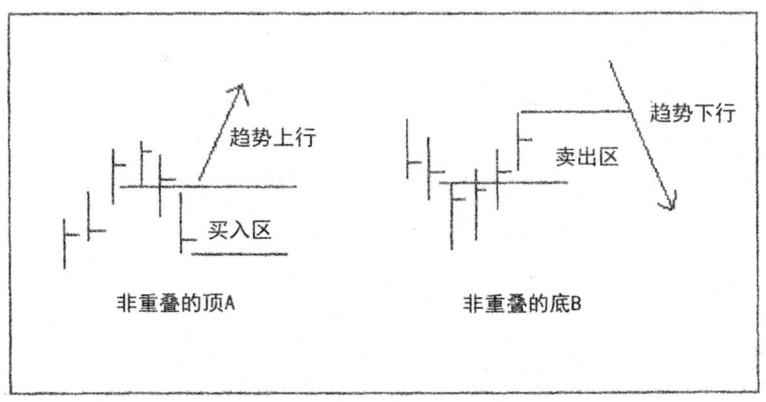

图 6.21 非重叠的顶和底

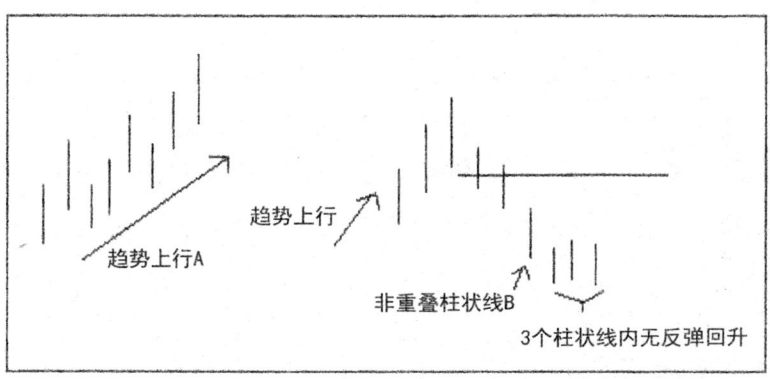

图 6.22 趋势的持续和改变

两个交易日的交汇区

两个宽幅上行的竹线仅出现了少量交汇的情况预示着后续两个竹线有强劲需求。这两个竹线的交汇区则是支撑区和阻力区，如图 6.23 所示。在这些点附近买入可能使得交易者以较小的风险进场。止损点应恰好设在区域之外。

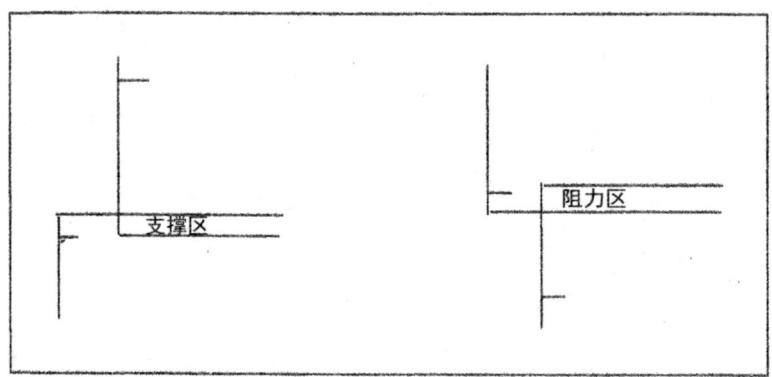

图 6.23 两个宽幅竹线

通道交易系统

市面上有很多通道交易系统，价格在 3,000 美元到 10,000 美元之间。有些系统基于准确的数学运算规则，几年后收益颇丰。有些则囊括了一些交易中不能程序化的判断。主要有如下三种：

◇ 肯特纳通道：肯特纳通道是基于可变的时间段，例如 10 天形成的稳定的宽幅通道。其准确的宽度是价格的一定比例。交易者必须取决于其时间框架使用不同的数量。交易者寻找一定的通道宽度，该通道包含了大部分但并非全部的竹线。最初肯特纳通道使用通道之上或之下的平均波幅。

◇ 布林线指标：这是一个与平均值接近的标准差。

◇ 唐奇安通道或特特尔系统：此为几天内从最高点的高度或最低点的低度突破的量。作为交易系统，四周的突破量已经出现了很长时间。

因为市场大部分时间会在交易通道范围之内，这里的焦点在于如何使用本书其他几章给出的方法在市场进出通道时进行交易。其中这些系统的一部分可以程序化。其他的则需要进行主观判断。其基本交易方法会在后面介绍。

肯特纳通道

切斯特·肯特纳是一位著名的股票技术分析员，他大概是最早的系统交易师之一。他的著作《如何在交易中赚钱》一书介绍了一个叫作10日平均动向规则的系统。这是一个非常简单的系统，它使用一个常量宽度的通道来计量买入/卖出信号的时间。其规则是：

◇ 计算每天的平均股价（高位+低位+收盘价）除以3。
◇ 计算10日内的日平均价格的平均值。
◇ 计算10日日波幅的平均值。
◇ 10日的移动平均量加上或减去这个日平均量来形成一个带状区域或通道。
◇ 在市场价格突破带状区域的上轨时买入，在价格突破区域下轨时卖出。

市场中一定会出现肯特纳通道。该系统在强势时买入，在弱势卖出。很多人将这个基本的交易理念扩展为如下的情形：

◇ 交易者不是在通道的上限买入而是相反卖出，反之同理。这也很有道理，因为市场大部分时间在交易范围之内。

其劣势是交易者可能不能够进入一个走势强劲的市场当中。

◇ 天数被改动。很多系统使用三天交易的平均值及围绕平均值形成的通道。

◇ 很多系统使用较低的时间框架来计量进入市场的时间。例如，如果市场到达通道的上限，交易者不能采取行动而是要在下一个较低或较高的时间框架给出信号时才能行动。

肯特纳通道优化系统

通道交易可以取决于交易者的交易风格，在任何时间框架之下应用在任何市场交易中（图6.24）。也可以将其在S&Ps中用作日交易的方法。其规则是：

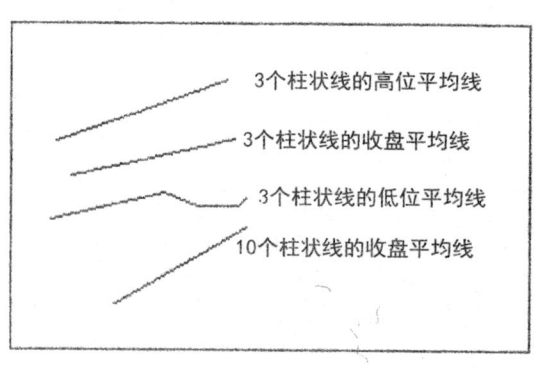

图6.24 三个柱状线的通道

◇ 使用三到十个柱状线收盘的变化幅度。其平均值由一个柱状线取代。长期的平均值是趋势的指示器。通道的短期平均值可以用来监测短期过量买入/过量卖出的情况。

基本理论是在市场过量卖出时买入或者在市场表现出有长期上涨趋势时进行短期买入然后在市场强势时清算卖出。在市场弱势时买入，强势时卖出，随着市场的长期趋势进行交易，反之同理。

◇ 趋势。市场趋势是由 10 个阶段平均线的坡度、枢轴点以及上推的方向所决定的。
◇ 通道宽度。通道顶部的线是最后三个的高位的平均值，同理通道底部的线则相反。
◇ 支撑区和阻力区。这里需要进行一些主观判断。如果低的竹线表现为宽幅，买入区则是以枢轴点低度为基准测量至最近的窄幅竹线的宽度。
◇ 将使用上推和基本 ABC 盘整体系。

市场有向上发展的趋势时进入做多头

如图 6.25 所示，在如下任意一种情况出现时做多头：

◇ 在支撑区买入（图 6.25A）。
◇ 当 10 个竹线的平均值低于三天通道的竹线时，在平均值上买入（图 6.25B）。
◇ 如果低位趋势通道低于 10 个竹线的平均值，则在该通道买入（图 6.25C）。

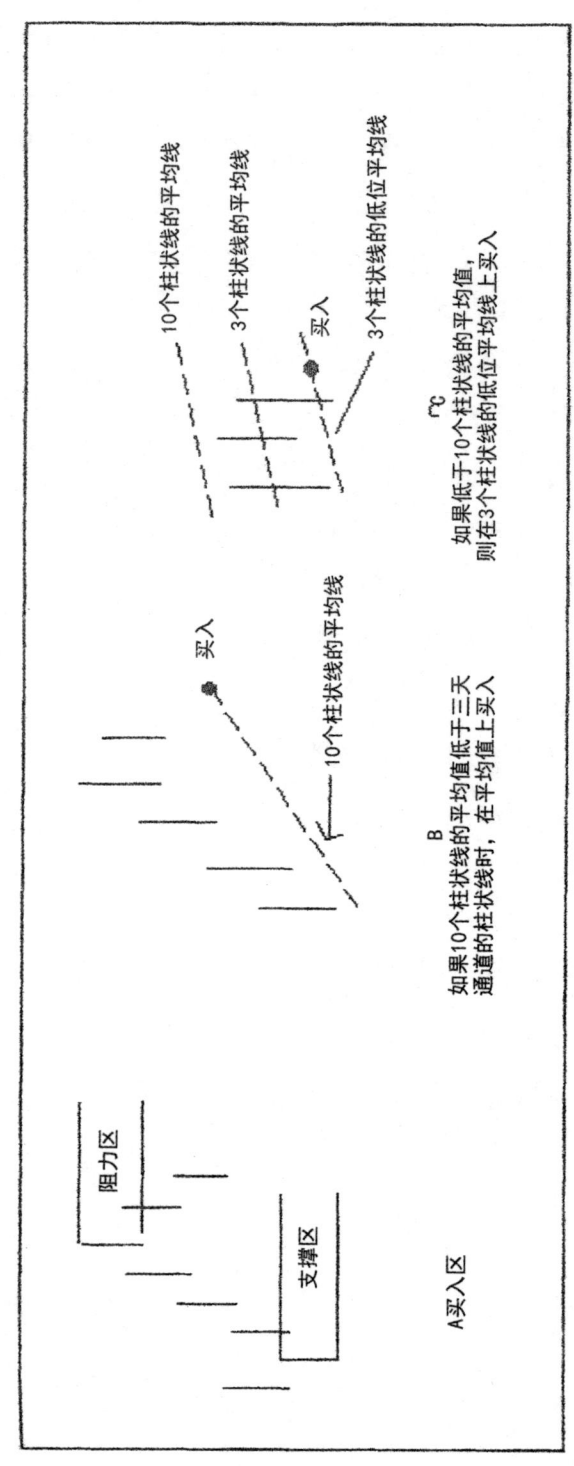

图6.25 通道交易的操作点

平仓获利时需要进行判断。当市场进入阻力区时平仓获利或者在市场进入卖出区或阻力区时使用追踪止损。出售区指的是：

◇ 在最高竹线的区间。
◇ 如果在10个竹线的平均值之上，则在通道线的上轨。
◇ 如果在通道上轨之上，则定在10个竹线的平均值上。

如果使用了追踪止损，在如下的情况出现时平仓获利：

◇ 如果前一天在通道之外收盘，则在重新进入通道时。
◇ 在开盘点之下、通道上轨之外的收盘点。
◇ 在开盘区间突破下挫幅度达到50%时。

该系统需要使用一些主观判断来决定在具体的交易情况之下使用哪一种规则。这就需要应用在第一章讨论的整个图景的知识。举例来说，如果市场处于震荡阶段的初期，则更容易快速地平仓获利。然而，如果接近震荡阶段的尾声，那么交易者则应该持有股票等待突破的出现。

止损点

以进入点为基准按一个竹线的幅度设定止损点，如果多头交易被迫止损，不要再一次以多头交易方式进入市场，而是要等到市场返回并且超越了三到十个竹线的平均高度，并返回到超卖的水平才能再次进入。如果市场已经跌破了进场时竹线的高度，则将止损点设在进场时的竹线之下。

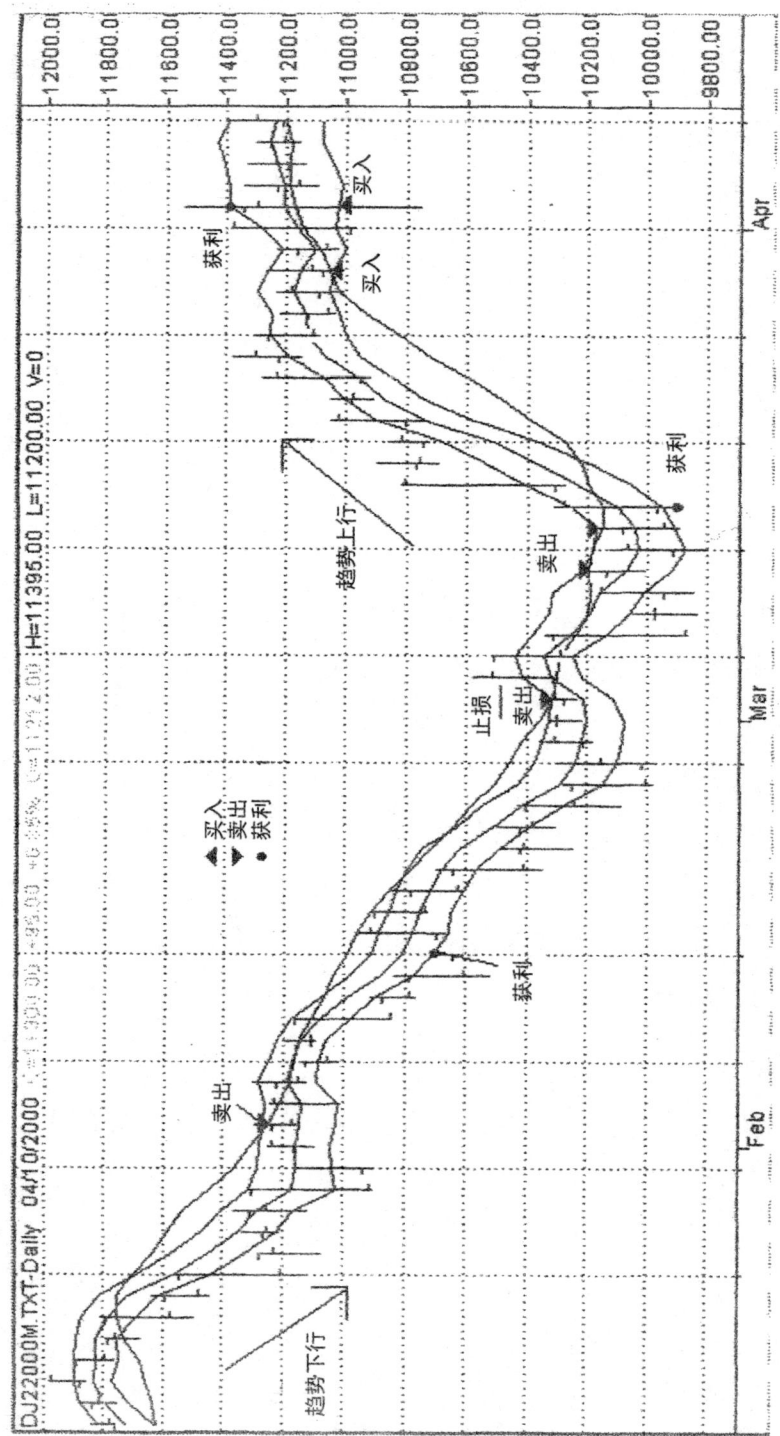

图6.26 债券通道交易（2000.04.10）

图 6.26 展示了这些理念的运用。其中有一些交易可能有所忽略。交易者由此应该对肯特纳通道系统有了一个基本的了解。有一些理论针对这种方法提出不同的关节点。他们卖出 3000 美元到 10000 美元。有些使用指示器来决定趋势。枢轴点、10 日线的坡度、短期模式的使用以及整个图景可能像任何一种方法一样有效。交易者可以在实践中检验其基本理念，形成自己进场和离场的理论并基于自己的交易决定各个节点。

布林线指标

该指标由约翰·布林格创立，基于使用两个标准偏离的通道作为高于或低于一个变动的平均水平，例如 14 或 20 天。该理念在于当市场穿越通道的上轨时买入，反之同理。随着波幅增加，通道的宽度也增加，反之亦然。运用这一基本理念的一个最佳的长期系统是由基思·费岑创立的，叫作光行差（Aberration）交易系统。

布林线指标在用作短时间内对市场作出快速判断时效果甚佳。我们用 20 天的平均变化加以一到两个标准偏移来进行说明。交易者通过快速地浏览该图就可以发现趋势、波幅以及超买/超卖的情形。在一个偏移标准之上的是超买的市场。如果市场高于两个偏移标准的水平，则为超买状态。观察任何股票交易图交易者都会发现它们当中的大多数，即便是在趋势强劲的市场中，都会被回调到平均水平。市场可能会以如下的方式进行交易：

◇ 如果是超卖的状态，寻找机会在当前的时间框架下以及下一个交易较早的时间下进行买入。如果是卖空交易，则要警惕，在出现放量卖出或需求大于供给的信号时平仓获利。

◇ 如果市场为超买状态，做法恰好相反。
◇ 如果通道很窄，则择机买入。
◇ 如果通道在加宽，则择机卖出。

交易时应该应趋势而动。但是在市场的转折点上则不然。很多模式，例如弹跳、上推都是相反趋势的信号并且通常会带来丰厚的利润。

图 6.27 所示为一到两个标准偏移通道出现时的模式。

回调

在强势信号出现后价格回调时买入，这会使得交易者以较低的风险进场，并且不至于无法进场而持空仓。可以利用一个幅度的止损点在短期势态减弱价格回调时买入。如果在强势时买入则需要一个更大幅度的止损点。

很多的上扬都会有大约 50% 的回调。图 6.28 表示的是几种类型的回调或盘整。交易者在短期弱势并预期有一个拐点出现时买入。如果交易者能够在价格回调时进入市场则较为安全，而不应该在市场上攻时进入。确实，交易者可能会错失一些好机会，但设置止损点则可将风险降低。回调可以提供信息从而判断是否上攻疲软或者是否正在开始大的动向。

第六章 模式

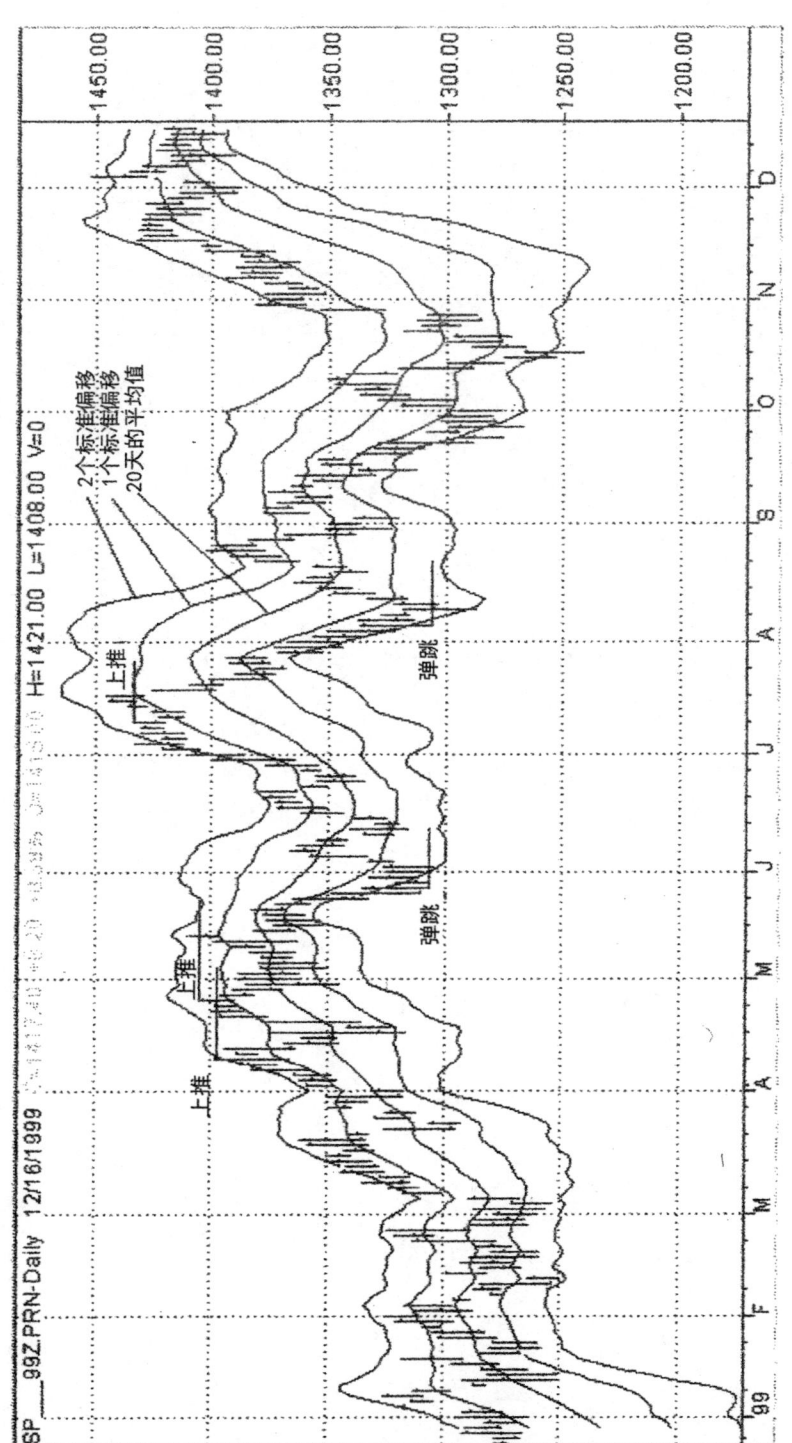

图6.27 布林线指标 S&Ps每日交易图（1999.12.16）

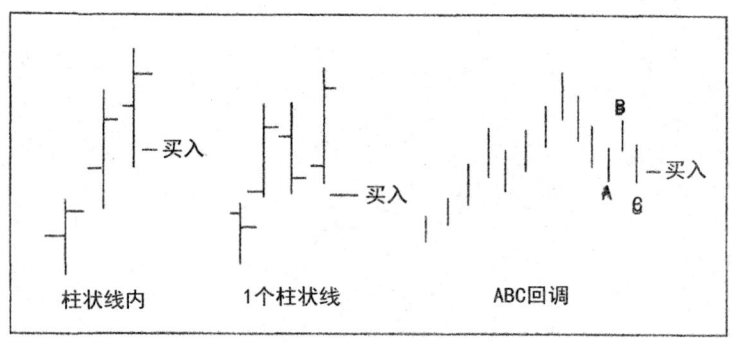

图 6.28 回调种类

不利的方面有：
◇ 可能在等待价格回调再进场时错失一些大的动向。
◇ 交易者永远不可能知道价格回调到何种水平时进场。本书中前面的部分已经介绍了一些交易技巧。解决问题的一种可能的方式是观察较早的时间框架。在进入之前，应该出现较早时间框架下的较小的反转模式。同时较晚的时间框架表现了支撑区或者阻力区。这可能减少两边吃亏的情况。
◇ 价格的回调可能恰好是趋势的逆转，交易者则可能面临损失。

下图（图6.29）表现了一些关于雅虎公司明显的上攻以及回调的情形。图中还标注了回调失败的位置。

第六章 模式

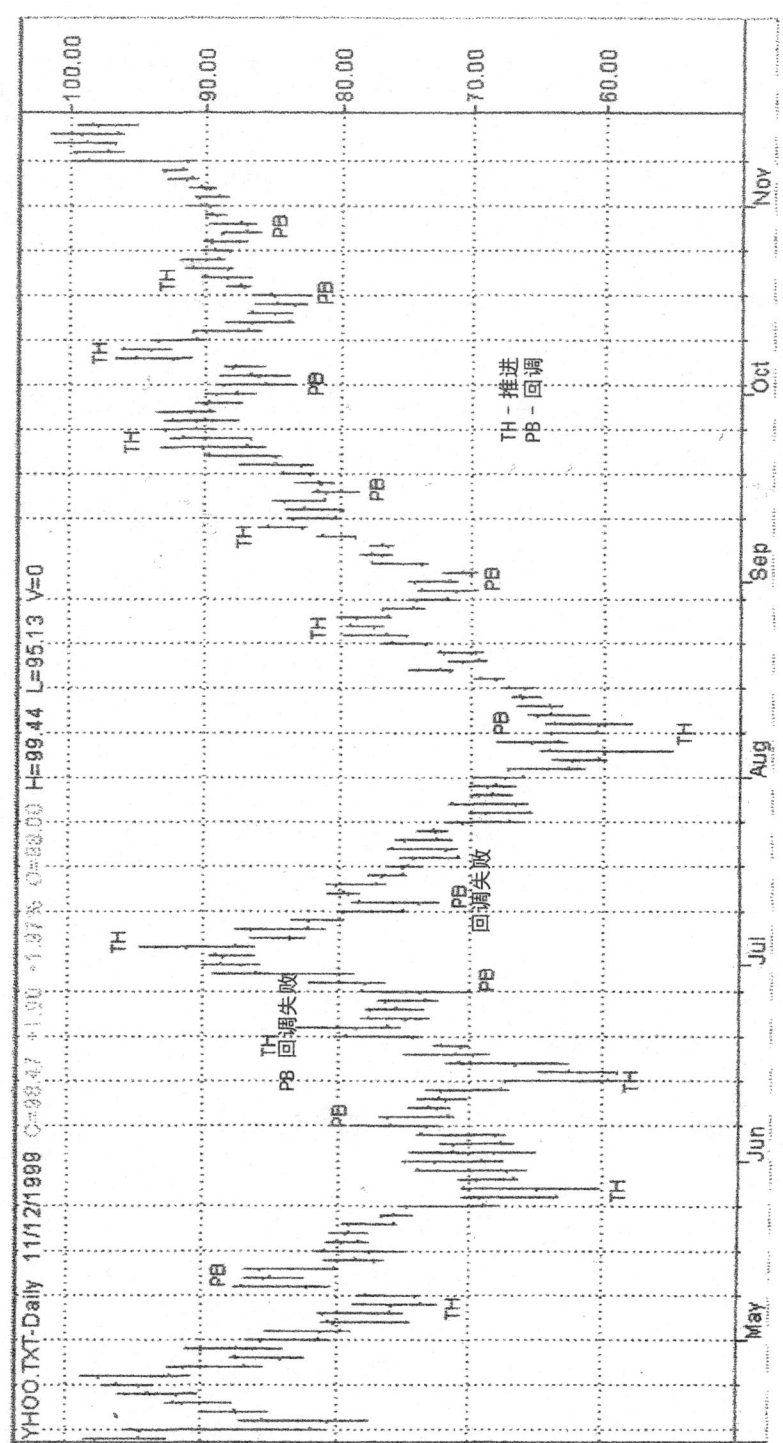

图6.29 雅虎公司——回调

低位竹线买入的高点/高位竹线卖出的低点

图 6.30 标识了买入区和卖出区。显然，该模式交易的方法是在市场进入买入区时买入，反之卖出。交易者可以在这些区域通过设置止损点给出指令，或者观察较早的时间框架并先等待需求/供给信号的出现再采取行动。

如果市场坚决地穿越了该区域，那么它就不再是行动区，因为它未能构成支撑区或阻力区。图 6.31 表现了这一技巧。该图没有标识买点和卖点，但是交易者可以看到这种方法的基本步骤。

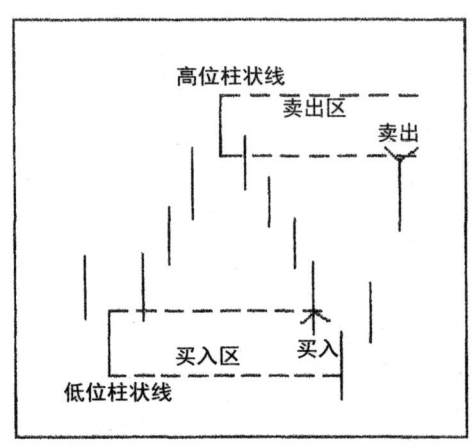

图 6.30　在低竹线买入，高竹线卖出

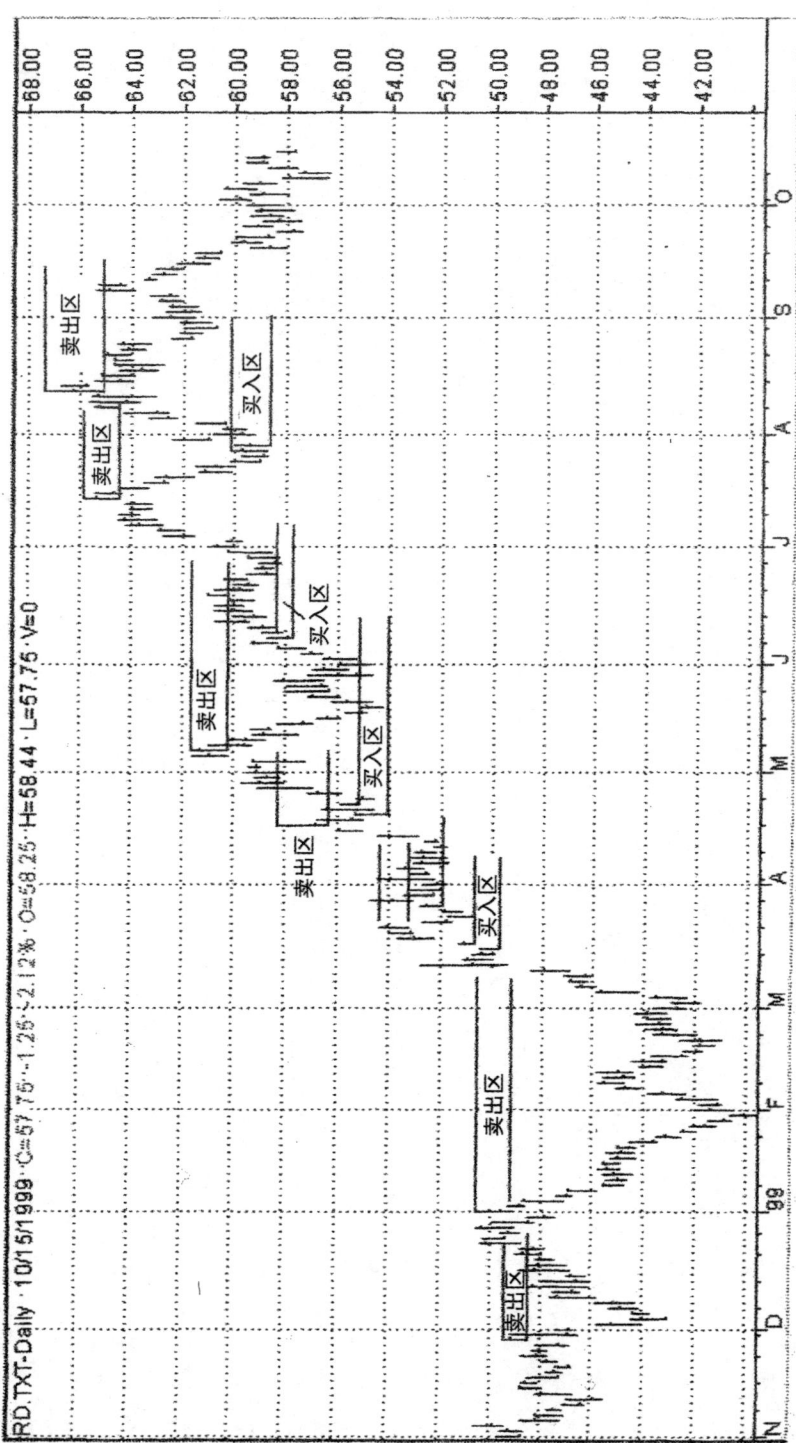

图6.31 皇家荷兰石油公司市场进入的高/低柱线图

三个竹线连续上涨/下跌

出现两到三天竹线的运动依次上推并高于前一竹线时经常就是行动点（图6.32）。这是市场拉伸并且可能出现疲软的区域。少量的卖出可以并且经常会导致回调或者下挫趋势再次出现（反之同理）。大多数市场在这种情形出现之后会至少出现一次价格回调。

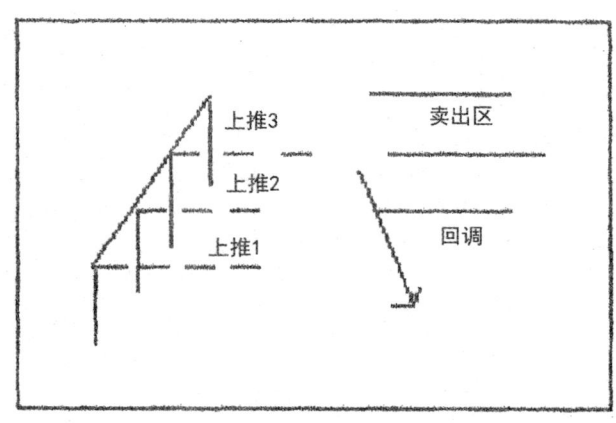

图6.32 三个竹线上推

其基本理论是第二次和第三次推进会与第一次推进等同。中间的一些天的表现可以忽略不计。如下是其规则（只考虑卖出方）：

◇ 清仓，同时可能与三个相对强劲的连续上行的竹线相反。忽略中间一些天的表现。在目标点或者在第三天收盘低于开盘点时给出指令。

◇ 第三个竹线的目标是：（a）如上所示的推进方式；（b）

在第一个竹线的高度上增加0.5到1个该竹线幅度。
- ◇ 在进入点之上设定1.0幅度的止损区。当进入的竹线被穿越时回复到第三天的高度。
- ◇ 如果是短线交易者,平仓获利点(如果是持空仓的话)设在三个冲击竹线中的第一个竹线的低位的1/4处。

其自身并非一个系统。它使得交易者在拉伸的情况之下进行平仓获利或者交易。雅虎公司的图6.33表现了这种推进的方法。

利润保护

如果市场三天内的波动变化有利于交易者,使交易者快速获得了很大的预期利润,则这些利润可以通过如下方式获得保护:

- ◇ 在三天上行过程中的任何时候进行利润清算。
- ◇ 如果三天上行的高度被打破,在第三天低于一个最小波动点时止损。
- ◇ 如果市场在第三天的中幅之下停盘,退出市场。中间的天数忽略不计。
- ◇ 在每天的低点之下设置止损点。

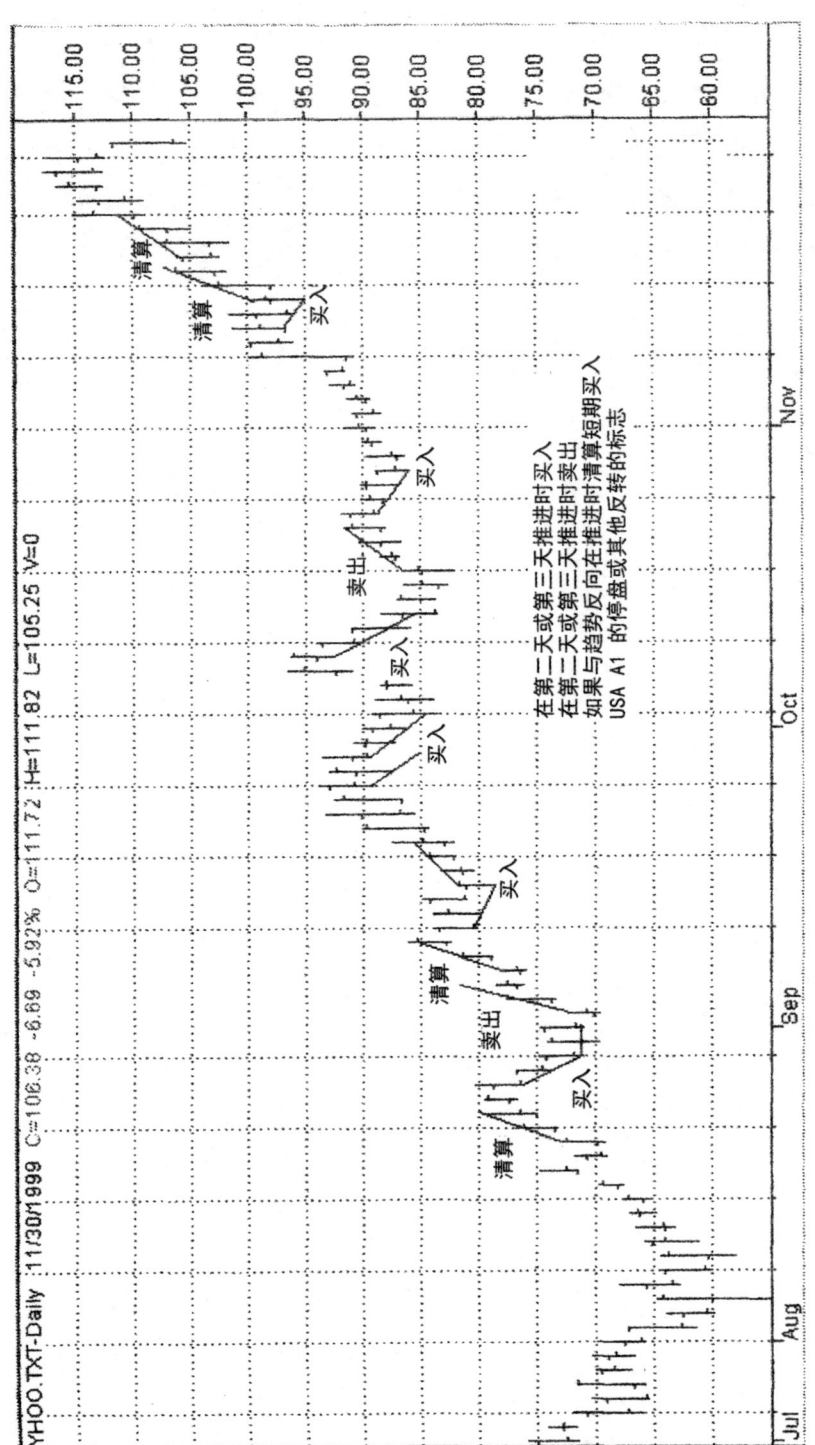

图6.33 雅虎公司——两到三天竹线上攻操作点

动态三角

动态三角是股票交易者可以使用的一个很好的方法。这种方法可以帮助交易者进入快速发展的市场并且在出现错误时以接近止损点的价格卖出（图6.34）。

其构造基于一些相对紧凑的竹线的模式。在突破之前的竹线后通常在与突破一致的方向上收盘。其动向有可能在两个方向上都突破这一模式，但通常与其进入的方向相一致。进入点可以设在突破点之前的竹线上或者在穿越收紧的趋势线上。止损点设在该构造的另一侧。运用这种方法也会出现失败，正因如此应该设定止损点。其建立条件是：

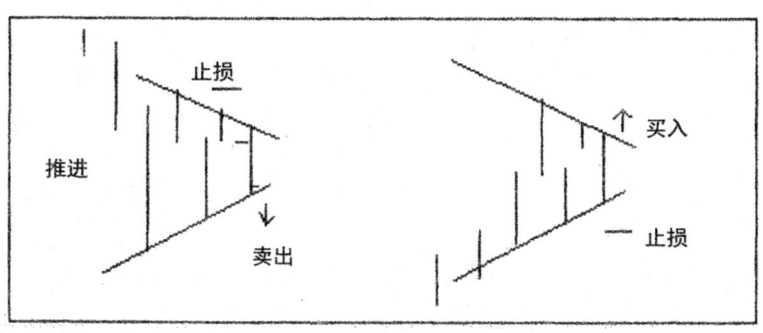

图6.34 动态三角

◇ 市场强势地冲出了震荡区。
◇ 市场构成在两到四个竹线的小范围内继续保持吃紧。
◇ 市场继续向推进的方向发展，穿越收紧的趋势线或者在推进的方向上收盘。
◇ 交易者的进场点是在建立条件出现后采取行动。

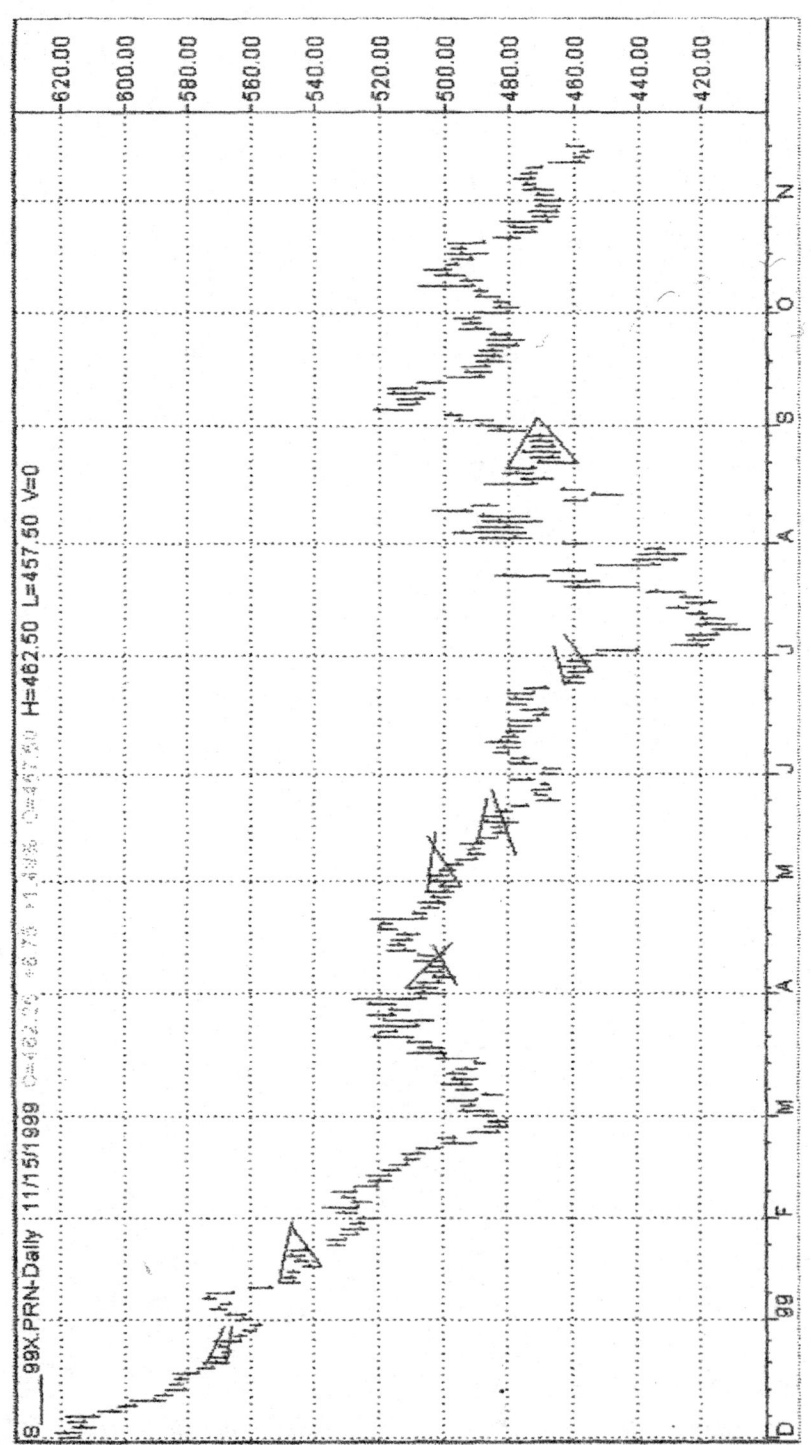

图6.35 Soybeans (1999.11)

观察图 6.35 并在其他图中寻找这种构建方式。交易者会为这种构建方式的美妙和简洁而唏嘘不已。

窄幅/宽幅竹线

窄幅竹线（NR）后紧跟宽幅竹线（WR）通常是市场转折点的标志。这表示在一个阶段休整之后方向发生逆转。在这种情况下进场交易者常常会迅速获利或者因此而进入更大的利润空间。

买入（或相反卖出）节点是：

◇ 在宽幅竹线收盘时进入。
◇ 在回调至宽幅竹线中间位置或者在窄幅竹线高位进入。

止损点应该设在窄幅竹线的另一侧。

这不是一种孤立的模式，但是结合其他指标同时暗示拐点区出现时特别有效。图 6.36 是一系列窄幅/宽幅竹线的信号。虽然没有涵盖所有情况，对于这一强大的方法，本图还是可以给予交易者一些基本概念。该图没有标注出场点，但是切记出场点和进场点同等重要。

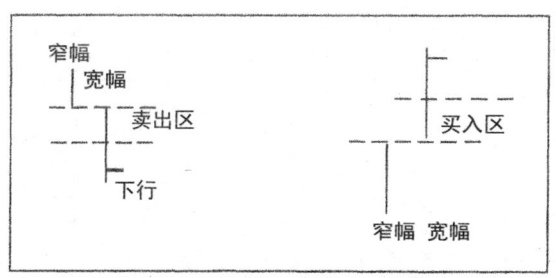

图 6.36 窄幅/宽幅竹线

两日轻度反弹

在强劲的竹线向同一个方向推进,从而暗示有强劲的需求(如果方向向上),但是在第二天的上午却以较低的价格开盘并且全天止盈抛售时会出现这一模式(图6.37)。原有的需求终结,供给成为主要的决定性力量。在市场的顶部或底部经常可以看到两天竹线的轻度反弹。两天的竹线都应该在平均幅度之上。图6.38展示了Cisco系统出现的两天轻度反弹的情况。

突破紧缩模式

当突破竹线当天的变化幅度比前几天大通常标志着宽幅突破的出现。如果它与趋势的方向相同,交易者应该紧随其后。前些天的表现应该与紧缩幅度相重合或在其中。该模式可能包含多达7到10个窄幅竹线,或者少则两个宽幅竹线。通常这被称作突破紧缩模式(如图6.39所示)。

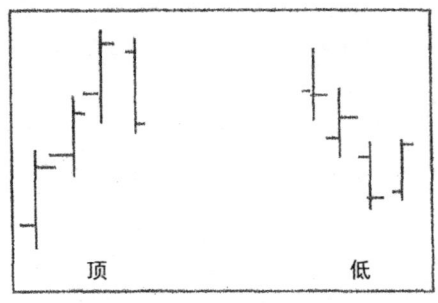

图6.37 两日轻度反弹

第六章 模式

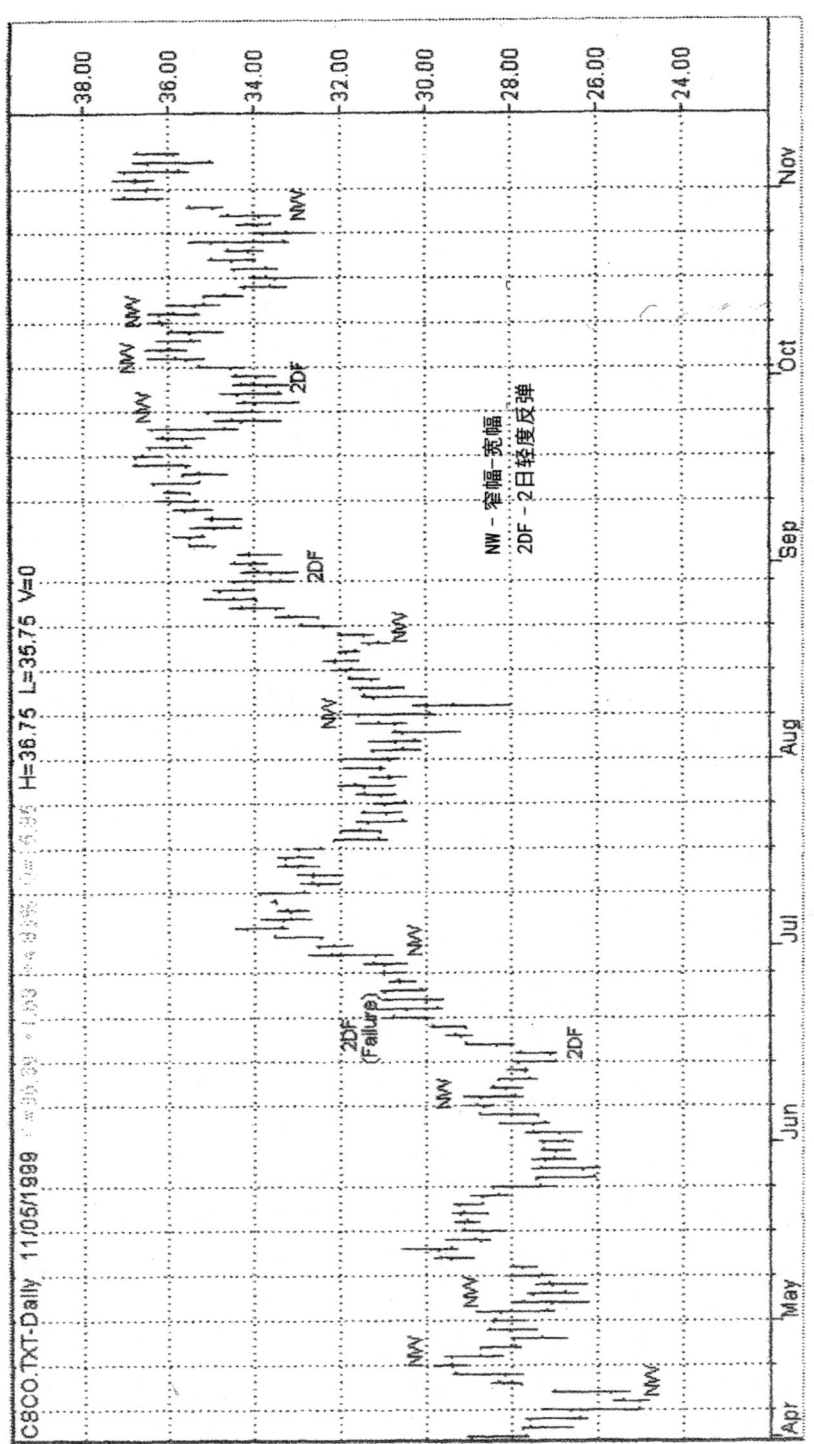

图6.38 Cisco 系统窄幅/宽幅反转

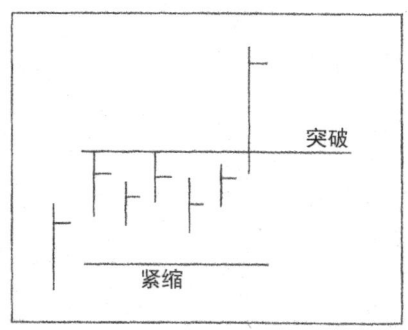

图 6.39　突破紧缩模式

离场的重要性

进场比离场容易得多。因为进入市场的时候交易者的头脑是最清醒的。一旦进入到交易当中，交易者的情感也掺杂其中。正因如此，交易者应该在离场之前就做出决定，在何种情况之下以及什么时候退出。

已经有很多的研究强调交易者应该如何进场。离场其实同样重要。应该合理设计交易的进场点和离场点并且让它们之间和谐运作，因为这两者密切相关。举例来说，在 80 天突破后进入市场和在四天突破后就退出市场的两种做法就不相匹配。

一种进入市场的方法如表 6.1 所示。接下来，保持这种进场方法不变，对比六个不同的出场方法。此种方法显示了退出交易的重要性。从 1984 年 1 月到 1999 年 6 月期间，在 24 个不同的期货交易中进行测试。每出现一次信号执行一次交易。不包括佣金或者滑点。

◇ 进场方法：突破开盘幅度，两个模式，一个趋势筛选（所有的进入模式都相同）。

◇ 出场方法：展示了六种出场的方法。包括相反的技巧，四个筛选方法以及日平仓交易。

表6.1 在相同的进场方法下不同离场的六个案例

相同的进场规则下 6 种不同的离场方法，在 24 个期货交易中进行测试，1984.1.2—1999.6.30
所有的期货使用相同的进场和离场方法，每出现一个信号进行一次交易
佣金和滑点为 0 美元

离场技巧	1	2	3	4	5	6
筛选	反转出场**					日平仓交易
ORBO	X	X	X	X	X	X
模式1	X					
模式2	X	X	X			
模式3				X		
趋势	X	X				
结论总结						
利润/Yr($)	38,422	50,353	58,163	59,941	60,958	29,641
最大下降量	150,068	107,346	39,128	31,421	24,599	20,803
资本利润率(%)	5.00	9.4	29.4	38.2	49.6	28.5
所需资金($)*	750,340	536,730	195,640	157,105	122,995	104,015
交易/年 基于24个期货	205	205	377	421	431	545

注：

模式1——4个收盘的幅度<30天的平均幅度；模式2——最后买入四个收盘的最高点，反之同理；ORBO——开盘突破前一天幅度的62%；趋势——前一天收盘>50天前收盘买入，反之同理。

*所需资金是需要限制最大下降至20%的量。

**在进场时使用同样的信号。

每年的利润变化从 30,000 美元到 60,000 美元不等。最大的回撤量是从 20,000 美元的低值到 150,000 美元。资本利润率从 5.0% 到 49%。这个例子没有被推荐用作贸易系统，只是用来说明交易者退出市场的节点在其交易中的重要性。

从表 6.1 得出的结论强调了保护利润的重要性，要通过相对的收盘止盈点获得利润，而不是等到相反的信号出现。图 6.40 到 6.43 为虚拟研究两位交易者交易雅虎公司股票，以此展示如何使用这些交易方法。图 6.40 是在一年当中使用各种不同的市场规则进行交易的情况。

当投资人鲍勃的经纪人告诉他雅虎公司的股票达到了一个新的高度时，他在 58 美元的价位上买入了 300 股雅虎公司的股份。鲍勃是一个长期投资者，他不相信图中表现的内容，认为那些是令人迷惑而无意义的内容。鲍勃的投资额为 17,400 美元。他现在还在持有这 300 份股票，其股价已经达到了 178 美元。这使得他在一年的时间里每股收益达到 120 美元，或者总净收益达 36,000 美元。该投资的收益率达到了 200%。还不错。

另一位名叫比尔的交易者是一位热衷于图表分析的专家，他非常相信图上所展示的供求关系。他的理论是最大交易量为 300 股且不做金字塔形的交易。他的交易如下图所示（见图 6.41）。

◇ 点 1：长期的趋势向上，当市场达到 50 时他开始寻找进场的机会。因看到交易趋势上行，他在 45 购买了 300 股。结果向上的趋势得到了确认并且穿越了 04 的线（图 6.42）。

◇ 点 2：在第二点比尔有另外一个买入的机会，因为已经持有 300 股而他没有买入（图 6.41）。

第六章 模式

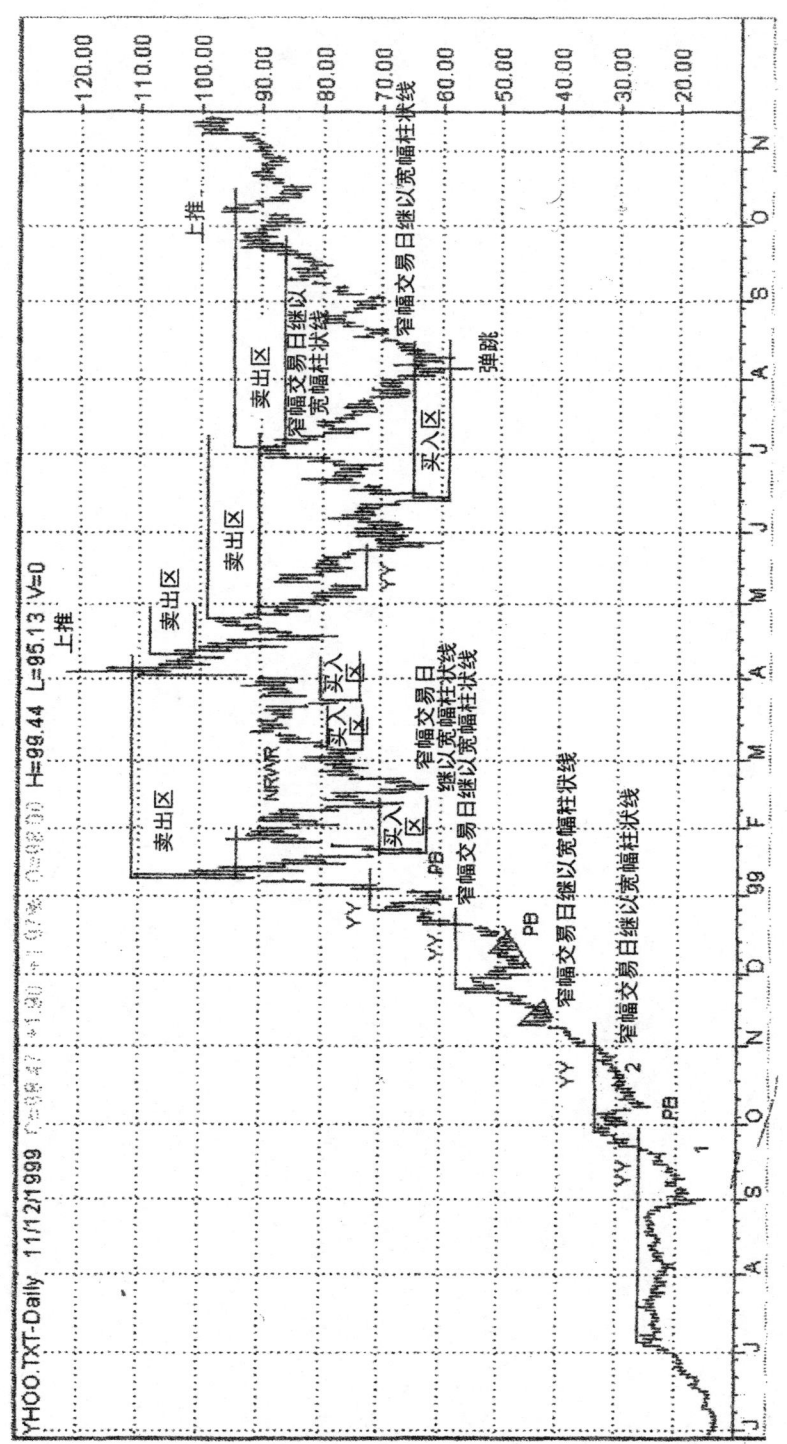

图6.40 以雅虎公司为例展示股票市场交易规则（1999.11.12）

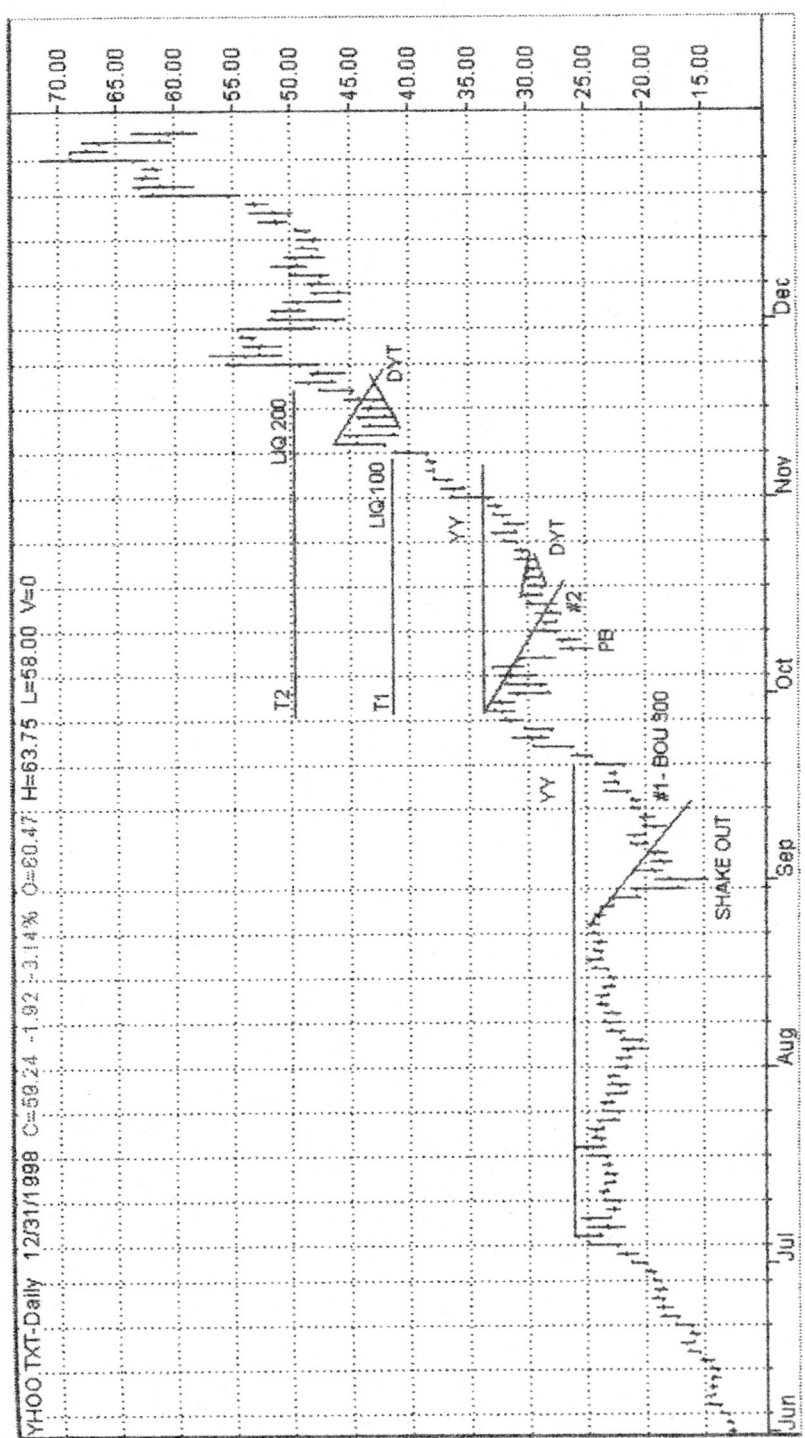

图6.41 以雅虎公司为例展示股票市场交易规则（1998.12.31）

第六章 模式

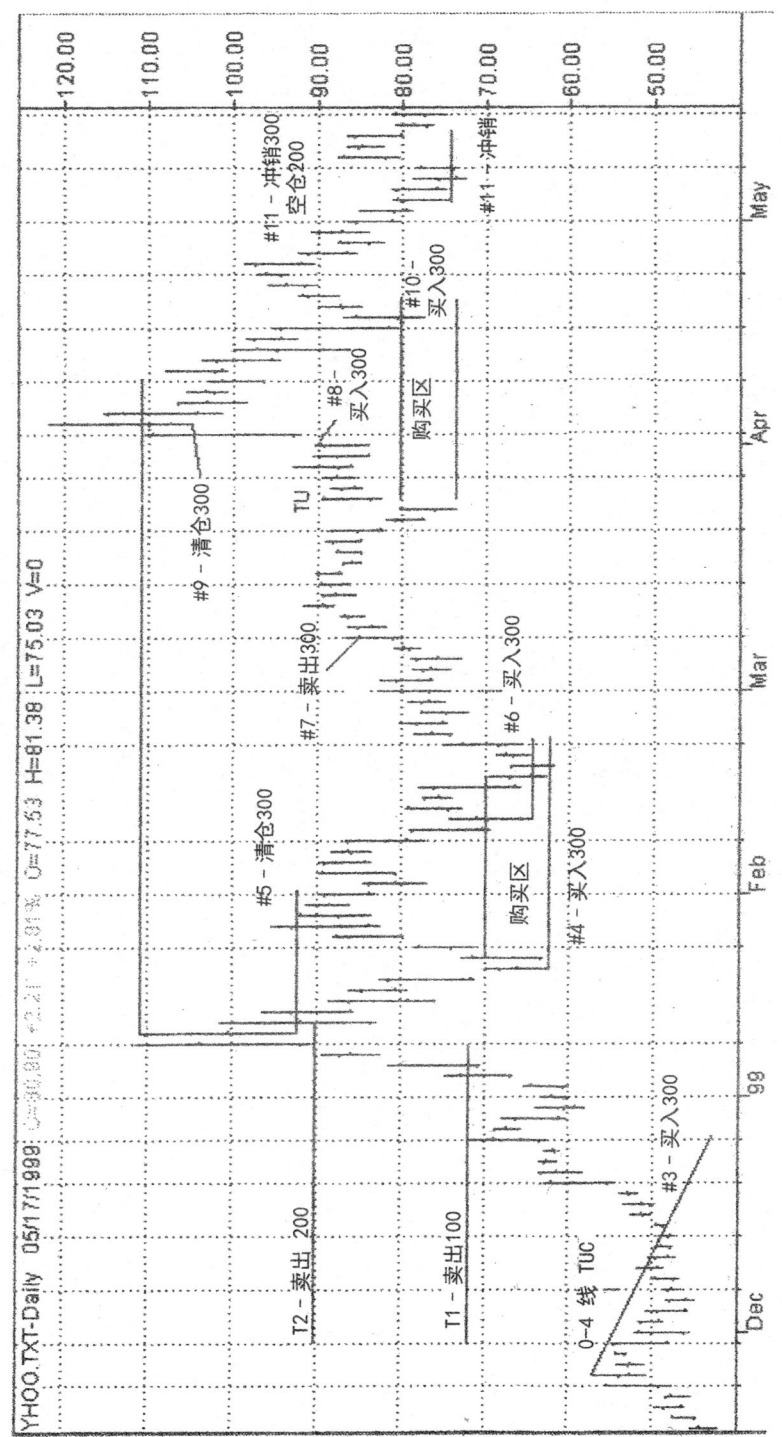

图6.42 以雅虎公司为例展示股票市场交易规则（1999.05.17）

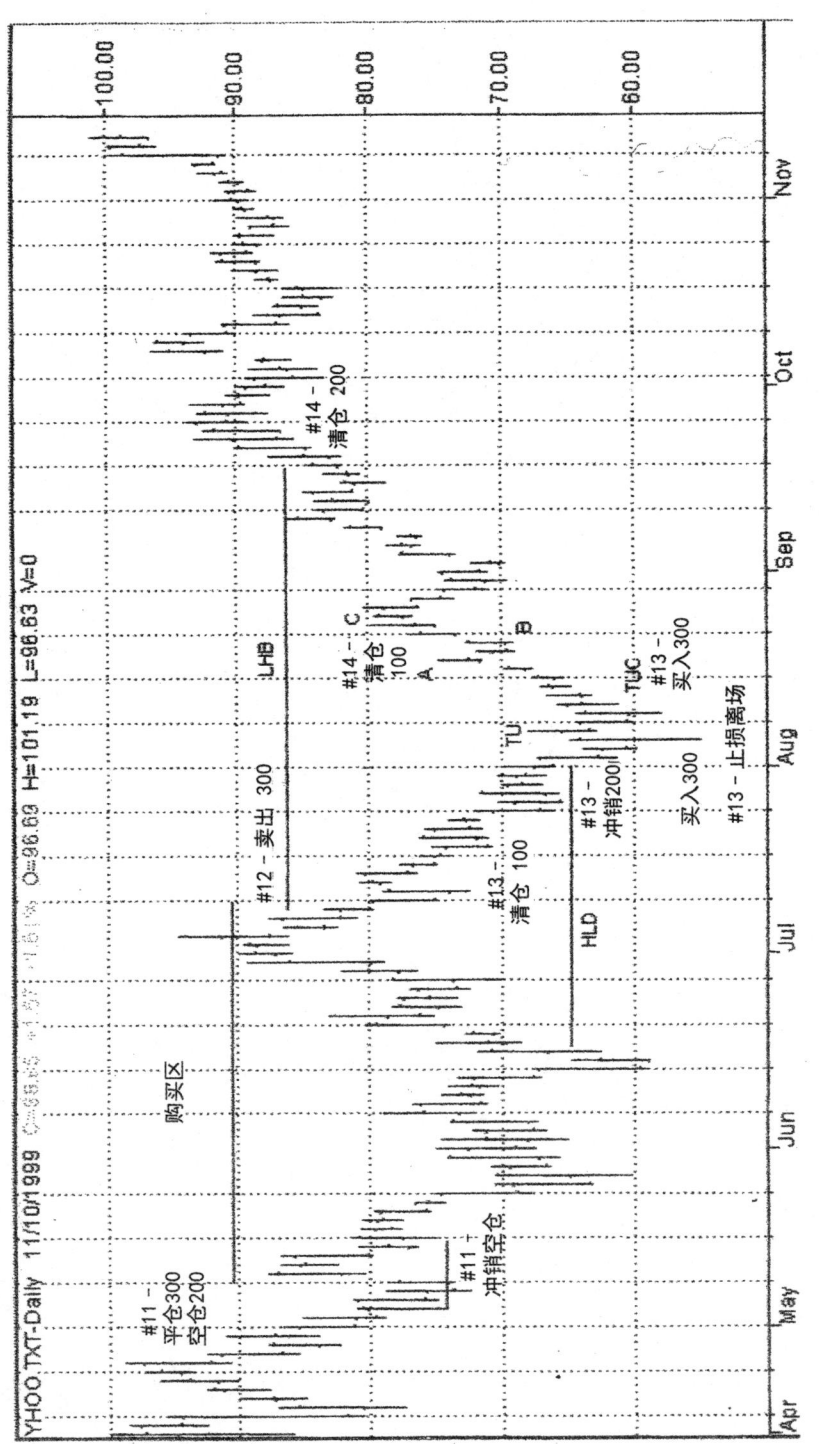

图6.43 以雅虎公司为例说明股票市场交易规则（1999.11.10）

第六章 模式

◇ 目标1：在84美元的价位卖出100股，每股获利39美元或者净利润为3,900美元（如图6.41）。

◇ 目标2：在100美元的价位卖出剩下的200股，因为市场到达了第二个预期目标并且穿越了三天的低点。此次交易每股获利55美元，净利润11,000美元。总净利润为14,900美元（如图6.41）。

◇ 点3：在102美元的价位买入300股，因为长期趋势仍保持向上，并且已经通过短期筛选看到趋势上升，向上的趋势得到了确认，非重叠的竹线和穿越0-4线。止损点定在88美元。在145美元卖出100股，获利43美元，净利润4,300美元（如图6.42）。

◇ 目标2：当市场下挫穿越第二个目标点时，在180美元的价位卖出剩下的200股。这200股每股收益78美元，净收益为15,600美元。总利润达到34,800美元（如图6.42）。

◇ 点4：反转日在143美元的价位买入300股，以待趋势返回顶部。止损点设在119美元（如图6.42）。

◇ 点5：将所有股票在184美元的价位卖出，因为这是高位竹线的低点。A字脚长预示其高度不会被突破。每股收益41美元，净收益12,300美元。总利润达到47,000美元。因为趋势仍然向上，他没有进行卖空交易（如图6.42）。

◇ 点6：在136美元弹跳点买入，因为市场有可能回到170美元—180美元。止损点设在116美元（如图6.42）。

◇ 点7：在卖出区以169美元的价格将所有股票出货平仓。市场有可能回调到140美元。每股获利36美元，净利润10,800美元。总利润达到57,900美元（如图6.42）。

◇ 点8：因趋势向上，在180美元的价位买入300股。上行的趋势得到确认，非重叠的竹线意味着做多需求强势回归而且有可能会达到新高（如图6.42）。

◇ 点9：向上推进。在210美元收盘时卖出。在新的高位急速反转暗示着出现了充足的供给。每股获利30美元，净利润9,000美元，总利润达到66,900美元（如图6.42）。

◇ 点10：在160美元的价位买入300股，止跌点定在139美元。当前处在前一个回调谷低位竹线的高位，显示出有强劲的需求。目标定在200美元到210美元之间。

◇ 点11：在趋势迅速转向的一天将所有股票在182美元的价位卖出，同时卖空200股，因为A字形的侧线没有达到50%的位置，这预示着将出现新的低点或者有返回120到140美元左右位置的可能性。目标价格定在110美元。在130美元回补这200股，因为穿越了枢轴点，低度达到145美元，是YY日之下一半的程度。市场在可能的购买区之内，但交易者不想碰运气。获利52个点，净利润10,400美元。总利润达到77,300美元（如图6.42）。

◇ 点12：在趋向逆转的购买区的172美元的价位卖空。止点定在201美元。向下的目标反过来试探120美元的低点。在ABC下行的144美元处回补100股，每股获利28美元。

◇ 点13：在130美元（当天低走的高位）回补余下的200股。进行多头交易，止点设在110美元。此次交易被迫止损，损失20个点。结果净获利5,600美元，总获利达到82,900美元，在130美元的价位再次买入300股，因为转为上行，趋势得到确认，观测双底以判断是否可能回调到卖出区。

◇ 点14：在ABC上行时将100股卖出。将剩下的200股在170美元的价位（卖出区高竹线的低点）卖出清仓，净利润为10,800美元。总利润达到93,700美元。

这一系列交易使得交易者鲍勃获得了最初投资额 13,500 美元 600%的回报率（如图 6.43 所示）。我们能不能重现这一假设的案例呢？答案是可以的。然而，交易者必须要完全控制自己的情绪，准备好随时在实时观察中扣动扳机、采取行动。交易者一定要交易活跃的股票。原则已经非常清楚，交易者可以依据这些原则进行操作。如果在这个过程中使用了再投资的方法，回报则会更高。该研究仅仅表明有明确定义的原则采取行动的可能性。

在标准普尔指数交易中运用交易方法

本节将展示如何连贯地使用前面所提到的不同的技巧在标准普尔指数的交易过程中获取利润（如图 6.44）。这些都是一些假设性的研究。这些研究免不了有事后诸葛亮的感觉。请阅读假设性研究的免责声明。

交易者主要考虑的是在市场进入支撑区时寻找买入信号以及在市场进入阻力区时寻找卖出的信号。进入某一位置可能在收盘或开盘突破时出现。在市场被拉伸时退出。这里使用到的方法和其缩写词如下：

◇ 开盘区间突破（BO）
◇ 窄幅交易日继以宽幅竹线（NRWR）
◇ 上攻（UT）
◇ 弹跳（SP）
◇ 三个交易日或三个竹线逆转平衡（3DE）
◇ 上攻后回调（PB）
◇ 非重叠竹线（NOL）
◇ 低于先前枢轴点的低竹线的高位（HLB）
◇ 高于先前枢轴点的高竹线的低位（LHB）
◇ 目标点（T）

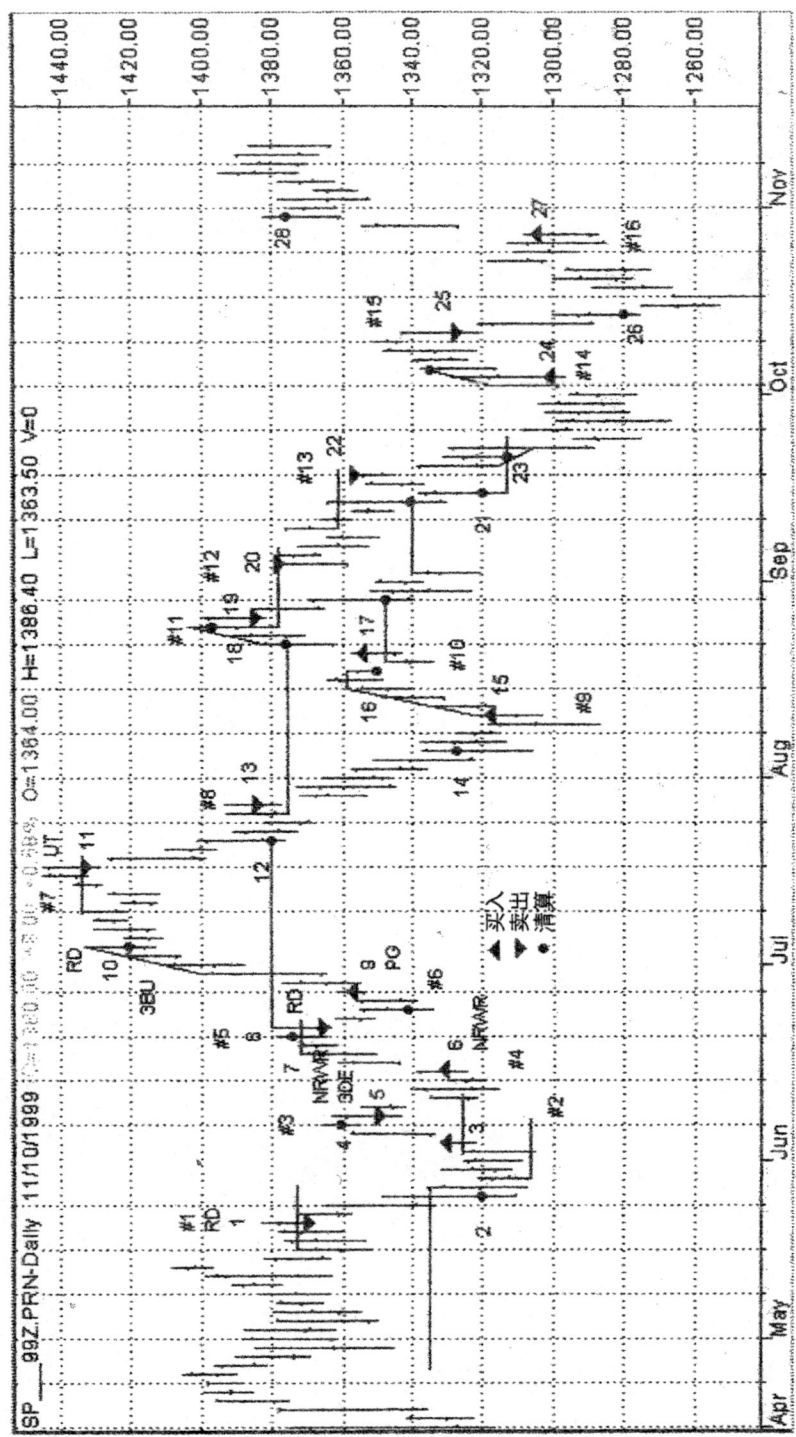

图6.44 标准普尔指数期货交易

交易 1

◇ 在反转日 1370 上卖空，目标定在 1320。止损点定在 1405 之上高于 PG。在穿越卖出日低点时移到 1385。其他因素有：
◇ 整理区——两次止跌回升进入积聚区。
◇ 三个竹线的上推——市场在三个竹线之上清理了所有的止损点。
◇ 四个竹线模式的差别。
◇ 在 1320 先前主要枢轴点低位点上回补卖空的股票。该位置也是三个下降竹线的低位。获利 50 个点。

交易 2

◇ 在 1330 收盘价买入，预期涨回 1360。止损点设在下挫五个竹线之下。在穿越买入日的高位时，止损点移到买入竹线之下。
◇ 当开盘之下的窄幅竹线在 1380 收盘时清仓。获利 50 个点。

交易 3

◇ 在回调到 HLB 到达 1325 点，在 1350 点收盘时卖出。在窄幅竹线之上止损。获利 25 个点。

交易 4

◇ 在购买区和窄幅竹线日高位之上的 1332 点收盘价买入。在四天的低位之下止损。目标定在 1360 到 1380 之间。
◇ 在 1372 点处清仓，获利 40 个点。这是第四天在出售区之上。

交易 5

◇ 在出售区 1365 点售出上攻的股票。寻找一个快速回调到低竹线的高位或 1340 点的可能。在 1340 点进行回补,以迅速获利 25 个点。

交易 6

◇ 在 1359 点收盘价买入,期待回到 1400 点附近的高位。注意该模式在购买区的空缺,第三次回调进入可能的聚集区,三个竹线打破平衡并出现非重合竹线。

◇ 在逆转日的 1420 清仓。因预期上攻而收紧止损点。注意在第四个竹线的逆转竹线向上。获利 61 个点。

交易 7

◇ 在 1435 卖出上推的股票,因为它可能返回至 1380 的支撑区。注意到投资者在进场后第二天的反转——看跌。

◇ 在第四天 1380 点下挫 55 点之后回补卖空的股票。似乎会有进一步下挫的可能,但是当大量利润快速出现时,要快速抓住这些利润,因为谁也不知道下一个反弹可能带来什么。

交易 8

◇ 在收盘的 1385 点卖出。注意出现了两个尾巴以及四天内不可能出现止跌反升。目标设定在六月返回到的 1310 的低点。注意当天交易后的震幅——下挫的幅度。

◇ 在逆转日的 1330 点回补卖空的股票,获利 55 个点。

第六章 模式

交易 9

◇ 在 1318 点买入，预期其发展将返回到 1360—1380 的阻力区。需留意弹跳、开盘区间突破的幅度以及前一天在购买区高位收盘。

◇ 在 1350 点收盘低于开盘点时清仓，五天获利 32 个点。

交易 10

◇ 在枢轴点的高度之上 50% 的 1355 点买入。这是一个三个交易日或均等竹线反转（3DE）的情况和弹跳类型的反应，因为其供给不会比前两三天的低点更低。

◇ 在 1378 点或者高竹线的低点或者 1396 点清仓，这三个点都是三个竹线推进的目标。其利润在 23 到 41 个点之间。

交易 11

◇ 在逆转下挫的 1383 点卖出，这与前两天的情形相反。市场在出售区。目标定在 1350 点，是低竹线的高位。在三天的高度之上止损。两天后达到目标，获利 33 个点。

交易 12

◇ 在 1378 点出售，它是高竹线的低位，设定的目标区域为 1320—1340。在进场四天后有一个三个交易日或均等竹线反转（3DE）向上的情况出现，但是未进行交易，因为市场仍然处于出售区。止损点保持在进行卖空交易当天的高度上。

◇ 在 1320 到 1340 之间回补卖空的股票。1320 是三个竹线上攻的目标，同时是前一个支持点。利润在 38—58 个点之间。

交易 13

◇ 在 LHB 的 1356 点卖空。目标定在三天的低点上。其目标在三天后的第 23 点处达到，获利大约 20 个点。

交易 14

◇ 在 1305 点回调到 HLB 时买入，目标设定在 1340 到 1350，即 HLB 的位置。在 1336 点上清算利润。在 3BU 处获利 35 个点。

交易 15

◇ 在出售区 3DE 的 1325 点进行卖空交易，目标设定为 1270 到 1350。

◇ 在前一个支撑区宽幅日的低点或之下的位置的 1280 点回补卖空的股票。

交易 16

◇ 在宽幅逆转竹线上的 1306 点买入。目标设定在 1340。市场急速上涨以宽幅交易日穿越该点。在大幅度震荡交易日之上的 1373 点清仓，在第 28 点处获利 67 个点。

如上假设的交易在真实市场中是否有可能出现呢？我们对这一点持怀疑态度。然而，如果市场仅仅达到了一半的程度，其利润回报也相当可观。以这种方法交易成功的关键在于，交易者在购买区时，要寻找多重信息进行买入，反之也同理。在一个位置上清仓获利比进入新的位置来得容易。不要在一棵树上吊死。同

第六章　模式

样，当交易者只得到了预期的 10% 的收益也不要心急如焚，因为现在出来还为时过早。把交易做得尽量机械化。同时，在学习交易的过程中，没有什么比努力来得更加重要。

预祝投资者们交易顺利，记住：

A trader who dies rich, dies before his time.
撒手人寰时富有的股票交易者都是英年早逝的。

——约翰·希尔

第七章　卓蒙几何交易系统和 PL 圆点
——基本原理简介

长期以来，交易者对短期波动充满好奇。他们相信有时候最大的盈利潜力存在于前后三次交易量波动中，这种波动无论是基于每小时的、每日的、每周的还是其他时间段的。很多人试图把这些模式用清楚易懂的系统方法表述出来。在这方面做出主要贡献的是撰写本章内容的特德·赫恩[①]和查尔斯·卓蒙。

什么是卓蒙几何交易系统

这是加拿大交易员查尔斯·卓蒙发明的独特股市分析方法，已有三十年的历史。卓蒙几何交易系统是关于趋势跟踪及拥塞行为的方法论。它不会导致股市滞后，而是利用投影图表反映期货股市活动。它能预测近期最有可能发生的交易方案且适合交易者个人性格和交易风格。

卓蒙几何交易系统的要素包括以下三大基本交易工具和技术。

---

① 特德·赫恩是位芝加哥交易员。本章内容摘自《卓蒙几何交易系统 P&L 分支三十讲》（1999 年获得版权，特德·赫恩和查尔斯·卓蒙。）

第七章 卓蒙几何交易系统和 PL 圆点——基本原理简介

◇ 一组短期移动平均线。
◇ 短期趋势线。
◇ 多种时间段的叠加。

这一方法论的基本概念很简单，但却不落俗套。本章我们主要介绍 PL 圆点，这是卓蒙几何交易系统的第一大基本组件。PL 代表点和线，它们是卓蒙几何交易系统的两大主要技术。

卓蒙几何交易系统的核心概念是流动。该方法反映股票如何从一种极端移向另一种极端，并以周期循环或波浪式的方式来回流动。股市也有节奏地流动，因此交易者能看得很清楚。交易者通过视觉化的图表观察流动的潜在形式，就能监控股市流动，并利用该信息获取利润。这正是 PL 圆点的重要功能之一。

任何商品、期货交易和股票交易都能应用 PL 圆点，它是基于前三笔交易量数据的短期移动平均线，在绘制的时段内捕捉趋势行为和非趋势行为。前三笔交易量的 PL 圆点在下一笔交易上用点或线表示。PL 圆点的运算方法就是取前三笔交易量的最高价、最低价和收盘价的均值。

PL 圆点 = {[最高价(1)+最低价(1)+收盘价(1)]的均值+[最高价(2)+最低价(2)+收盘价(2)]的均值+[最高价(3)+最低价(3)+收盘价(3)]的均值}÷3

PL 圆点是从数学意义上描述股市活动一致性的一系列点。要注意的首要问题是点和刚刚发生的任何东西——捕捉交易者寻找的每小时的、每日的或是任何时间段的最新能量——存在稳定关系。

想想吧，人类活动是交易记录的最好证明。PL 圆点是条短期平均线，代表最近三次交易（或时间段）的总体行为。有人也许认为这是所有这种行为的中心、内脏、腹腔神经丛或心脏。也有人认为这代表当前团体、大众或者你也许称之为乌合之众（取决于股市行为的强烈程度）的共同意见并已付诸行动。这点很重要，因为大众这一概念是交易、股市心理和股市活动的关键要素之一。

众所周知，大众的力量是无比强大的。大众波动时，他们要推动所有事物和所有人跟随他们的步伐波动；大众停止时，他们要周围的所有一切也停止。大众是种集体力量，能发挥出非同一般的能量。人们需要归属感，有自我保护、寻找安全、继续生存和繁衍后代的需要，这是大众力量存在的原因。大众拥有动量和力量。如果交易者随大流或"顺势而为"，他不会受伤害，因为大众的本质就是保护其成员。

大众并不是保持一个方向不变——他们会停止也会改变方向。但大众常会超越目标，因为仓促之下常常是超过目标后才意识到已经走得太远。

卓蒙几何交易系统的关键在于大众动量并非停止在任一时间和地点，受一大股或一小股能量流的影响，它不得不停在某一特定区域。本质上，所有能量力量是波浪式的，位形也是多种多样的。能量流是经济形势、情感状态、所有集体行为和多数个人行为的根源。

多数人的努力，包括为获取利润进行交易，可以监控和作用于这些能量流，但是反映在股市活动图表上的能量流并非为股市独有。整个自然界都有类似的波浪式能量流，能在各种各样的现象中观察到，包括轻而易举就能见到的海浪和大规模模式，比如太阳黑子活动和历史波浪式的循环反复。

经验已经证明 PL 圆点移动平均线在大多数股市是可行并有效的。股市跟随趋势时 PL 圆点沿直线运动，拥塞时做水平运动。圆点对趋势股市尤其敏感并很快就能将股市从拥塞转向趋势。它

第七章 卓蒙几何交易系统和 PL 圆点——基本原理简介

对即将结束的趋势也很敏感。

图 7.1 是标普 500 期指的周线图，图中第 3、4、5、6、7 和 8 笔交易 PL 圆点水平运动，然后出现短期的下降趋势，接下来的最后 5 笔交易 PL 圆点向上做直线运动。PL 圆点沿直线移动的趋势对观察股市趋势很有帮助。

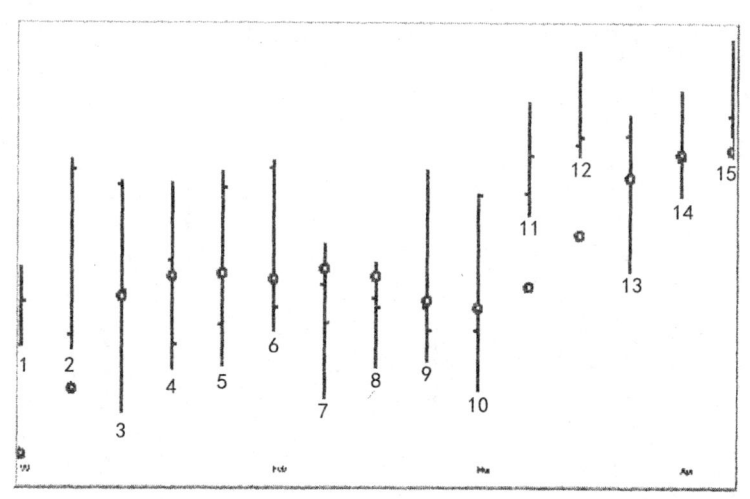

由 Omega 研究中心采用 TradeStation 2000i 软件创立（1999）

图 7.1　PL 圆点是卓蒙几何交易系统的基本组件

很多交易者观察到一点：股市在圆点一边时顺着趋势交易，股市收盘在圆点两边时处于拥塞，明白这点就足以保证交易者投资股市时获利。图 7.1 中我们看到前几笔交易的收盘落在 PL 圆点的一边，交易 4、5、6 中落在两边。这表明股市出现拥塞。交易 6、7、8 和 9 中，我们看到收盘价低于 PL 圆点，预示着趋势行为转为下降。交易 10 到 14 中每笔交易的收盘价高于 PL 圆点，预示趋势上涨。

图 7.2 是国债期货日线图，我们看到两次趋势反转。从 3 月 29 日到 4 月 1 日股市下跌且 PL 圆点位于每笔交易收盘价之上。

交易策略为在股价的阻力点卖出。但在4月2日，股市收盘价高于PL圆点，这表明下跌趋势结束。当股市转为上涨趋势时，PL圆点落在一边，4月13日之前股市收盘都在圆点之上，直到4月13日收盘移到PL圆点之下，上涨趋势结束。从4月2日到4月12日，交易策略是在支撑点买入。注意：趋势结束前圆点做直线运动，然后立刻停止直线运动。新趋势为继续下跌时，4月14、15和16日圆点再次在另一个方向做直线运动。

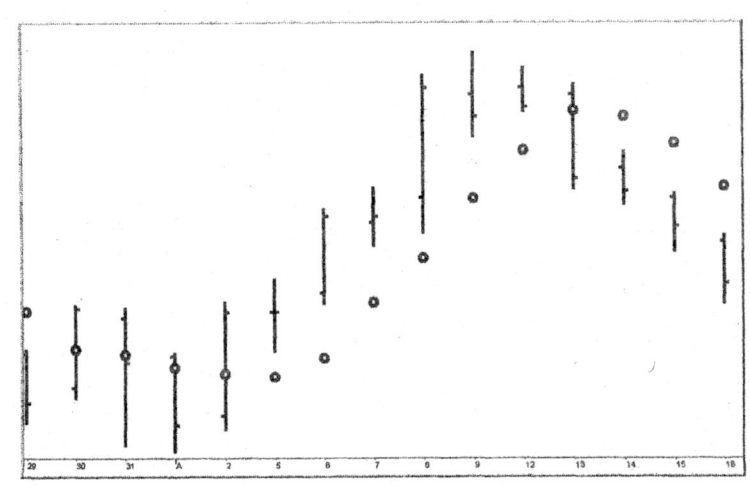

由 Omega 研究中心采用 TradeStation 2000i 软件创立（1999）

图 7.2　PL 圆点是趋势行为或拥塞行为的敏感度指示器

透过 PL 圆点查看股市活动我们发现，价格经常会偏离 PL 圆点，但随之又回归圆点。图 7.2 中的模式被称为回归 PL 圆点，是种简单的可交易模式。股价偏离 PL 圆点后很有可能回到 PL 圆点检验大众的热情度、安全度和接受度。这一伎俩的目的是准确获知"偏离圆点"的时段和程度。PL 圆点等短期趋势线、时段分析以及其他的卓蒙几何交易系统工具和技术都能帮助交易者研判交易最有可能发生的时机。作为技术分析工具之一的卓蒙几何交易系统，它的艺术在

第七章 卓蒙几何交易系统和 PL 圆点——基本原理简介

于不同行情下可将这些工具进行不同组合并加以运用。

图 7.3 是标有回归 PL 圆点模式的几次交易。价格远离圆点时，交易者会留意股市转向以及回归 PL 圆点的信号。所以第四次交易时，我们发现股市偏离 PL 圆点并回归圆点。股市继续穿过 PL 圆点，接下来的九次交易是股价回归 PL 圆点附近的最好例子。交易者每一次都在交易顶峰逆势持仓。卓蒙几何交易系统工具，诸如短期趋势线和时间段的叠加，会标志持仓买进的股价。当股价远离 PL 圆点并返回 PL 圆点时，股市转向和按原路返回的趋势在股市中是稳定的，这对交易者大有帮助，因为交易者试图预期股市走向。

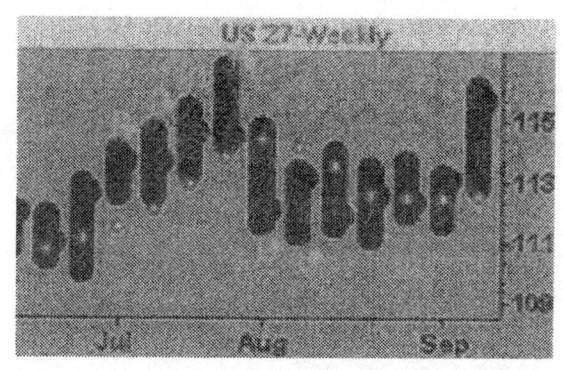

由 Omega 研究中心采用 TradeStation 2000i 软件创立（1999）

图 7.3　PL 圆点刷新

股市远离 PL 圆点时，卓蒙几何交易系统告知股市回归圆点并"刷新"能量

基于 PL 圆点的另一发现是 PL 圆点推动。这一模式中，趋势即将来临时，PL 圆点似乎推动着交易朝趋势方向运行，或是上涨或是下跌，这取决于波动方向。你可以想象下圆点正在推动股市上涨的情形。其实，卓蒙几何交易系统中交易者通常设想圆点含有大量的能量，这种能量的大小会根据不同情况发生变化。如果圆点推动力度大，就会造就强大趋势；如果有时圆点失去能量，趋势减弱。这一方法论随着技术工具的进一步完善定能收获更多收益和回报。

图 7.4 为标普 500 期指的季度线图，其中 PL 圆点推动模式处在强劲的上升趋势。交易者在趋势股市方面从 PL 圆点中受到很大支持。当上涨趋势的股市回到 PL 圆点附近（或为"活跃的 PL 圆点"，这是"今天的明日圆点"），交易者建立长仓或加长仓。在下跌趋势股市中，交易者建立空仓或加空仓。股市波动到远离圆点的位置时，交易者获得部分利润或反转持仓，选择哪种取决于交易者的交易风格。所以从图 7.4 中我们看出交易者可以在股市回归 PL 圆点的任何时候建立或加入长仓。这一概念对活跃圆点也适用，图中的最后两次交易是例子。（活跃圆点是卓蒙几何交易系统中的一个先进理念，预示着当前交易的点，根据这个点形成下次交易的 PL 圆点。）

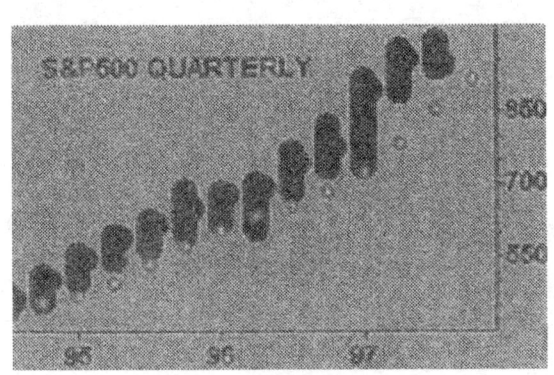

由 Omega 研究中心采用 TradeStation 2000i 软件创立（1999）

图 7.4　PL 圆点推动

趋势股市上，卓蒙几何交易系统认为 PL 圆点往往"推动"股价朝趋势方向运行

第七章 卓蒙几何交易系统和PL圆点——基本原理简介

交易者一旦掌握这些基本概念后就会运用到多种时间段中——卓蒙几何交易系统的另一个重要概念。

让我们先停下来，做一个回顾。卓蒙几何交易系统有三大基本要素。第一个是运用诸如PL圆点这样的短期移动平均线。第二大要素是使用短期的两笔交易趋势线。比如PL圆点这类短期趋势线投射到期货市场，它预示第一笔即将来临、尚未完成的交易的利润点。卓蒙线预示着能量结束区域，在此股市很有可能停止波动。还有很多类似的趋势线，在卓蒙几何交易系统的世界中，不同股市行情下绘制不同的位形。

通晓卓蒙几何交易系统的交易者使用这两组工具——短期移动平均线和短期结束趋势线——时，能在短期期货交易中精确建立支撑和阻力区域。

图7.5中这两种工具在起作用。PL圆点定义并支持趋势，卓蒙结束线预示交易极限。右侧最后一次交易的上下是绿色区域，这些正是支撑区和阻力区。这些区域是由卓蒙线定义的。

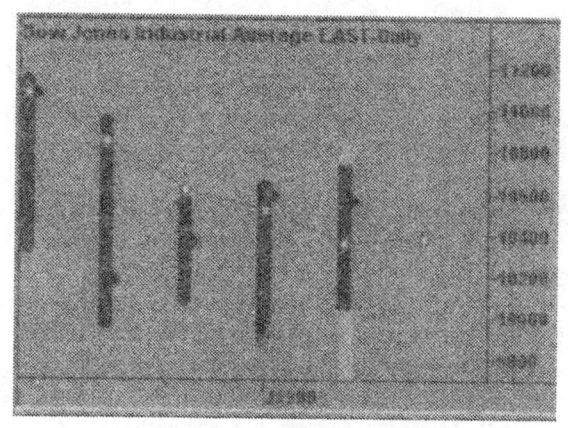

由Omega研究中心采用TradeStation 2000i软件创立（1999）

图7.5 道琼斯工业平均指数——日线图

很明显，知道支撑位和阻力位在即将来临但尚未完成的交易中的形成区域是很有帮助的，但是仅凭这一点还很难保证交易成功。

交易是否成功并不取决于是否了解支撑位和阻力位的位置，而是清楚支撑位或阻力位是强劲还是微弱。强劲的阻力位保持或推动股市下跌，而微弱的阻力位打破或允许股市继续上涨。同样，强劲的支撑位会推动股市上涨，但微弱的支撑位会让股市下跌。知道支撑位或阻力位何时是强劲的、何时是微弱的，这对交易最为重要。一旦交易者做出决断，就能满怀信心地进行交易了。

这一挑战摆在交易者面前几十年了。该问题非常棘手，因为交易者无法从单独一张时间段图表上得知支撑位或阻力位是否会持续。毫无疑问，交易的最主要问题是判断支撑位或阻力位是会持续还是打破。

立志解决这一难题的交易者必须学会在语境下研究股市。时间段协调帮助确立股市语境并了解如何用股市语境判断支撑位或阻力位是强劲还是微弱。不同时间段下支撑位和阻力位的协调是卓蒙几何交易系统的第三大工具。

原则上来说，时间段协调这一概念简洁明了。基本理念是这样的：如果可以在不同时间段统一支撑位和阻力位，它们重叠时就采取行动，它们不互相配合时不采取行动，这样的话，成功率比仅仅依赖单独时间段要高很多。

大约三十年前，查尔斯·卓蒙在单独时间段图表上建立图表模式时，根据自身经验得出时间段协调的理论。他在观察短期移动平均线和短期两次交易趋势线时发现这些模式存在于任何图表上，无论是每小时的、每日的、每周的、每月的还是每年的。

卓蒙思考观察到的这点，发现观察图表重叠在另一个图表上

第七章 卓蒙几何交易系统和 PL 圆点——基本原理简介

时发生的变化是很有趣的。而且,他认为一个时间段的支撑位和更长时间段的支撑位重叠时很可能出现关联的东西。因此他在周支撑位或阻力位区域内观察日支撑位或阻力位,在月阻力位区域内观察周阻力位,等等。观察得到的结果很棒!

已经证明多种时间段叠加的方法是技术面分析领域最根本的进步,也能明显提高交易成功率。

现如今我们发现很多交易者分析股市时观察多个时间段图表。但很少有人把这种方法发展成综合有效的交易方法论,能把分析经验和可交易的规则、原则结为一体。有些技术分析师用时间段做试验,其他技术分析师却没有。这一领域也许是当代技术面分析中最重要的新兴方向,在接下来几年内很可能有很大收获的领域。目前流行的方法,如分形学、混沌理论、复杂理论等都和时间段分析的基本概念有关。

我们仔细看看这一概念。时间段是什么意思?时间段是按时间顺序排列的任何有规律的股价样本,时间从最小单位如一分钟到最长单位,出于实践目的可能是十年的条形图(每一个条形代表十年),尽管没有理论限制,通常情况下,单独的时间段图表是每小时的、每天的、每周的或是每月的。

选择哪一时间段作为起始点并没有标准说法。所有的时间段都是任意的,根据习惯设立而非根据科学。随着 24 小时全球交易的出现以及通常意义下每天的和每周的区分,图表更加具有随意性。就纯理论而言,周线图和九日线图在效度上是没有多大差别的,16 小时线图本质上也并非比日线图优越。就实践而言,卓蒙几何交易系统分析师一般坚持根据传统分为每小时的、每天的、每周的,等等。

时间段协调的基本起点是卓蒙支撑位和阻力位工具对任何基于时间段的图表都是有效的,不管它是分钟的、小时的、每天的、每周的还是每月的。卓蒙几何线这一工具形成的模式和预示的结束点将出现在任一时间段的条形图上。想一想：

◇ 卓蒙圆点和卓蒙几何交易系统的支撑线和阻力线出现在任何时间段（比如每天的、每小时的和15分钟的）。
◇ 如果股市分析用于展现这些时间段协调，交易者就能观察不同时间段支撑线或阻力线重合时会发生什么。这是相当强有力的概念，因为更长时间段的支撑位或阻力位支持下的某一个时间段的支撑位或阻力位持续的可能性更大。

卓蒙几何交易系统是如何处理时间段协调的？首先，交易者必须决定他想要干什么，因为这决定了如何安排时间段。如果交易者试图从周交易中尽可能获利（即：周最高价时卖出，周最低价时买进），交易者就会"周聚焦"，周线图就是交易者的"聚焦时间段"。聚焦时间段生成交易者试图进行交易的条形图。

如果交易者试图挑出日最高价和最低价，他就会"日聚焦"。如果他想月最高价时卖出，月最低价时买进，他就会"月聚焦"。

第二，观察股市语境，交易者会选择更长的时间段。如果聚焦的时间段是每天的，更长的时间段就是每周的。如果聚焦的时间段是每周的，更长的时间段就每月的。

第三，交易者会选择更短的时间段。更短的时间段用于观察处于关键点的股市，并尽早预测在股市出现意义重大的支撑位或阻力位时在这些领域发生了什么。

假设你想要以周聚焦进行交易。你想看看时间段协调是否有潜力，你需要看看更长的时间段和更短的时间段。下一个更长的时间段是每月的，下一个更短的时间段是每天的。

图 7.6 为三个时间段的协调。可以从中看出什么？在月线图上我们看到 PL 圆点推动趋势上涨并提供支撑位。周线图上，六月的第一个星期（右侧的最后一次交易）我们看到卓蒙线为周交易建立支撑位。在 6 月 2 日（右侧的最后一次交易）的日线图上，我们看到卓蒙线建立支撑位区域。这些每月的、每周的、每天的支撑位协调表明支撑位很有可能是强劲的。

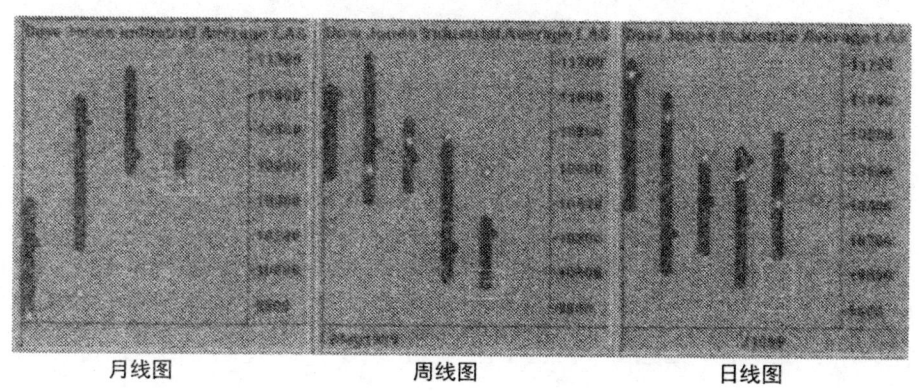

月线图　　　　周线图　　　　日线图

由 Omega 研究中心采用 TradeStation 2000i 软件创立（1999）

图 7.6　道琼斯工业平均指数——月线图—周线图—日线图

值得注意的是交易者利用时间段协调这一强有力的技术加上支撑位和阻力位区域的投影，可以准确地提前预测股市对预计的阻力位的反应。这种预测事件的能力并对其发生方式进行监控是极其强有力的。

图 7.7 是另一个例子。此处用的显然是相同的原则，但用的是更短的时间段。聚焦的是每天的，更长的时间段是每周的，更短的时间段是每小时的。

尽管时间段不一样但情况和前面的例子非常相似。周线图上建立支撑位，日线图上也是。60 分钟线图上我们看到日区域上的支撑位，用大长方形代表，也能看到 60 分钟线图的支撑位。这种多时段支撑位协调清楚地告诉交易者这是买进的时机。

值得注意的是这些例子中不管使用的时间段是什么，技术仍然有效。

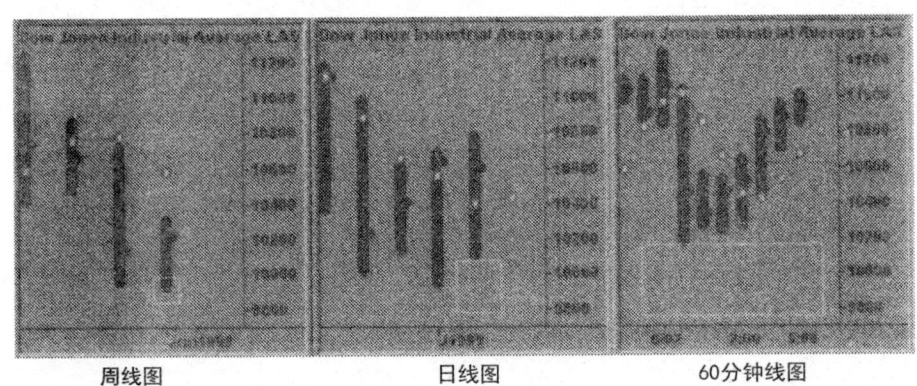

周线图　　　　　　日线图　　　　　60 分钟线图

由 Omega 研究中心采用 TradeStation 2000i 软件创立（1999）

图 7.7　道琼斯工业平均指数——周线图—日线图—60 分钟线图

图 7.8 的例子中用的是年线图。没错，年线图。时间段更长更有价值。如果知道年最高价处在恰当的位置你可以想象自己的交易该多有效！

图 7.8 的年时间段展现了活跃的 PL 圆点和卓蒙线表现出的支撑位。该支撑区转移到季度线图上，用长方形表示。季度线图上相同区域内的支撑位同样转移到月线图上，用长方形表示。更长时间段的支撑位支持时，支撑位很有可能是强有力和持续的。

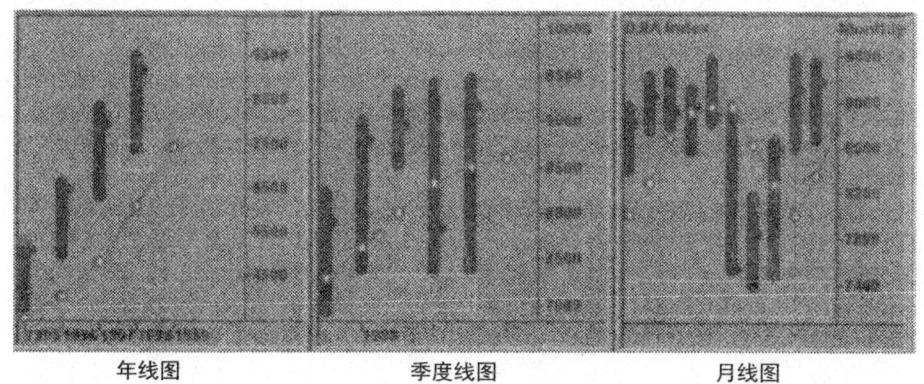

年线图　　　　　季度线图　　　　　月线图

由 Omega 研究中心采用 TradeStation 2000i 软件创立（1999）

图 7.8　道琼斯工业平均指数——年线图—季度线图—月线图

多时段分析方法非常有益。它和其他几何交易系统要素或其他技术分析工具组合在一起使用时，交易者能更好地理解支撑位和阻力位互相促进的方式，交织成一种协调的方式分析股市，从而帮助交易者满怀信心地应对股市。

有人会问：交易者应该观察多少个时间段？如果说三个时间段比一个好，那是不是说明十二个时间段就是三个时间段的四倍呢？

从理论上来说，不同时间段的数量是无限的，小到一个基点的交易，然后是每分钟的交易，直至无穷。我们不可能观察所有的时间段。幸运的是，我们也不需要这么做。

要记住的是如果两个时间段彼此非常接近，那它们差不多是相同的。虽然交易者也许并不知道哪个时间段最佳，一旦它们彼此接近，从各个时间段获取的信息都是相似的，因此也没有多少价值。

交易者应该使用 60 基点线图吗？65 基点线图难道不是更好？为什么不是 67 基点的呢？倘若所有人都使用 60 基点的，这时有人用一个不同的时间段图表，结果也许会更好吗？猜想无穷无尽，所有这些问题都是有根据的。但有一点是肯定的，用彼此间并不是非常接近的有效时间量分隔时间段图表是很有帮助的。绘制不同时间段的能量时，从支撑位和阻力位间主要的差异性和相似性处可获取有效信息。

可用五倍法则决定选择何种时间段进行分析。五倍法则指的是第一个较长时间段应该大约是聚焦时间段的五倍，第二个较长时间段应该是第一个较长时间段的五倍，以此类推。同样，理想状态下，第一个较短时间段应该是聚焦时间段的五倍，以此类推。

这是一种经验法则，5∶1这一比率没什么特别之处。但如果比率接近1∶1，交易者只能见到一股能量波的调整；如果比率是10∶1或25∶1，交易者就会面临错过重要信息的风险。

日内最小值可用两倍法则，当在年线图上审视长时间段时，我们经常根据两年半的交易表建立股市语境。

以下是具有代表性的时间段组合，实践证明非常有效。

5分钟	每季度的
30分钟	每年的
1小时	每两年半的
每天的	五年的
每周的	十年
每月的	

现在很多绘图软件允许交易者基于基点而不是过去的时间量来构建股价线条（K线或竹线）。一定数量的基点或是最低股价发生变化后形成一笔交易。这些基点交易非常有帮助，因为它们往往消除慢速股市活动的时段，绘制出清晰表现股市全部能量的图表，还能从几何角度解释基点量。国债的60基点线图相当于

传统的15分钟线图；国债的360基点线图相当于小时线图。股市清淡时，比如夜晚时段，基点线图对展示潜在股市结构是极其有益的。十分钟线图很可能显示股市有很少或几乎没有活动的时间段，而100基点线图会收集所有股市活动，转成一笔交易，不管时间如何流逝，这笔交易会表现所有真实的股市活动。

如果你有允许数据操作的绘图软件，务必试用一下，看看它是否对你的交易风格有价值。为了清楚该使用基点的数量，建立一个基点的条形图，数数一个小时之内的基点数。债券也许平均每小时有360个基点，大豆每小时60个，等等。

总结

如果交易者分析支撑位和阻力位并在不同时间段内协调这些支撑位和阻力位的话，成功的机会更大。在周和月支撑区域内卖出日支撑位和在原日支撑位上卖出相比，前者得到强劲、持续上扬趋势的可能性是后者的三倍。通过观察比某一时间段更短的时间段的交易，交易在较短时间段内进行，我们能尽早预测阻力位是强劲的还是微弱的。掌握股市语境的交易者跟只观察单独一个时间段的交易者相比要略胜一筹。卓蒙几何交易系统为多时间段内建立支撑区和阻力区提供了一种综合方法论，然后协调它们的位置以便决定其是强劲的还是微弱的。

第八章 机械交易系统简介

所有机械交易系统的基础是技术分析,而技术分析的基本原则是历史总会重复自己。系统交易者和市场技术分析师因为这一相同的信念结合在一起。

很多人反对股市行为是可重复的或是井然有序的这一观点,因为他们认为之前出现的任何模式都是任意的,也是没有先例的。它们认为当前的交易条件和过去的都不相同,因为没有可比性。市场没有记忆力,任何一次行情都是独一无二的。这种思维方式是种谬误。每个交易日、每次行情都是独一无二的,但我们能归纳通用模式,就像每个人都是独一无二的,但人类存在共性的地方。并不是所有人都有相同的喜好和厌恶,但每个人都有喜好和厌恶。

——罗伯特·罗特纳

机械交易系统是数学定义的演算法(步进指令),用于帮助用户做出客观的交易决策。这些指令建立在重复发生的事件上。凭借交易系统、小额资金和一部电话,任何人都能开立账户并开始交易商品期货和股票。是否获利取决于几大因素:

◇ 初始资本量。
◇ 个人交易心理。
◇ 交易系统的效度和稳健性。

大多新手商品交易者以失败告终。失败主要归因于交易者的初始资本量太少。所有系统，甚至是优秀的系统，都会经历下跌阶段。如果一个新手交易者的初始资本量少且一开始就遭受重大下跌，他往往选择退出。不幸的是，大多交易者在系统出现改观前就已经放弃了。另一个新手交易者的初始资本多，就算一开始也遭遇相同的下跌，他很有可能继续交易。

	交易者1	交易者2
初始资本（$）	5,000	10,000
下跌（$）	5,000	5,000
下跌占初始资本的百分比	100	50
结果	放弃	继续

个人交易心理关乎交易计划的成败。交易系统的一大优点是排除人类情感。计算机做出所有决策，交易者呆在一边就行。如果交易者全然不顾交易系统的存在，他就不占据这一优势。交易系统在公布五次失败交易之后有多少交易者会采用该交易系统？系统交易者要想从系统交易中得到好处就应该进行第六笔交易。

对系统交易者而言最重要的是系统的效度，因为他据此制定交易计划。如果系统是个垃圾，整个交易计划就会失败。阅读完本书剩余部分的读者将可以学会如何避开交易系统设置的陷阱和障碍。我们没法决定你的初始资本，也没法改变你的交易心理，但是我们可以帮助你设计或购买恰当的交易系统，这将帮助你将来有机会获利。

举个机械交易系统的例子：9个交易日的移动平均线向上突破13个交易日的移动平均线时买进。9个交易日的移动平均线向下穿越13个交易日的移动平均线时卖出。一旦完成买盘或卖盘，设置1500美元作为止损点。如果开盘利润超过2000美元，使用500美元的追踪止损。这是精确定义的演算法。如果两个不同交易者用这种相同的系统交易，得到的总体结果应该是相似的。

再举个交易工具的例子：随机指数进入超买区，出现下跌，头肩顶模式结束，股市开盘时做空。在距支撑位最近的地方设置止损点。这是大致定义的演算法，这里没有精确的参数。和机械交易系统不一样的是，如果两个不同交易者利用这种相同的方法，得到的总体结果很可能是完全不同的。很多交易者认为股市不可能仅仅从机械的角度交易，因此会使用交易工具帮助其做交易决策。这类交易者认为股市错综复杂，一个简单的数学公式不可能解释与股市波动相关的所有参数和细微差别。

实践证明，机械交易系统和技术分析能帮助交易者在股市上获利。并非所有系统都能盈利，但有一些系统确实能赚钱，由此产生了一个耗资数百万美元的行业。和其他"按照我说的做你就能发财"的诡计一样，这一行业已经传出坏名声了。很多自封的专家和投资教父把价值3000美元的系统出售给从未听说过技术分析的人。宣传什么把电视开到深夜、只花95美元就能成为成功交易者的鬼话。宣扬赚钱不需要经验也不需要资金（除了95美元），更不需要时间和技术分析方面的知识。谁会相信？但很多人信，包括律师、医生、科学家、金融工程师、首席执行官，甚至包括你。美国商品期货交易委员会一直在取缔这些花言巧语的商人（我们称那些把交易描绘成丰富多彩图画的系统供应商为花言巧语的商人），要求这些商人在商品交易顾问处注册登记。

系统供应商注册后就必须谨慎对待自己散发的资料，负起责任。并非所有的系统供应商都是骗人的推销员，我们和这一行业一些最有责任心、最聪明、最有良知的人打过交道。有些系统供应商甚至用自己的钱交易，让客户用他们的系统交易得到正面的实时结果。

为何要使用交易系统？

交易者使用交易系统的原因如下：

◇ 分析持续的、同时发生的多个市场。
◇ 排除人类情感。
◇ 回溯测试和验证功能。

机械系统交易者相信数学公式能帮助他们理解股市趋势的本质。经过正确的过滤，噪音（拥塞）可以从音乐（趋势）中消除。我们相信股市是不断变动的，无论是大豆的还是货币的，或是趋势或是拥塞。接受这一前提，我们发现单一的系统可以在多个股市交易并获利。这点意义重大，因为交易者没有必要完全理解所有股市的细微差别就能在不同股市交易。在任何一天，系统交易者能轻松自如地同时在五十个股市交易。通过使用系统，交易者也能排除情感因素：计算机做出所有决策，毫不涉及人类情感。人类交易者要是心情烦躁或是患了流感，这些对他们的交易决策必会产生重大影响。交易系统并不在意我们人类的感受是什么，它们继续观察股市，做出客观的交易决策。

我们可以精确验证并分析机械交易系统。利用数据和计算机（或是笔、便签簿和计算器），这类系统能回溯测试数十年的历史数据。机械交易系统的回溯测试和验证属性也许是这一方法如此受欢迎的主要原因。交易者应用回溯测试可以理解交易计划的可行性。不幸的是在大多数例子中，机械交易系统的历史轨迹记录很可能会误导我们。有些系统供应商使用历史数据测试时过度优化系统参数，以此给人留下好印象。（即曲线拟合，下一章节有几页将详细阐述这一概念。）历史回溯测试借助后见之明，因此我们看待它时要持有一定的怀疑态度。就正面来看，机械交易系统中被证实的移动取样测试给人启迪。获取系统参数时移动取样分析是基于不可用的股市数据的测试。评价系统业绩时这类分析是目前为止最有启发作用的。移动取样测试时间越长越好。

  商品交易顾问管理下的资金中有80%是由系统交易的。因为系统使用起来轻松自如、不涉及情感因素、可用作整个交易平台的基础，所以商品交易顾问使用系统。对于严肃的资金管理者而言，交易系统只是个开始、冰山的一角。凭借机械交易计划、资金管理和投资组合分析，现如今的商品交易顾问系统管理着数以亿计的资金。既然所有一切都是数学定义的，商品交易顾问可以针对客户的不同需求演示假想的轨迹记录。这样做，顾问可以按客户的具体要求制定具体的交易计划。没有机械方法，他就没办法做到这点，他就不可能回顾数十年的数据并准确演示客观的分析。

  机械交易系统赋予那些对大豆市场没有任何概念的人进行大豆期货交易及在不同证券市场交易的能力。

把广告扔到一边

  机械交易系统似乎是有史以来最伟大的东西。既然这样，每个人都购买系统，赚很多很多钱，然后退休，为什么不这样呢？

不幸的是事情绝非这么简单。有效系统给予用户的只是技术优势。长远来看这一优势只能让交易者赚一点钱。很多经验丰富的交易者评论说这是轻松获利的最难做的生意。对于博学的交易者而言，确实存在圣杯。圣杯的内涵就是圣杯并不存在的事实。这也是为什么所有潜在的系统购买者抛开广告、销售资料和任何漂亮得失真的宣传的原因。系统开发者要想设计完美得令人难以置信的交易系统都会做相同的事。图 8.1 是虚构的资金曲线，但在不同的期刊和全球信息网上都能找到很多与其内容相似的广告。

图 8.1 的资金曲线看起来靓丽得失真，而且也确实失真。这条资金曲线是机械系统曲线拟合过 n 倍后的结果。轨迹记录记载的是对 16 个不同股市 11 年的测试。很多人会审视本测试涉及的时间长度和不同股市，并认为曲线拟合这么多数据是不可能的。利用计算机的强大功能和现如今可得到的大量数据，任何资金曲线都能生成。图 8.1 的数据源自 1983 年到 1993 年。我们只使用这个阶段的历史数据，这样可以为得到适当的样本测试保留一些数据。图 8.2 显示的是从 1994 年 1 月 1 日到 1999 年 8 月的移动取样测试中同一个系统的表现。

不知情的系统购买者期待每年获取将近 82000 美元的利润，最大回撤为 25970 美元，但事实上每年的利润只有 6245 美元，遭受的最大回撤却高达 62808 美元。利润下降了 76%，最大损失却增长了 151%。

提供这一类假设业绩的系统供应商在撒谎吗？不，他并没有撒谎。他在误导公众吗？是的，因为他早就知道这样的结果。这类系统的供应商清楚要想取得这种业绩，历史必须完完全全重演。

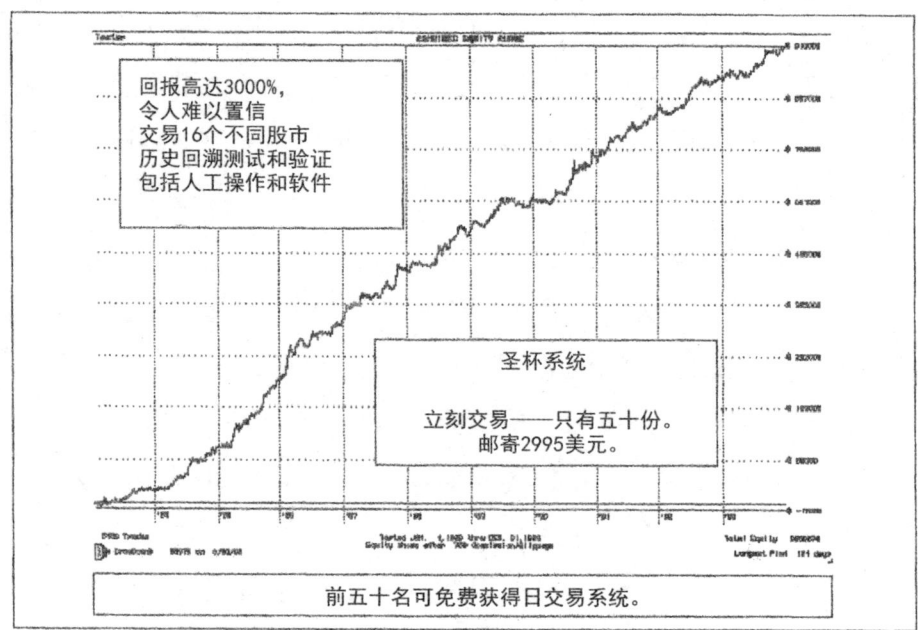

图 8.1 典型的圣杯广告样本，过度曲线拟合系统的轨迹记录

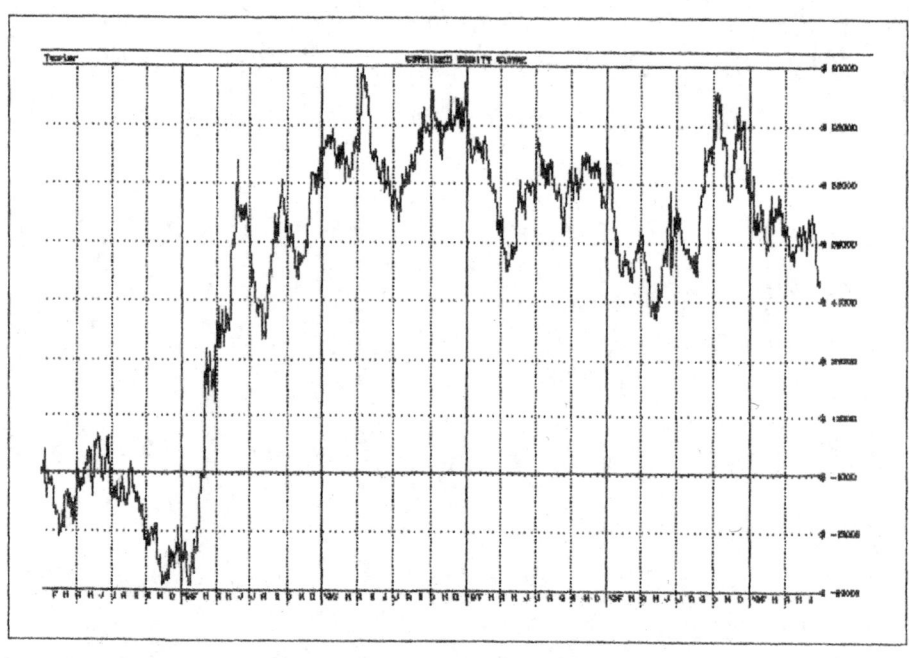

图 8.2 同样系统上移动取样测试的轨迹记录

我该购买交易系统吗?

我们描绘了一幅机械交易系统行业的黯淡景象。但是我们相信优秀的研究以零售价格就能购买并能成功运用。系统购买者购买新系统前必须做一些调研,否则容易受骗。作为一名潜在的系统购买者,你必须理解假想的轨迹记录给出的是最好的情况。假想的或是模拟的绩效结果必然有一定的局限性。和真实的绩效记录不一样的是,模拟结果并不代表真实的交易。而且,既然交易并没有真正执行,结果会或是过高或是过低弥补某些股市因素造成的影响,比如缺乏流动资本。一般情况下,模拟交易还会受到一个事实的影响,即交易设计时利用了后见之明。根据经验,真实交易中你期望获得的总利润只能是假想的轨迹记录的一半,遭受的最大下跌却是它的两倍。只有当你确信接受回溯测试的系统拥有稳健参数(并非曲线拟合历史数据的参数——如果你不理解稳健性的内涵,不用担心,因为我们会在第十章详细讨论稳健性),你必须使用这一经验法则。遗憾的是,决定系统稳健性的唯一方法就是要理解系统背后的逻辑和数学基础,在决定购买前就该这么做。某些情况下,受到"黑盒子"系统的阻碍,你永远不可能了解到逻辑,所以要提高警觉。如果你要购买一个交易系统同时又不想受到伤害,向系统供应商提出以下的问题。如果大多数问题你都得不到肯定的答案,那就购买别的系统。

购买系统前提出的问题:

◇ 假想的轨迹记录在过去十年的测试时间段内都表现良好吗?

◇ 你会惊诧地发现：系统供应商经常向你演示最近时间段的系统绩效。他们的借口是股市不断演进，十年前的数据和今天的股市没有什么联系。很多时候如果某一股市的趋势和标普500期指的最新波动相似，系统供应商只会向你演示最近时间段的绩效。

◇ 假想的历史记录看上去真实吗？年平均收益少于保证金三倍的150%（保证金指在某一股市交易必须存有的定金金额）。

◇ 持续绩效比这点优秀的系统往往被过度优化，所以将来注定会失败。现实点吧！如果系统绩效如此出色，股市就不可能存在了。

◇ 如果这是多种股市系统，所有股市的参数是一样的或是相似的吗？

◇ 这是过度优化和曲线拟合的另一种表现。如果日元的参数A设置为25，瑞士法郎设置为102，德国马克设置为56，很有可能参数被曲线拟合了。不同股市，尤其同一类股市的参数应该是相似的。

◇ 列有至少18个月的实时轨迹记录吗？如果有，是否可信？

◇ 唯一真实的测试就是时间测试。如果系统自向公众发布后表现优秀（或者系统供应商不再调整参数之后），这就证明它具备交易未知数据的能力。优秀系统没有必要复制历史绩效。如果它的绩效是历史绩效的一半，将来很有可能成功。

◇ 系统似乎很有逻辑且并不是过分复杂吗？

◇ 系统应该是简单的，而且以股价波动为基础。我从没见过基于占星术、占数术、天文学等的有效系统。过分复杂的方法往往使问题陷入僵局、让人困惑。

◇ 系统供应商看起来更像技术分析师，而不是销售人员？
◇ 刚开始接触系统供应商后，他会经常打电话给你并催促你购买系统吗？他是夸耀自己系统的绩效还是用实时轨迹记录说话？
◇ 有第三方测试该系统吗？
◇ 第三方认证是你能接受的最客观的分析。只有第三方，不是系统供应商也不是受雇于系统供应商的人，告诉你有关实时跟踪或系统交易的信息，你才能下定决心购买系统。

有关交易系统的神话和事实

自20世纪70年代中期交易系统问世以来出现了很多有关它的神话。下面列出了一些在这一行业横行的错误观念。本书本章的余下部分我们将详细阐述这点。

◇ 神话：只有优秀的交易系统才价值千万。
◇ 事实：我们见过有些系统的花费不超过100美元，业绩却胜过花费10000美元的系统。圣杯并不存在。我个人建议购买交易系统的价格不应超过3000美元。
◇ 神话：简单方法没法对付混乱的股市。
◇ 事实：股市并没有那么复杂。股市要么有趋势要么没有。如果设计的系统过于灵敏，它会试图捕捉任何可能的市场波动。我们见过简单系统抓住趋势并保持趋势的例子，相反，复杂系统试图捕捉任何一个小波动，最后反而会错过趋势。

◇ 神话：单一方法没法对付各不相同的股市。

◇ 事实：就个人而言，我还没见过在所有股市都有效的单一方法。但我们确实见过在多数股市有效的系统。在瑞士法郎股市起作用的系统应该在别的货币股市也有效，且不需要任何更改。通常情况下在货币市场起作用的系统也会在金融市场（不包括股票指数）有效，同样不需要任何更改。在这些市场表现出色的大多系统对能源、谷物和肉类也适用。金属是另外一回事。

◇ 神话：如果系统在多种股市交易，每个独立股市的参数都需要最佳化。

◇ 事实：如果系统建立在良好的股市原则上，它就应该足够稳健，能运用所有股市相似的参数运作。当然某些参数类别应该是不一样的。S&P 设置 1500 美元作为停损和玉米设置 1500 美元的停损是截然不同的。不是使用固定参数，你应该使用股市定义的参数（比如，为何不用平均震幅的 40% 作为止损点？非要用 1500 美元呢？）。这样做你不必对每个股市的参数进行最佳化。

◇ 神话：所有优秀的系统都受到数百万商品交易顾问的控制。

◇ 事实：大多成功的商品交易顾问确实运用交易系统。他们使用的系统和任何人使用的都一样。许多成功的商品交易顾问只使用简单的 n 周通道突破方法。他们比单个交易者更成功的原因在于：（1）他们有很多资金投资交易；（2）他们投资量巨大，可以利用投资组合和资金管理分析帮助他们。

◇ 神话：股市不断变化，因此系统需要定期优化。

◇ 事实：如果系统设计完美且建立在良好的股市原则上，

就应该能适应任何市场演进。记住，股市要么有趋势要么没有。没有系统是永远盈利的，股市总有没有任何方向的时候，这时候所有系统都会遭受下跌。重新优化会曲线拟合最近的历史数据。谁也无从知晓股市以同种方式运行的时间有多长。

◇ 神话：回溯测试所购系统时得到的收益和最大下跌应该和真实交易中的结果是一样的。

◇ 事实：我也希望这是真的。根据我的经验，你期待的利润只是回溯测试时的一半，而最大下跌却是两倍。原因有二：（1）计算机模拟不可能完全复制股市行情；（2）任何历史的回溯测试某种程度上都有最佳化。具体阐释下这两个理由。

◇ 计算机不可能完全模拟股市行情。

测试股市时每笔交易我们往往收取100美元的佣金成本及市场下跌的考量。交易者每份合约的损失从100美元到1000美元不等。

◇ 任何历史的回溯测试某种程度上都有最佳化。

当某人将想法运用于历史数据并分析业绩数字时，我保证他肯定有所改变或调整，然后重新测试。交易者不会把钱投资在过去表现不佳的东西上。如果交易者或开发者头脑清楚的话，这种最佳化是允许的。一旦最佳化过度，系统完全与历史数据吻合。这类系统要想取得优秀绩效的唯一方法就是历史完完全全地重新上演。遗憾的是，最佳化是无可避免的灾祸，没有最佳化没人能开发或测试系统。

- ◇ 神话：交易期货的话年利润能翻倍。
- ◇ 事实：如果有人持续年利润翻番，股市就不可能存在。在我十年的交易经验中尚未发现这样的系统。我见过系统在某些情况下确实表现出色，但不可能是持续的。大多大型商品交易顾问的收益目标位于20%到25%之间，下跌至少是10%到15%。期货交易属于另一种资产类别。分散投资是不错的办法。
- ◇ 神话：投资的资金只需要足够支付保证金就行。
- ◇ 事实：这点后患无穷。在你之前已经有人经历过最糟糕的下跌。也许你毫无准备就在刚开始交易的头几天被淘汰出局。假设你想交易日元并寄给经纪人一张保证金的支票（3000美元）。第二天得到交易信号买进一份日元合约，交易日结束后账户上多了250美元。于是你对自己和系统充满信心。不幸的是第二天一早远东地区出现状况，日元下跌250点（比如1999年2月16日和2000年4月3日）。账户上的钱少了3125美元。你很清楚接下来经纪人就会打电话向你要钱，否则就会清算你的账户。

总结

本章涉及了一些极为重要的主题。需要记住的最重要的几点是：

- ◇ 必须拥有足够多的风险资本，否则不要在商品系统交易。
- ◇ 要想得到交易系统的益处就必须虔诚交易。
- ◇ 认识到假想的轨迹记录的局限性。

第八章 机械交易系统简介

◇ 不要相信所有有关交易系统的广告或小册子。
◇ 向系统供应商提出"正确的"问题。
◇ 你自己要学习有关交易系统和技术分析方面的知识。

请阅读本书的剩余章节。希望本章关于机械交易系统的内容并没有把你吓跑。有时候真相一开始会伤害人,但最后会证明自己。事实是大多数系统不会辜负你。一旦作为新手交易者的消费者理解这一点,很可能他失败的几率会降低90%。

第九章　从何开始

一旦决定从机械的视角投资股市，在开始第一笔交易前你必须做出几大决定。所有机械交易系统决定交易前都需要输入：每日的、每周的或是每月的。有些系统需要的输入更多。处理这些输入需要一些基本的工具从而产生实际的交易信号。

硬件

任何系统交易者都必须有台电脑。并不要求交易系统的计算功能很强大，也不需要在几秒之内执行成百上万个指令，但有了计算机，交易者每天要花上数个小时做完的工作几分钟之内就能搞定。具备以下配置的电脑足以满足要求：300兆赫的处理器，4GB的硬盘，64MB的内存，56k的调制解调器，彩色显示器并接入互联网。拥有上述配置的苹果电脑或是IBM个人电脑就可以。两种平台都能处理现如今使用的交易程序，但在多数领域，个人电脑平台提供的程序更多。

软件

制表、测试以及数据库管理软件帮了交易者大忙。电脑和软件每天都会维护机械交易系统。和系统交易息息相关的日常事务包括数据采集、数据更新、信号计算、头寸和资金结算。发生交易的股市数量的增加必然导致日常事务的增多。有了电脑和软件后，交易者白天就可以去做其他事情。出售的各种各样的软件包帮助交易者交易。电脑做决定相当于我们做出购买哪种软件包的决定。软件包的价格有的只有几美元，有的高达数万美元。软件包的价格由其内置的功能多少决定。欧米茄研究公司开发的交易大师软件囊括了交易者在机械交易系统中可能用到的所有软件：你可以从所有股票市场下载数据，更新数据库，设计并完善交易系统，监视系统的进程，绘制不同的指标，还可以接收实时报价。这种软件价格相对偏高（2000多美元），而且也并非完全有必要购买。只需稍稍投入你就可以用相对便宜的软件包在机械系统上交易了。其实，大部分零售购买的系统都可以编入简单的电子表。决定权在你，看你是想多花钱少费力还是少花钱多费事。无论你决定购买哪种软件包，至少需要具备如下几大特征：

◇ 显示不同时间段的条形图（每日的、每周的、每月的）。
◇ 数据库管理（更新和维护价格数据）。
◇ 显示不同的指标。
◇ 以表格形式显示数据。

可选择的特征包括：

◇ 显示日内的条形图。
◇ 绘制功能（趋势线、斐波那契回撤等）。
◇ 历史回溯测试功能。
◇ 实时系统监视功能。

若要获取更多信息，在此向你推荐《电脑化交易的期货杂志指南》一书，该指南简要介绍了各种不同的软件包以及供应商的联系方式。

数据

不管电脑速度有多快，也不论交易系统有多强劲，没有足够的数据交易就无法进行。数据对系统的重要性就好比汽油是汽车的动力。数据主要源于两种不同的形式：实时的和历史的。交易一旦发生，在交易所交易厅几秒之内就能获取实时数据。所有非实时数据都是历史数据——延时十五分钟的，当日收盘的，一周收盘的，等等。任何情况下，及时和速度都能带来收益。当日收盘数据每月花费三十美元，但实时数据的花费每月高达八百美元。当日收盘数据足以让交易获利。很多时候实时数据会导致信息过量。我们发现掌握实时数据报价的交易者进行的交易既稳当又富有逻辑，一旦股票市场不利于交易者，他们早早就退出交易。最后，他们最初的决定带给他们的是利润。掌握当日收盘数据的交易者并不知晓最初的举动不利于当前股市，他们仍然进行交易。图9.1反映出当日收盘交易者和实时交易者所见的是不同的。

假如你打算只进行即日平仓交易（在同一天进场和离场）就需要实时数据。对于诸如标普500期指这样的每日交易市场，交易者的机会很少。要想利用这些机会获利并保护自己免受不良市场波动的冲击，实时数据是必要的。

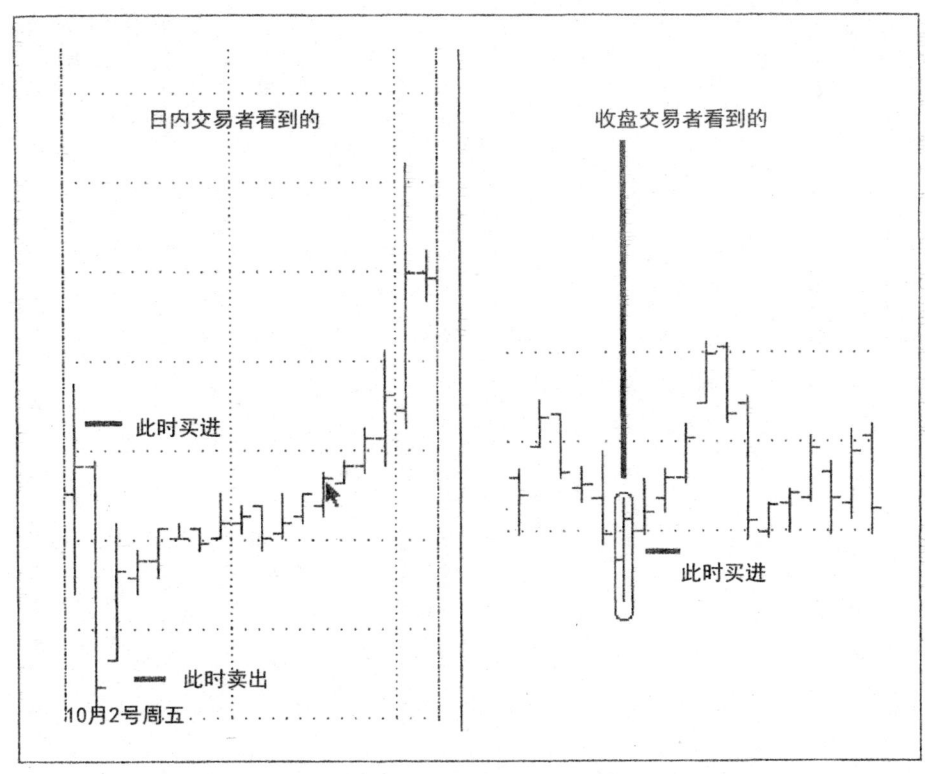

图 9.1　不同的观察点　日内所见与收盘所见

寻找有利数据和寻找完善的交易系统一样都不是简单的事。两个不同的交易者用同一种系统在同一个股票市场上交易，但运用的是不同信息供应商提供的数据，最后的结果会完全不一样。假如数据都源于交易所，结果又如何呢？谢尔顿·奈特于1999年9月发表在《期货》杂志上的文章中对不同的信息供应商展开了细致的分析研究。奈特在文中回答了此问题："想要理解数据差异产生的原因，我们首先要观察不同的信息供应商在交易所采取何种行动来获取当日的开盘价、最高价、最低价以及收盘价。在交易日的交易所内，有的交易者竞相购买期货合约，与此同时，其他供应商以稍高的价格出售期货合约。一旦另一名交易者接受买入价和卖出价，交易就会产生。交易所公布最高价和最低价时，交易者都会使用最高买入价和最低卖出价，但交易其实并不是以他们提高的价格完成的。出现这种情况的部分原因是停损价格的买入和卖出会触发停损单，限价点上的买入和卖出触发限价单。因此除非测试数据纳入了所有的买进和卖出，否则系统测试必然会错过一些交易。另一方面，随意型交易者更倾向于在交易指令簿上研究实际发生的交易。

表 9.1 数据的准确度

	Bridge/CRB *	CSI	Dial/Data *	Omega	Reuters/Equis *	MJL	Genesis	Glance	Pinnacle	Prophet
大豆										
测试天数	748	748	748	723	748	748	706	746	748	748
供应商数据库未测试的天数	0	0	0	25	0	0	0	2	0	0
开盘价、最高价或最低价的失误次数	26	18	64	68	67	24	38	23	24	24
标普 500 期指										
测试天数	759	758	759	758	758	758	750	755	758	758
供应商数据库未测试的天数	0	0	0	0	0	0	0	3	0	0
开盘价、最高价或最低价的失误次数	86	9	257	38	9	42	44	199	45	42

· Bridge/CRB, Dial/Data, Reuters/Equis 包含隔夜和全天交易日。其他的仅指全天交易日。数据是从1996 到 1998 年的。得到 1997 年 9 月《期货》杂志的允许。

不同交易者相互矛盾的要求迫使当日收盘信息提供商在他们公布的最高价和最低价中包含买入价和卖出价，而其他的信息供应商只提供实际交易的价格。然而，信息供应商在运用这些规则时自身也会出现不一致的现象。同一个供应商，有些时候包含买入价和卖出价，有些时候却不包含。

就像奈特先生描述的那样，开盘价和收盘价也有类似的问题。表9.1给出的是十家较著名的信息供应商提供的信息以及他们各自数据报告的准确度。

持续合约与独立合约

数据出现的问题并不限于报告错误和出现不一致。和现金或股票数据不一样的是，期货数据每隔几个月就会消失，这给很多测试软件带来麻烦。使用最为广泛的测试软件没法处理从一份合约撤出现行的头寸，然后在另一份合约里加入同样头寸的问题。由于受到这样的限制，信息供应商提供给用户不同股市的持续合约。持续合约是由独立合约组成的一长溜数据，而且这些独立合约是当月的。期货的本质决定新合约和到期合约之间往往存在很大的价格差。既然没法利用巨大的价格差准确测试数据，大多数信息供应商提供的软件允许消除价格差距，由此就会产生伪造的持续合约。这类合约包含的价格可能从来就没存在过。有关持续合约对实际合约的辩论已经持续了很多年。一方面，大多数软件包只能测试持续数据，另一方面，大多数交易者只根据独立合约交易。交易者到底该怎么做？这里提供三种解决方法。

第一种方法是用持续合约测试、用实际合约交易。大多数的系统交易者采用这种方法（未必就是最好的），原因在于他们认为两者并没有那么大的区别，他们相信有关交易系统的历史分析只给出了有关系统潜能的大致正确的看法。一旦交易消失，潜能也随之消失。任何事物最终都会被淘汰。

第二种解决方法是既用持续合约测试也用持续合约交易。大多数的交易者（尤其是长线交易者）采用这种方法的原因有两个：

测试独立合约的长期系统有时会得出错误的信息。假如你想对价值线合约100天的移动平均线系统进行测试，你会发现压根就获取不到100天的历史数据。当期货合约成为某一特定股市交易最活跃的合约时，我们认为期货合约是即月的。大多数期货合约不超过60天。很多时候你会发现根本下载不到100天的数据，或者是你在最初阶段下载的数据少得可怜，这造成系统的输出和现行的实际市场脱节。在某些情况下，在持续合约中创造交易信号会让我们得出较为精确的结果。

采用这种方法的第二个原因是完全按照自己测试的方式进行交易会让我们产生安全感。如果决定用这种解决方法，你还有一个问题要解决：并不是所有的持续数据合约都是平等缔结的。不同的信息供应商采用不同的消除公式和运算法则来解决两种合约间的价格差。在奈特先生的文章中，他对不同信息供应商提供的三种标普500期指进行了简单测试。尽管数据来自不同的信息供应商，你可能认为既然测试使用的系统相同、市场相同，就应该得出类似的结果，但奈特先生的发现让我们大吃一惊。

	总利润（$）	最大下跌（$）
测试一	127,500	25,375
测试二	95,275	27,000
测试三	95,500	45,475

你也许认为真是乱成一团糟了，但其实并不乱。关键在持续性。你可以对某一供应商的持续数据进行测试，然后还是用这个供应商的数据进行交易。这样做，你应该不会得到意想不到的结果。

最后，第三个解决方法是测试实际合约数据并以此交易。我们认为这是最好的解决方法，因为这很好地解决了建立在伪造数据之上的测试系统的问题，并可以完全按照你已经测试的方式进行交易。我们之前讨论过按照实际合约数据获取长期交易信号这一问题，你会认为上面所说的跟这点是矛盾的，但大多数交易系统眼光并不长远。如果你的交易系统需要四十天之内的历史数据，由实际数据和持续数据产生的交易信号间不应该存在很大差异。但是，如果你的系统需要更多的历史数据，那就一定要使用持续合约。任何事物都需要准确度，用实际合约测试是很困难的。现在仅有一种软件包是用这种方式测试的，这就是我们自己研发的埃克斯卡利伯。埃克斯卡利伯可以经受长时间的测试，并从一个合约转向另一个合约。因为它处于真实交易中，所以这种测试非常精确，展期成本被纳入系统绩效结算中。就算没有埃克斯卡利伯软件包，我们仍可以用软件包测试独立合约，只不过需要更多的人工投入。绝非整个时期只有这一个测试，其实针对每一个合约都有很多小测试。此外，是否保存系统绩效数据，诸如总利润、最大下跌、盈利百分比、平均盈利等等，决定权在你自己。本书所有的测试都是运用埃克斯卡利伯软件包对独立合约进行测试的。

在决定和哪家信息供应商合作和采用哪种公式计算时，明确知道自己需要什么是很重要的。信息供应商是否在最高价和最低价里含有买入价和卖出价？创建持续合约使用的是什么消除价格差的运算法则？一旦你开始花工夫研究数据，进行实时交易时就不会发生意料之外的事。

指标

所有机械交易系统针对进入和退出股票市场都有某一常用方

法。大多数情况下，这种方法借助某一类特定指标或是机械化的统计数据来确定，该数据具有预测价格的功能。任何预示未来走向的东西都被称为指标。现今比较普遍的指标有移动平均数、变动率、动力指标、随机指数、相对强弱指标、通道指标、布林线和肯特纳线。多数制图软件含有 50 多种内置指标，这些指标中多数都很可靠。指标不能单独使用，需要配合着其他思维逻辑一起用。为了证明基于系统的纯指标的可行性，我们对一些常用指标进行了测试，结果如下：

随机指数

这一摆荡指标是乔治·莱恩博士在 20 世纪 50 年代首创的，他把现行的股票市场比作某一特定时间段的价格区。随机指数用于预测市场处于超买超卖状态的时机。它的设计思想是：股市上涨时，收盘价倾向于接近上述价格区间的高点；股市下跌时，价格往往集中在上述价格区间的低点附近。

随机指数的总体目标是对上升趋势供过于求和下降趋势求供于过的情况提出警告。这种指标产生的数值是以百分比的形式表现的，在 0 到 100 之间波动。70% 或是更高的数值预示着收盘价接近特定区间的最高价。坐标另一边，30% 或更小的数值预示着收盘价接近特定区间的最低价。"未成熟"随机值的摆动非常迅速，因此并没有多少价值，所以大多数情况下，这些值在移动平均线上可忽略不计。很多时候交易者利用这些忽略不计的数值，并通过运用另一条移动平均线进一步消除这些数值。最终得到的数值被称为慢速指标。

使用随机指数的系统在第 14 天时慢速指标到达超卖区（30% 或更低）时就加仓，然后反弹；到达超买区（70% 或更高）时就出仓，然后反弹（见表 9.2）。

表9.2 随机指数测试

每笔交易一份合约
测试期间 1983.01.01—1999.08.31
每笔交易减掉75美元的佣金成本及市场下跌的考量

独立市场	总利润($)	年平均利润($)	最大下跌($)	年交易量	盈利率(%)	盈亏率	获利对下跌损失比率
大豆	-7,455	-447	41,475	13	45	0.9	-1
猪腩	-832	-50	43,524	13	48.1	1	-0.1
欧元	-6,950	-417	16,125	11	43.8	0.9	-2.5
原油	-58,300	-3,644	61,070	12	39.1	0.6	-5.8
棉花	-47,625	-2,858	64,700	12	45.6	0.7	-4.4
黄金	-3,600	-216	19,530	12	44.2	1	-1
中期国库券	-58,340	-3,500	72,600	11	44.3	0.6	-4.7
日元	-22,775	-1,367	74,475	10	51.5	0.9	-1.8
瑞士法郎	-44,575	-2,675	57,713	11	46.3	0.8	-4.5
市政公债	2,480	177	35,550	12	49.1	1	0.5
天然气	9,370	1,004	27,140	11	43.8	1.1	3.2
取暖油	-50,513	-3,031	58,724	12	46.5	0.7	-5
无铅汽油	5,590	379	26,258	13	52.7	1	1.3
德国马克	-24,375	-1,463	31,275	10	44.5	0.8	-4.5
英镑	856	51	55,356	10	47.9	1	0.1
美国债券	-51,350	-3,081	87,960	11	45.1	0.8	-3.4
总体绩效							
净利润($)			-359,203				
最大回撤($)			393,753				

相对强弱指标

威尔斯·威尔德在1978年出版的《技术交易系统新概念》("舵手证券图书"引进翻译出版)一书中介绍了这个技术指标。和随机指标数相似的是,相对强弱指标在0到100之间波动并试图研判超买和超卖的时机。相对强弱指标计算一定价格区内涨和跌的比率。涨得越多,比率越高,反之亦然。一般情况下,数值70或更高数值是超买信号,数值30或更低数值则是超卖信号。

相对强弱指标到达超买区70或更高时大多数交易者倾向于加仓,然后回落调整,相对强弱指标到达超卖区30或更低时出仓,然后反弹回升。看表9.3显示的相对强弱指标是否比随机指数表现得更好。

表9.3 表相对强弱指标

每笔交易一份合约
测试期间 1983.01.01—1999.08.31
每笔交易减掉75美元的佣金成本及市场下跌的考量

独立市场	总利润($)	年平均利润($)	最大下跌($)	年交易量	盈利率(%)	盈亏率	获利对下跌损失比率
大豆	-17,555	-1,053	24,420	12	53.8	0.9	-4.1
猪腩	-4,592	-276	39,700	11	57.1	1	-0.7
欧元	-72,800	-4,368	77,450	35	31.1	0.4	-5.6
原油	-57,880	-3,618	61,720	15	50.9	0.6	-5.7
棉花	-100,875	-6,053	108,285	10	48.5	0.5	-5.5
黄金	-1,510	-91	22,900	17	46.3	1	-0.4
中期国库券	-79,450	-4,767	86,850	11	50.8	0.6	-5.4
日元	-116,375	-6,983	131,675	11	49.2	0.5	-5.2
瑞士法郎	-78,738	-4,724	104,925	10	51.8	0.7	-4.4

(续表)

每笔交易一份合约 测试期间 1983.01.01—1999.08.31 每笔交易减掉75美元的佣金成本及市场下跌的考量							
独立市场	总利润（$）	年平均利润（$）	最大下跌（$）	年交易量	盈利率（%）	盈亏率	获利对下跌损失比率
市政公债	-26,910	-1,922	41,720	11	53.5	0.8	-4.4
天然气	-51,800	-5,550	60,670	13	46.3	0.6	-8.6
取暖油	-33,285	-1,997	41,639	11	53.2	0.8	-4.6
无铅汽油	-44,541	-3,020	50,534	12	52.3	0.7	-5.7
德国马克	-22,200	-1,322	38,038	11	53.3	0.9	-3.4
英镑	-71,488	-4,289	105,813	10	59.1	0.7	-4
美国债券	-84,470	-5,068	105,670	10	59.1	0.6	-4.7
总体绩效							
净利润（$）			-865,218				
最大下跌（$）			908,516				

MACD 指标

平滑异同移动平均线是杰拉尔德·阿佩尔于 1979 年提出的另一个价格摆荡指标，是从三种不同的指数平滑移动平均线发展来的。该指标往往由两条不同的曲线绘制成。第一条即 MACD 线，是两条移动平均线（长期移动平均线和短期移动平均线）间的差，第二条即信号线，是 MACD 线的指数平滑移动平均线。

MACD 指标的目的是试图消除与移动平均线之类系统相关的信号落后的问题。预期移动平均线的交叉点并在真正交叉前采取行动就可以达到此目标。跟随机指数和相对强弱指标不同的是，该指标并没有设定上下限。

当 MACD 线向下突破信号线时典型的 MACD 系统就会买进，当 MACD 线向上突破信号线时系统就卖出。仅仅依赖基于系统的 MACD 指标交易，我们的运气还没那么好，但我们还是通过表 9.4 来看看 MACD 指标是如何运作的。

表9.4 平滑异同移动平均线

每笔交易一份合约
测试期间 1983.01.01—1999.08.31
每笔交易减掉75美元的佣金成本及市场下跌的考量

独立市场	总利润($)	年平均利润($)	最大下跌($)	年交易量	盈利率(%)	盈亏率	获利对下跌损失比率
美国债券	-45,560	-2,734	71,910	25	38.3	0.9	-3.7
中期国库券	-61,080	-3,665	73,730	25	37.1	0.8	-4.9
市政公债	-47,790	-3,414	61,360	25	33.8	0.8	-5.4
英镑	24,731	1,484	34,763	24	39.3	1.1	4.1
德国马克	14,675	881	18,388	23	38.8	1.1	4.5
日元	35,113	2,107	34,850	23	37.6	1.1	5.6
瑞士法郎	-10,500	-630	32,150	24	37.7	1	-1.9
原油	-38,970	-2,436	45,960	26	38.5	0.8	-5.1
取暖油	-23,755	-1,425	54,230	26	38.4	0.9	-2.5
天然气	39,590	4,242	14,260	22	42.6	1.4	23.2
棉花	-40,505	-2,430	56,075	25	32.9	0.8	-4.3
咖啡	98,888	5,933	50,738	24	39.2	1.2	10.7
食糖	-25,435	-1,526	29,770	24	34	0.8	-5
大豆	13,860	832	33,145	25	41.1	1.1	2.4
玉米	88	5	12,475	24	33.4	1	0
小麦	-8,538	-512	22,688	24	37.7	0.9	-2.2
白银	45,490	2,729	63,985	25	36.1	1.2	4.1
黄金	-9,970	-598	23,900	25	34.7	0.9	-2.4
活牛	-37,444	-2,247	44,568	25	35.1	0.7	-5
猪腩	-6,880	-413	29,740	24	39.4	1	-1.3
活猪	19,268	1,156	13,868	23	40.6	1.2	7.7
总体绩效							
净利润($)			-67,471				
最大下跌($)			290,555				

顺势指标

唐纳德·蓝伯特在1980年创造了这种技术指标。和相对强弱指标和随机指数线不一样的是，顺势指标是趋势跟踪指标。除了这一重大区别外，本指标的计算是比较复杂的。顺势指标用于研判当前股价偏离移动平均线的度。如果价格出现重大偏离，新趋势就有可能出现。此指标听起来有点和布林线指标的标准差相似，其实不然。首先，它在移动平均线上用的是典型价（最高价、最低价和收盘价之和除以3），而不仅仅是收盘价。其次，首创者在运算公式上加上了计算系数（0.015），这样，数值70%—80%就会落在+100到-100之间。

唐纳德·蓝伯特指出顺势指标超过+100时就可以购买长期头寸，顺势指标落回这个点时出局。短期头寸的买入和出局方法与长期头寸相同，除非触发数值是-100。

和其他指标一样，我们也用顺势指标进行了一次测试。表9.5反映的是模式演变。

图莎尔·钱德和斯坦利·克罗在《技术分析新指南》一书中阐释了众多交易者试图克服各种指标失误率的方式。

就算最好的指标也不可能百分百的准确，因此指标只是百分比高低的问题。每种指标都有一定的失误率，交易者使用各种各样的指标来分析股价。股价变动的随意性是指标产生失误的一个原因。所以，交易者使用多种指标确认各个指标产生的信号。他们认为指标间表现出一致很可能表明信号是正确的。

图莎尔·钱德和斯坦利·克罗接着解释道，由于以价格为基础的动能指标之间存在极大的相似之处，所以同时使用多种指标的方法并不可行，这会造成冗余。（图9.2）。交易者使用本身就是"近亲"的不同类型的指标并不能实现风险分散。

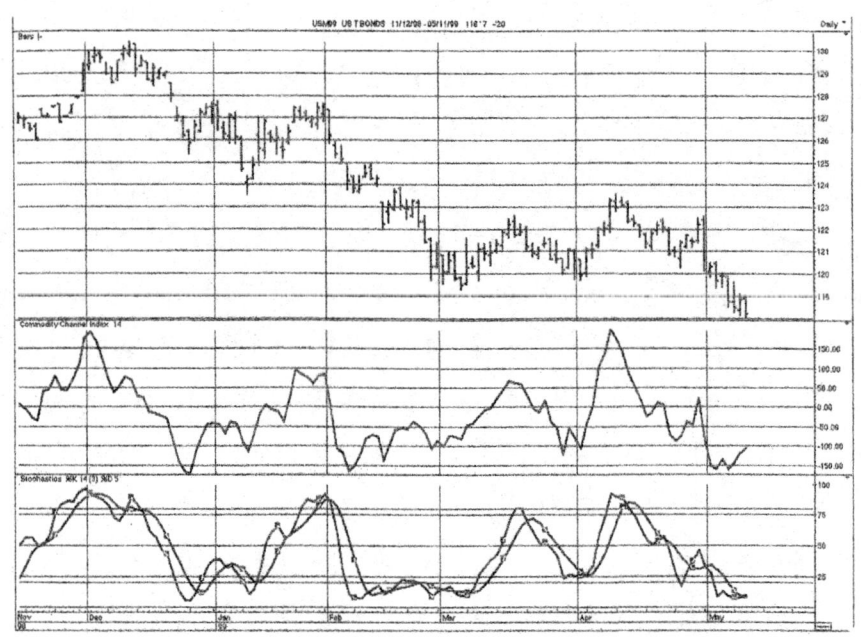

www.beesoft.net 网用 ProTA™ 软件绘制的图表。

图 9.2 "近亲"指标

到目前为止，我们讨论的都是动能指标并初步证明作为纯系统，这些指标在多数情况下会失效。它们似乎都是建立在合理的股市原则之上的，失效的原因是什么呢？我相信图莎尔·钱德和斯坦利·克罗在《技术分析新指南》一书中给出了最佳答案。

◇ 它们中没有一个是"纯粹的"动能摆荡指标，并不能直接计算动能。

◇ 计算的时间跨度是固定的，对不同时间跨度的股市行为给出了不同描述。

◇ 它们反映的都是价格模式，因此，交易者可以直接从交易价获益。

◇ 指标使用的是持续的时间跨度,它们没法持续显示价格的最高最低值。

◇ 它们消除了价格差机制引发的滞后性,但掩盖了真正对交易者有价值的短期最高和最低价。

研究指标似乎是在浪费时间。但在我们给指标盖棺定论前,我们再来看看一些非摆动的长期动能指标。

表9.5 顺势指标

每笔交易一份合约
测试期间 1983.01.01—1999.08.31
每笔交易减掉75美元的佣金成本及市场下跌的考量

独立市场	总利润($)	年平均利润($)	最大下跌($)	年交易量	盈利率(%)	盈亏率	获利对下跌损失比率
美国债券	-99,980	-5,999	104,310	34	32.8	0.6	-5.6
中期国库券	-67,030	-4,022	70,280	32	35.9	0.6	-5.6
市政公债	-50,610	-3,615	58,610	32	35	0.7	-6
英镑	-15,756	-945	25,513	31	37.6	0.9	-3.5
德国马克	-12,400	-744	24,563	31	39.4	0.9	-2.9
日元	3,525	212	36,600	32	38.7	1	0.5
瑞士法郎	-27,850	-1,671	33,688	33	38.8	0.9	-4.7
原油	-51,240	-3,203	54,930	31	33.8	0.6	-5.6
取暖油	-61,312	-3,679	66,692	33	34.7	0.7	-5.4
天然气	-37,420	-4,009	38,490	34	34.8	0.7	-9.4
棉花	-78,980	-4,739	82,840	34	28.8	0.6	-5.7
咖啡	-36,019	-2,161	50,569	31	36.1	0.9	-3.9
食糖	-49,526	-2,972	53,245	31	27.6	0.5	-5.5
大豆	-47,615	-2,857	56,605	33	32.8	0.7	-4.9

(续表)

每笔交易一份合约
测试期间 1983.01.01—1999.08.31
每笔交易减掉 75 美元的佣金成本及市场下跌的考量

独立市场	总利润（$）	年平均利润（$）	最大下跌（$）	年交易量	盈利率（%）	盈亏率	获利对下跌损失比率
玉米	-41,188	-2,471	42,225	33	24.7	0.5	-5.8
小麦	-52,125	-3,128	54,175	33	27.4	0.5	-5.7
白银	-28,845	-1,731	68,530	33	29	0.8	-2.4
黄金	-45,020	-2,701	52,850	32	31.8	0.7	-5
活牛	-53,792	-3,228	54,388	34	27.8	0.5	-5.9
猪腩	-100,936	-6,056	106,308	33	32.8	0.6	-5.6
活猪	-63,892	-3,834	68,236	34	30.6	0.5	-5.5
总体绩效							
净利润（$）			-1,021,684				
最大下跌（$）			1,057,508				

布林线指标

美国股市首要分析家约翰·布林先生创立了这个指标。布林线指标也以阿尔法-贝塔线著称。该指标计算采用的参数是 20 天或更多天，上下限范围不固定。绘制布林带时，通常在当前价格之上和之下间绘制一条包络线。和摆荡指标不同的是，此指标和我们本章余下部分讨论的指标在股价表上似乎有相同的刻度。

布林线指标有三条线，而且很容易绘制。中间一条是简单移动平均线。移动平均线之上的一条线要加上 2 个标准差，之下的那条线减去 2 个标准差。标准差的数值是变化的。

价格到达布林带底线时典型的布林线指数系统买进，价格线向上突破移动平均线时出局。卖出正好相反。根据统计原理，价

第九章 从何开始

格超过 2 个标准差时回归移动平均线。测试中我们使用这一思维逻辑，此外还准备了 1500 美元的资金管理止损，这样，当价格线接近移动平均线时，我们不单单是结算，我们强迫价格线突破中轨线，然后回落反弹。表 9.6 显示的是测试结果。

乍一看我们得出的结果和用摆荡指标得到的是一样的，但我们可以在布林线指数测试的结果上看出点什么。系统在大多数股市上持续亏损，每个股市的年交易量少于十次。有时交易者的想法并不按照他们最开始设计的方式运行。布林线指数测试得出的绩效表明：想法伟大，但运用却不恰当。以合理的股市原则、保守的交易、持续的亏损为基础的系统有时被看作是逻辑反转的一条不错的出路。股价到达低区时，我们不是买进而是卖出；股价到达高区时，我们不是卖出而是买进。相同数目的钱用作资金管理止损，但这次取消了利润目标。让我们看看反转系统的进场逻辑有时是如何生成盈利系统的（表 9.7）。

你不免要说：在前面的指标测试中为什么不反转逻辑呢？我们想要这样做但没有正确的秘诀。频繁交易、持续亏损的系统不是逻辑反转的好方法。这种系统的问题是它们无法越过对每笔交易收取的佣金成本及市场下跌的考量。计算执行成本前它们也许是盈利的，但一旦把佣金成本和市场下跌考虑进去，每笔交易通常就是净亏损。

布林线指数并非用于研判超买或超卖的时机，我们用它判断趋势。长远来看，趋势跟踪类系统会胜过反趋势的短期摆荡指标系统。下面两个测试都是关于趋势跟踪指标的。

表9.6 布林线指数(测试A)

每笔交易一份合约
测试期间 1983.01.01—1999.08.31
每笔交易减掉75美元的佣金成本及市场下跌的考量

独立市场	总利润($)	年平均利润($)	最大下跌($)	年交易量	盈利率(%)	盈亏率	获利对下跌损失比率
美国债券	-29,940	-1,796	44,010	10	37.4	0.8	-3.8
中期国库券	-59,340	-3,560	66,210	9	35.8	0.5	-5.3
市政公债	-27,960	-1,997	39,920	9	40	0.8	-4.8
英镑	-26,994	-1,620	43,500	9	38.7	0.8	-3.6
德国马克	-12,925	-776	25,438	9	44.3	0.9	-2.9
日元	-76,038	-4,562	79,388	10	34.6	0.6	-5.6
瑞士法郎	-60,588	-3,635	74,838	10	30.9	0.6	-4.7
原油	-43,730	-2,733	44,100	10	42.4	0.6	-5.9
取暖油	-47,006	-2,820	54,541	9	42.6	0.6	-5
天然气	-43,460	-4,656	49,240	12	38	0.5	-8.7
棉花	-41,330	-2,480	49,930	10	43.3	0.7	-4.9
咖啡	-78,150	-4,689	97,463	10	31.7	0.6	-4.6
食糖	-14,470	-868	19,174	9	52.7	0.8	-4.4
大豆	-16,510	-991	24,590	9	50	0.8	-3.8
玉米	-26,350	-1,580	27,125	9	44.9	0.5	-5.7
小麦	8,713	523	10,013	8	63.3	1.2	4.9
白银	-26,680	-1,601	33,370	8	44.5	0.7	-4.5
黄金	1,980	119	16,510	9	53.7	1	0.7
活牛	-13,500	-810	18,892	11	52.5	0.8	-4.2
猪腩	14,252	855	21,112	10	50.9	1.1	3.8
活猪	-8,916	-535	17,640	10	47.3	0.9	-2.9

总体绩效	
净利润($)	-630,043
最大下跌($)	640,540

表9.7 布林线指数(测试B)

每笔交易一份合约 测试期间 1983.01.01—1999.08.31 每笔交易减掉75美元的佣金成本及市场下跌的考量							
独立市场	总利润（$）	年平均利润（$）	最大下跌（$）	年交易量	盈利率（%）	盈亏率	获利对下跌损失比率
美国债券	61,780	3,707	19,130	6	44.4	1.5	17
中期国库券	44,630	2,678	15,830	7	45	1.5	15.5
市政公债	9,730	695	20,700	7	44.4	1.1	3.1
英镑	11,669	700	47,113	7	33.1	1.1	1.4
德国马克	47,075	2,825	13,725	6	49.5	1.5	18.7
日元	135,525	8,132	21,225	6	51.4	2.6	34.2
瑞士法郎	72,763	4,366	13,825	7	50.9	1.6	28.1
原油	35,450	2,216	17,220	9	50	1.4	11.5
取暖油	-14,360	-862	30,517	9	39.2	0.9	-2.6
天然气	25,870	2,772	16,610	9	46	1.4	13.4
棉花	51,660	3,100	17,255	8	44.7	1.5	17
咖啡	86,850	5,211	63,094	8	34.6	1.5	7.7
食糖	7,874	472	15,949	7	47	1.1	2.8
大豆	-9,640	-578	37,045	9	38.7	0.9	-1.5
玉米	8,513	511	13,825	8	41.8	1.2	3.6
小麦	-20,325	-1,220	26,913	8	36.9	0.7	-4.4
白银	-26,835	-1,610	50,895	8	38.1	0.8	-3
黄金	-39,010	-2,341	45,010	8	37.6	0.7	-5
活牛	-6,268	-376	19,612	10	39.6	0.9	-1.9
猪腩	-31,264	-1,876	41,096	8	33.3	0.8	-4.3
活猪	-27,320	-1,639	34,864	10	32.9	0.7	-4.6
总体绩效							
净利润（$）	423,396						
最大下跌（$）	78,195						

移动平均线的穿越和突破

这也许是最实用的指标。你会发现它既简单又有效。简单平均线的计算方法是将连续数期的收盘价（开盘价、最高价、最低价或是中间价）加总然后除以期数。每天都做标记，马上就可绘制出移动平均线或曲线。移动平均线的穿越系统涉及两条或两条以上由长期和短期平均线组成的移动平均线。当短期移动平均线从下方向上突破长期移动平均线时，预示着买进时机的到来。当短期移动平均线从上方向下穿越长期移动平均线时，预示着卖出时机的到来。移动平均线基本上用三种不同的方式计算：简单移动平均线（前面已介绍过）、指数移动平均线和加权移动平均线。指数和加权移动平均线往往使移动平均线朝向最近的价格。我们的测试会展现移动平均线穿越的效果，并说明三种不同类型的移动平均线间并没有很大差别（表9.8、表9.9、表9.10）。

三个不同移动平均线测试得出的结果大致相同。每条移动平均线在某些股票市场获利多些，在其他股市亏损多些。每一个移动平均线都有自己的优势，我们不应该把时间花在决定哪一个是最好的上面。但我们的测试中有一点要特别指出的是：第二个测试是盈利的，而且是以趋势跟踪逻辑为基础的，这样又衍生出另一种模式。

第九章 从何开始

表9.8 简单移动平均线

每笔交易一份合约
测试期间 1983.01.01—1999.08.31
每笔交易减掉75美元的佣金成本及市场下跌的考量

独立市场	总利润（$）	年平均利润（$）	最大下跌（$）	年交易量	盈利率（%）	盈亏率	获利对下跌损失比率
美国债券	55,940	3,356	14,950	5	53.9	1.6	19
中期国库券	18,760	1,126	17,540	5	42.1	1.3	5.9
市政公债	44,330	3,166	14,910	6	46.8	1.7	18.9
英镑	281	17	22,244	5	39.8	1	0.1
德国马克	52,200	3,132	15,938	6	50	1.6	18.1
日元	73,913	4,435	26,913	5	53.9	2	15
瑞士法郎	40,363	2,422	18,513	5	52.3	1.4	12
原油	19,530	1,221	8,370	6	41.5	1.4	11.7
取暖油	10,828	650	22,411	7	42.7	1.1	2.7
天然气	41,500	4,446	13,990	7	53.6	1.9	24.7
棉花	12,170	730	33,520	7	41.3	1.1	2.1
咖啡	32,944	1,977	81,338	6	36.7	1.2	2.3
食糖	7,269	436	12,925	7	43.5	1.2	3.2
大豆	-19,995	-1,200	43,970	8	36.4	0.8	-2.6
玉米	4,363	262	10,100	6	42.6	1.1	2.5
小麦	-15,163	-910	18,025	6	29.6	0.7	-4.8
白银	-595	-36	24,575	7	40.4	1	-0.1
黄金	-3,820	-229	18,220	6	43.8	0.9	-1.2
活牛	8,984	539	16,108	8	41.9	1.2	3.2
猪腩	-17,740	-1,064	34,636	6	40.4	0.8	-2.9
活猪	-9,680	-581	31,524	7	38.2	0.9	-1.8
总体绩效							
净利润（$）	355,638						
最大下跌（$）	61,425						

表9.9 指数移动平均线

每笔交易一份合约 测试期间 1983.01.01—1999.08.31 每笔交易减掉75美元的佣金成本及市场下跌的考量						
独立市场	总利润（$）	年平均利润（$）	最大下跌（$）	年交易量	盈利率（%）	盈亏率	获利对下跌损失比率
美国债券	28,750	1,725	35,250	10	39.3	1.2	4.5
中期国库券	39,160	2,350	13,850	10	41.2	1.3	15.3
市政公债	-18,460	-1,319	49,940	11	31.2	0.9	-2.5
英镑	15,050	903	58,763	11	34.3	1.1	1.5
德国马克	58,638	3,518	14,763	10	45.5	1.5	21.8
日元	133,475	8,009	28,550	9	48.4	2.1	25.7
瑞士法郎	71,038	4,262	23,663	10	44.8	1.4	16.8
原油	44,910	2,807	11,500	12	41.4	1.5	20.8
取暖油	7,568	454	22,562	13	40.7	1.1	1.8
天然气	33,330	3,571	19,410	12	44	1.4	15.3
棉花	34,325	2,060	44,300	12	38.2	1.2	4.5
咖啡	34,819	2,089	107,813	13	33.3	1.1	1.9
食糖	10,685	641	10,819	10	40.6	1.2	5.6
大豆	-25,605	-1,536	57,805	12	33.5	0.8	-2.6
玉米	6,838	410	14,125	12	34.9	1.1	2.8
小麦	1,888	113	24,225	12	33.8	1	0.5
白银	-30,795	-1,848	34,595	12	33.8	0.8	-5
黄金	-18,430	-1,106	21,160	13	35.7	0.8	-4.9
活牛	-16,380	-983	25,752	13	42.5	0.8	-3.7
猪腩	-44,160	-2,650	58,536	12	36.1	0.8	-4.3
活猪	9,316	559	24,080	12	39.9	1.1	2.2
总体绩效							
净利润（$）			374,641				
最大下跌（$）			119,598				

第九章 从何开始

表9.10 加权移动平均线

每笔交易一份合约
测试期间 1983.01.01—1999.08.31
每笔交易减掉75美元的佣金成本及市场下跌的考量

独立市场	总利润（$）	年平均利润（$）	最大下跌（$）	年交易量	盈利率（%）	盈亏率	获利对下跌损失比率
美国债券	45,340	2,720	26,120	-15,050	40.2	1.2	9.4
中期国库券	49,410	2,965	11,980	-4,530	46.1	1.4	22
市政公债	15,140	1,081	20,900	-6,360	40.1	1.1	4.8
英镑	24,175	1,451	49,650	-8,638	36.6	1.1	2.8
德国马克	40,563	2,434	22,825	5,100	40.6	1.3	10.1
日元	149,175	8,951	17,275	9,513	48.5	2.1	45.1
瑞士法郎	43,325	2,600	27,200	5,413	43.1	1.2	9
原油	15,540	971	20,830	7,300	37.6	1.1	4.2
取暖油	-24,196	-1,452	52,387	7,090	37.3	0.9	-2.7
天然气	44,030	4,718	17,310	-9,670	44.8	1.6	22.1
棉花	10,165	610	30,175	1,590	36.3	1.1	2
咖啡	-11,063	-664	95,756	-5,625	33.3	1	-0.7
食糖	-5,275	-317	21,862	-470	33.2	0.9	-1.4
大豆	-20,020	-1,201	43,960	-1,755	35.6	0.9	-2.7
玉米	-988	-59	13,613	-5,263	34	1	-0.4
小麦	-7,563	-454	26,100	-2,600	33.5	0.9	-1.7
白银	-33,445	-2,007	42,090	-9,965	36.6	0.8	-4.5
黄金	-1,740	-104	21,010	-4,960	37.9	1	-0.5
活牛	-14,608	-876	19,592	-1,512	35.6	0.8	-4.4
猪腩	-28,508	-1,710	47,464	-4,664	38.2	0.9	-3.4
活猪	1,452	87	26,588	5,604	39.4	1	0.3
总体绩效							
净利润（$）			289,256				
最大下跌（$）			87,515				

唐奇安突破系统

如果想在股市做长期投资，这个通道指标就符合你的要求。理查德·唐奇安于 20 世纪 60 年代推广这种方法。和布林线指数相似，本指标在绘制时也有两条价格线。价格高位线代表前若干个交易日或若干交易周的最高价，价格低位线代表前若干个交易日或若干交易周的最低价。理查德·唐奇安认为价格突破任一条价格线时，趋势变化开始。落入高位时买进，落入低位时卖出。

最高价冲破前四周最高日的最高价时买进，最低价突破前四周最低日的最低价时卖出，对此我们做了测试（表 9.11）。

我们再次盈利。似乎趋势跟踪指标远远胜过超买/超卖类指标。既然系统交易不存在主观性，我们认为趋势跟踪类系统很难出错。趋势跟踪系统的优势在于：（1）百分之百的客观。（2）交易量的减少会降低执行成本。（3）抓住波动幅度大的时侯，这正是获利的时机。弊端在于：（1）拉锯现象不可避免。大多数趋势跟踪系统的成功率低于 50%。（2）信号往往会延迟，因为趋势产生后才会公布信号。（3）如果股市位于交易幅度内，很可能在趋势开始前就已经产生一连串众多的交易失败者。

权衡利弊，我们仍然认为使用趋势跟踪方法的系统交易者机会大一些。我们只是简单讨论了一下指标，但认为进一步研究成百上千种不同指标（超买/超卖和趋势跟踪指标）是在浪费你我的时间。上面的测试结果是我们过去十五年发现的最好证明。

表9.11 唐奇安突破系统

每笔交易一份合约
测试期间 1983.01.01—1999.08.31
每笔交易减掉75美元的佣金成本及市场下跌的考量

独立市场	总利润($)	年平均利润($)	最大下跌($)	年交易量	盈利率(%)	盈亏率	获利对下跌损失比率
美国债券	50,130	3,008	25,610	11	44	1.3	10.6
中期国库券	37,910	2,275	14,200	11	46.3	1.3	14.5
市政公债	−15,010	−1,072	39,820	12	38.1	0.9	−2.6
英镑	44,960	2,694	47,475	11	41.1	1.2	5.5
德国马克	48,350	2,901	26,500	10	44.3	1.4	10.4
日元	130,988	7,859	30,563	10	47.9	1.8	23.7
瑞士法郎	59,188	3,551	21,613	11	42.9	1.3	15.2
原油	49,910	3,119	14,910	12	44.7	1.5	18.4
取暖油	25,532	1,532	25,393	13	40.9	1.2	5.6
天然气	44,990	4,820	16,080	13	45.6	1.6	24
棉花	13,180	791	47,650	13	37.4	1.1	1.6
咖啡	33,581	2,015	50,850	13	38.4	1.1	3.6
食糖	−12,163	−730	21,627	12	37.6	0.9	−3.3
大豆	−7,175	−431	37,225	13	37.5	1	−1.1
玉米	5,138	308	7,538	12	36.9	1.1	3.8
小麦	850	51	26,563	13	33.3	1	0.2
白银	−60,140	−3,608	76,385	13	36.1	0.7	−4.6
黄金	−13,450	−807	25,190	13	37.7	0.9	−3
活牛	−2,164	−130	14,964	14	38.4	1	−0.8
猪腩	−15,208	−912	36,496	13	39.9	0.9	−2.3
活猪	688	41	28,512	15	38.8	1	0.1
总体绩效							
净利润($)			418,545				
最大下跌($)			85,970				

最好交易系统使用的五种方法

我们追踪的顶级盈利交易系统基本分为五类。其实，我们分析过的所有盈利的交易系统都从这五种基本方法演变而来。它们是：

◇ 唐奇安通道指标。
◇ 移动平均线的穿越和突破。
◇ 基于短期股价波动的开盘后交易区间形成突破系统。
◇ S&P 即日平仓交易。
◇ 模式识别。

这部分我们将讲述建立在这五种方法之上的总控钥匙系统，并将详尽阐述这些系统的逻辑基础及绩效。

剖析交易系统

说到各种交易系统的总体组成和目标时，所有的交易系统基本都是相似的。所有系统都进入和退出股市，所有系统都力争盈利。多数系统交易者和开发者花 90% 的时间研究进场策略，其他时间用于做出最终决定他们是否盈利的决策。交易者在进场策略上花这么多时间似乎并不理性，因为离场才是决定进场有效性的关键所在。我们认为研究进场和离场策略的时间应该是一半对一半。

期货和股票神奇的地方在于无论股市起还是落交易者都能赚钱。所有交易系统都应该配有长期和短期进场策略来对付两种不同的股市走势。当我们和交易者讨论长期和短期进场策略时，他们总会提这么一个问题：短期信号是否完全和买进信号相反？一开始，这问题似乎很容易回答。如果所有股市上涨和下跌，你应该在同样前提下要么长期、要么短期进入股市。我们认为这样回答是正确的，但事实是并非所有股市以同样的方式起落。比如在标准普尔 500 指数期货上我们从未见过延伸的空头市场。你为何枉费心机地缩短多头市场呢？况且，用 S&P 期货历史数据设计和测试的任何系统都自动生成看涨的乖离率。多数情况下，如果你观察 S&P 系统上长仓和空仓间的利润分布，就会发现长期利润比短期利润的数目多出一到两个。如果股市有乖离率的话，为何我们在进入长仓和空仓时是不一样的呢？这个问题基本上有两种回答。（1）多数股市没有乖离率，如有，也会转移乖离率，系统要为此做好准备。大多数系统都有短期记忆（也就是回顾短期历史），却并不知道长期的总体趋势。（2）不同的长期和短期进场策略增加了参数数量，因此也增加了概率。一般原则是，短期进场和长期进场是完全相反的。我们追踪的所有顶级系统都遵循这个指导原则。

建立头寸后系统有三种方式退出头寸：反转后用亏损或盈利部分进入相反的头寸、以亏损结算头寸、以盈利结算头寸（就算交易可能有利可图也离场）。系统可采用其中一个离场策略也可以兼收并蓄。

离场类型

趋势反转：当系统认为股市朝着最初设定的相反方向发展时就采用这种离场方式。系统退出当前交易，进入朝股市相反方向发展的新交易，从而自我更正。这类止损可能盈利也可能亏损。这类离场或重新进场面临的问题是拉锯现象。拉锯现象发生的情况是：系统追踪股市并建立头寸，但股市发展趋势与此相反，这时系统反转并试图和股市发展方向保持一致，可是股市再次反转并回归到最初发展方向。反转停损系统时刻都追踪股市，时刻准备着并等候长期趋势，该系统不使用止损点也不使用利润目标，而是由股市决定进场和离场。

止损点：系统判断失误时设法以最小的损失退出股市。这一停损通常是亏损。止损点退出的缺点在于过早结束交易。假设我们愿意在一笔交易上投资1000美元，然后建立长期头寸。交易立马下沉，我们止损，并损失1000美元。第二天股市继续下跌，损失500美元，我们确信结束亏损交易的决定是非常明智的。接下来五天股市按着最初的方向上涨，投入增长为8000美元。要是我们不那么早止损，我们就会仍然保留这笔交易而且升值为8000美元。决定最佳止损点是非常困难的。

利润目标：系统已经设定预期收益，赚取更多钱的概率是相当小的。止损就是盈利。所有人都喜欢这种离场策略。假设我们用平均盈利为2000美元的系统交易，并已经建立多头市场。数个交易日后我们很高兴地得知我们已经盈利2000美元。根据历史统计数据，这是系统对每笔固定交易能产生的最大收益。如果获利更多的概率很小，而收回部分利润的概率很高的话，我们为何还要继续交易呢？和止损点一样，这种止损的最大问题在于过早结束交易。在某种情形下，这种止损会从股市上撤走2000美元并在股市里保留3000美元。大多数系统就是要赚取少数大赢家的钱。如果限制大赢家就没有足够的钱补给众多频繁亏损的交易者了。

重申一下，离场策略，无论是反转、止损点还是利润目标，都要求仔细考虑和研究。因为这个原因，我们在讨论五种总控钥匙交易系统时会强调这一方面。

唐奇安通道指标

目前位居前十的三种系统应用的都是唐奇安指标的某一变体。这一指标属于中长期趋势跟踪系统，股市上涨时买进，下落时卖出。我们从基本的离场策略开始探讨：当日股市的最高价突破前三十天最好交易日的最高价时买进；当日股市的最低价低于前三十天最差交易日的最低价时卖出。这是上涨时买进、下落时卖出、交易次数少、抓住中长期趋势的简单策略。

我们该如何退出股市？我们会利用资金管理停损、某种利润目标和系统的反转信号（我们将使用所有的离场策略）。当某笔交易刚刚投入、大多时候纯粹的资金管理停损并非为多数人采纳时，我们认为中长期系统需要更多空间。日元2000美元的波动和食糖相同数目的波动是完全不同的。所有股市都有趋势也会拥挤，但它们趋势和拥挤的大小和方式是不一样的。我们将止损点标准化，使其成为股市的一个函数。这样做的话，止损点或任何类别的参数都将成为某一特定股市的特征。止损点位于前三十天最好交易日的最高价和最差交易日的最低价中间。这种止损是预先设定好的、动态的，是对目前股市状况的反映。根据经验，我们发现纯粹的利润目标并不对中长期系统起作用，除非利润目标较大。我们喜欢在中长期系统上用追踪止损锁住利润。追踪止损是股市朝有利方向变化时跟踪股市的止损。当股市不利时，追踪止损锁住自己并等待股市上涨，通过这种方式，追踪止损锁定部分利润。追踪止损胜过利润目标的原因是它给现行趋势留有波动的空间。许多例子表明长期趋势会出现衰竭，会有一定比例的反弹，然后回归原先的趋势方向。我们认为利润目标在赚取4000美元的利润后过早退出趋势，而追踪止损将获取10000美元的利润。跟止损点比，动态追踪趋势似乎更有优势。追踪趋势以系统在股市上运行的时间为基准。长仓时，最初的追踪停损是前三十个交易日的最高价。空仓时是前三十个交易日的最低价。每隔五天减少两个交易日以达到最高价和最低价。（比如：我们做长仓，并在股市上已有五个交易日，追踪停损从前三十个交易日的最低价减为前二十八个交易日的最低价。）你看，我们对离场的研究不能说比进场的更多，但至少是一样的（表9.12）。

既然我们理解了系统的进场和离场策略，我们接下来看看它是如何影响不同股市的投资组合的。规则如下：

◇ 突破前三十个交易日的最高价时做长仓。
◇ 突破前三十个交易日的最低价时做空仓。
◇ 在前三十个交易日的最高价和最低价中间设定止损点。
◇ 做长仓时用前三十个交易日的最低价作为追踪止损，做空仓时用前三十个交易日的最高价作为追踪止损。
◇ 每隔五天减少两个交易日以计算追踪止损。数字不得低于六。
◇ 比较保护性止损和追踪止损，总是使用比较接近当前市场的止损点。

表 9.12 修改过的唐奇安突破系统

每笔交易一份合约								
测试期间 1983.01.01—1999.08.31								
每笔交易减掉 75 美元的佣金成本及市场下跌的考量								
独立市场	总利润（$）	年平均利润（$）	最大下跌（$）	年交易量	盈利率（%）	盈亏率	获利对下跌损失比率
美国债券	45,720	2,743	25,940	10	43.6	1.3	9.6
中期国库券	35,810	2,149	12,220	10	43.6	1.3	15.7
市政公债	4,260	304	25,210	10	38.3	1	1.1
英镑	75,975	4,559	26,200	9	41.3	1.5	16.5
德国马克	27,025	1,622	17,700	10	43.4	1.2	8.5
日元	98,188	5,891	20,800	9	49	1.8	25.2
瑞士法郎	88,975	5,339	11,400	9	49.4	1.8	40.7
原油	27,270	1,704	15,850	12	44.3	1.3	9.5
取暖油	-6,976	-419	45,364	12	39.	1	-0.9
天然气	39,690	4,253	15,910	12	47.3	1.7	21.4
棉花	16,915	1,015	33,555	12	34.3	1.1	2.9
咖啡	118,894	7,134	49,369	11	40.6	1.5	13.1
食糖	14,179	851	8,366	10	42.9	1.3	9.4
大豆	-4,035	-242	33,740	11	34	1	-0.7
玉米	8,500	510	9,250	10	36.8	1.2	5.2
小麦	-10,738	-644	21,100	11	33.2	0.9	-2.9
白银	-35,010	-2,101	62,150	12	35.8	0.8	-3.3
黄金	-28,090	-1,685	36,040	12	33.2	0.8	-4.5
活牛	-10,604	-636	20,872	13	36.7	0.9	-3
猪腩	-19,948	-1,197	34,432	12	38.4	0.9	-3.2
活猪	-1,096	-66	23,040	12	40.4	1	-0.3
总体绩效								
净利润（$）	483,604						
最大下跌（$）	67,200						

移动平均线突破和回归传统

几大顶级系统在进场和离场策略中都使用移动平均线。我们认为突破法给出较正确的趋势确认。从交易系统诞生之日起移动平均线就受到讥讽和指责。为什么？原因之一在于它被认为是一种过于简单化的方法。另一个原因在于它滞后于现行股市行情和价格。极端技术和瞬时信息分布把交易者从传统方法推向股市。如果某一策略或是系统没有提及混沌理论、神经网络或是博弈论的话，新入门的交易者就会置之不理。许多交易者认为简单的移动平均线居然会胜过大多数的最新术语策略，这真是太高深莫测了。我们知道世界上一些白银行业的龙头老大花费成百上亿美元研究这些新时代的技巧策略，但最后还是放弃这些新东西回归到简单化的传统方法。别误会我们，我们也很乐意接受新的观念、新的思想或新的技巧策略，但前提是它们能证明自己的优势所在。我们只是还没听说世界上有什么比移动平均线和唐奇安系统更优秀的。现在让我们回到第二个系统。经验再次表明在很多不同股市，穿越中长期移动平均线的中期移动平均线似乎发挥更好。当十三个交易日的收盘价移动平均线向下穿越三十九个交易日的移动平均线，同时昨日的收盘价高于前四十个交易日的收盘价时，我们做长仓进场；使用相反的方式做空仓进场，即十三个交易日的开盘价移动平均线必须从上突破三十九个交易日的移动平均线，同时昨日的收盘价必须低于前四十个交易日的收盘价。

让我们再次充分利用手头的离场策略。既然进场信号预测着中长期的趋势，我们有必要确立止损点阻止过早结束交易。此外，停损应该像进场策略一样被看作股市的函数。真实波动幅度均值可用于预测股市风险。过去 X 个交易日的真实波动幅度均值的计算方法是加总真实震幅（不是实际波幅——真实震幅和实际

第九章 从何开始

波幅的区别在于计算波幅时前几个交易日的收盘价数值——真实震幅=收盘价 [1] 或最高价的最大值-收盘价 [1] 或最低价的最小值）然后除以天数。这一运算说明在前面 X 个交易日每日移动了 Y 个数值。日风险被定义为每日股市朝反方向波动的数值。在某种股市走势下，风险是无限制的，但大多数时候，我们能大概估计下股市偏离我们头寸的数目。如果我们用中长期均值的移动平均线突破交易，我们必须接受的事实是股市很可能按着不止一种平均真实震幅朝不利于我们的方向运行。虽然我们满怀热情，但还是要想好退路。在这个例子里，我们假设止损点是前二十个交易日平均真实震幅的五倍。为什么是五倍和前二十个交易日呢？首先，我们知道股市会按着平均真实震幅的一到两倍朝不利于我们的方向运行，所以我们要设立一个不会每笔交易都要我们离场的止损，同时该止损能限制股市最大亏损。其次，前二十个交易日是对当前股市心理的最好预测。我们已经将过去的数据最佳化，不同股市得出不同值，那又为何要自己骗自己呢？下一章我们将讨论过度最佳化的危险所在。为了锁住利润，一旦利润是平均真实震幅的五倍我们就追踪止损。换言之，当股市按着前二十个交易日的平均真实震幅的五倍量朝有利于我们的方向运行时，我们的止损将追踪当日最高价，当日最高价穿越当前平均真实震幅五倍这个点。除了止损点和追踪止损，如果相反的进场策略被建立，我们就要离场并反转头寸（表 9.13）。移动平均线突破系统的规则如下：

◇ 当十三个交易日的收盘价移动平均线向下穿越三十九个交易日的移动平均线，同时昨日的收盘价高于前四十个交易日的收盘价时，按开盘价买进。

◇ 当十三个交易日的收盘价移动平均线从上突破三十九个交易日的移动平均线，同时昨日的收盘价低于前四十个交易的收盘价时，按开盘价卖出。
◇ 计算前二十个交易日的平均真实震幅。
◇ 用平均真实震幅的五倍作为我们的起始止损点。
◇ 每当获利是平均真实震幅的五倍，当日最高价穿越当前平均真实震幅五倍这个点就是追踪止损。
◇ 通过比较止损点、追踪止损与反转止损，运用与当前股市最接近的停损。

表9.13 简单的移动平均线穿越和突破系统

每笔交易一份合约							
测试期间 1983.01.01—1999.08.31							
每笔交易减掉75美元的佣金成本及市场下跌的考量							

独立市场	总利润（$）	年平均利润（$）	最大下跌（$）	年交易量	盈利率（%）	盈亏率	获利对下跌损失比率
美国债券	55,940	3,356	14,950	5	53.9	1.6	19
中期国库券	18,760	1,126	17,540	5	42.1	1.3	5.9
市政公债	44,330	3,166	14,910	6	46.8	1.7	18.9
英镑	281	17	22,244	5	39.8	1	0.1
德国马克	52,200	3,132	15,938	6	50	1.6	18.1
日元	73,913	4,435	26,913	5	53.9	2	15
瑞士法郎	40,363	2,422	18,513	5	52.3	1.4	12
原油	19,530	1,221	8,370	6	41.5	1.4	11.7
取暖油	10,828	650	22,411	7	42.7	1.1	2.7
天然气	41,500	4,446	13,990	7	53.6	1.9	24.7
棉花	12,170	730	33,520	7	41.3	1.1	2.1
咖啡	32,944	1,977	81,338	7	36.7	1.2	2.3
食糖	7,269	436	12,925	6	43.5	1.2	3.2
大豆	-19,995	-1,200	43,970	8	36.4	0.8	-2.6
玉米	4,363	262	10,100	6	42.6	1.1	2.5
小麦	-15,163	-910	18,025	6	29.6	0.7	-4.8
白银	-595	-36	24,575	7	40.4	1	-0.1
黄金	-3,820	-229	18,220	6	43.8	0.9	-1.2

(续表)

每笔交易一份合约							
测试期间 1983.01.01—1999.08.31							
每笔交易减掉75美元的佣金成本及市场下跌的考量							

独立市场	总利润($)	年平均利润($)	最大下跌($)	年交易量	盈利率(%)	盈亏率	获利对下跌损失比率
活牛	8,984	539	16,108	8	41.9	1.2	3.2
猪腩	-17,740	-1,064	34,636	6	40.4	0.8	2.9
活猪	-9,680	-581	31,524	7	38.2	0.9	-1.8
总体绩效							
净利润($)			355,638				
最大下跌($)			61,425				

基于短期股价波动的开盘后交易区间形成突破系统

这个系统的名字听起来挺复杂，但其理念和计算方法特别简单。它的发明者是拉瑞·威廉姆斯，系统虽小却管理成百上亿的资金。该系统的成功归因于包含了开盘价。开盘价往往预示当日的价格走势，很多时候，甚至是接下来几天的走势。系统的股价波动预示该走势潜在的股市波动幅度大小。

和之前讲述的其他系统一样，我们也设立追踪止损。追踪止损设定时应该基于这样的事实：交易系统做的交易平均不少于十二个交易日，而且交易频率高。进场和离场策略相互关联，应该互相一致。如果一笔交易的进场是建立在八十个交易日的突破上的话，系统不能让交易在三个交易日后离场。在拥挤的股市上，交易很容易被触发，从而导致拉锯交易，因此开盘后交易区间形成突破系统一半以上都不会奏效。既然我们盈利的机会一半都不到，我们有必要让我们的赢家尽量盈利，在他们取得大的获利前降低我们的损失。我们会在十个交易日平均真实震幅的三倍处设立止损点，甚至在我们的利润达到十个交易日真实波动幅度的三倍时，突破停损。对于短期系统而言，止损点似乎很宽松，但这是难免的。下一章我们会讲述系统交易时止损点窄紧反而导致失效的问题。追踪突破甚至停损是我们在获取一定利润后让我们以进场价离开的方法。在交易仅持续很短时段的情况下，这类停损似乎胜过设法锁住更多利润的做法。

股市波离开盘价一定区间时开盘价突破系统就会买进或卖出。运气好的话，股市继续并连续几天朝上升方向走。但大多时候股市离开开盘价一定区间然后反转，要么拥挤一段时间要么往反方向运行。这类系统的难点在于正确决定股市波离开盘价的远近，因为这预示着朝反方向的进一步波动。如果距离太近会遭受拉锯躁动。如果太远，每笔交易都会遭受很大比例的波动。

根据这个系统，前三个交易日最高价和最低价价差的一定百分比的开盘价决定买进还是卖出。最高价和最低价的价差提供给我们短期股价波动的计算标准。短期股价波动表明股市走向不稳定。高波动性预示股市没有趋势，因为股市从最高点摆向最低点。运用开盘后交易区间形成突破系统我们发现图表模型可用来预测短期市场走向。我们用图表模型决定交易比平时触发更快的交易日，从而有了容易买进日和容易卖出日。以模式识别为基础，如果股市收盘价低于昨日的，第二天或接下来几天的走势上涨。如果股市收盘价高于昨日的，第二天或接下来几天的走势下跌。如果股市收盘价低于昨日就是容易买进日，如果股市收盘价高于昨日就是容易卖出日。在容易买进日，当股市在前三个交易日比开盘价上升了最高价和最低价区间差的50%就买进，股市比开盘价下跌了同样幅度的100%就卖出。在容易卖出日，当股市在前三个交易日比开盘价下跌了最高价和最低价区间差的50%就卖出，股市比开盘价上升了同样幅度的100%就买进（表9.14）。总结开盘后交易区间形成突破系统，规则如下：

表9.14 基于突破系统的短期股价波动

每笔交易一份合约 测试期间 1983.01.01—1999.08.31 每笔交易减掉75美元的佣金成本及市场下跌的考量							
独立市场	总利润（$）	年平均利润（$）	最大下跌（$）	年交易量	盈利率（%）	盈亏率	获利对下跌损失比率
美国债券	68,560	4,114	23,270	32	42.9	1.2	15.8
中期国库券	32,620	1,957	24,880	31	42.7	1.2	7.4
市政公债	68,110	4,865	31,490	31	43.2	1.4	14.6
英镑	16,538	992	33,069	28	39.7	1.1	2.9
德国马克	39,313	2,359	36,925	29	41.4	1.2	6.2
日元	55,900	3,354	25,813	26	41.1	1.2	11.8
瑞士法郎	49,688	2,981	22,675	29	42.4	1.2	12.2
美汇指数	20,210	1,470	35,860	35	39.1	1.1	4
原油	41,210	2,576	9,590	32	43.9	1.3	22.2
取暖油	-41,332	-2,480	47,657	32	37.5	0.8	-5
天然气	44,780	4,798	12,660	36	41.2	1.4	28.8
棉花	-9,250	-555	55,185	35	37	1	-1
咖啡	178,350	10,701	51,525	36	40.3	1.4	19
食糖	-11,962	-718	33,163	38	35.9	0.9	-2.1
大豆	30,400	1,824	29,435	35	38.7	1.2	5.9
玉米	16,875	1,013	8,288	29	39.4	1.2	11.5
小麦	-14,088	-845	21,538	34	39.1	0.9	-3.8
白银	39,900	2,394	40,145	38	38.1	1.2	5.6
黄金	-28,150	-1,689	44,460	36	36.5	0.8	-3.7
活牛	-16,100	-966	22,636	38	38	0.9	-4.2
猪腩	5,100	306	27,984	36	42.1	1	1
活猪	5,544	333	16,516	34	40.9	1	1.9
总体绩效							
净利润（$）			588,204				
最大下跌（$）			84,129				

◇ 计算前面三个交易日的最高价和最低价，两者的差价就是股价波动的测度。

◇ 决定第二天是容易买进日还是容易卖出日。如果今日的收盘价高于或等于昨日收盘价，明日就是容易卖出日。如果今日收盘价低于昨日收盘价，明日就是容易买进日。

◇ 如果今日是容易买进日，止损买单的计算方法是股价波动测度除以2，并在开盘价前加商数。计算容易买进日的止损卖单时，从开盘价中扣除股价波动测度。

◇ 如果今日是容易卖出日，止损卖单的计算方法是股价波动测度除以2，并在开盘价上减去商数。计算容易卖出日的止损买单时，在开盘价上加上股价波动测度。

◇ 计算前面十个交易日的平均真实震幅。

◇ 平均真实震幅的三倍就是起始的止损点。

◇ 一旦利润偏离平均真实震幅的三倍，我们将止损点拉向突破平衡点。

◇ 通过对止损点或突破甚至停损与反转止损比较，运用目前靠近股市的停损。

模式、容易买进日和容易卖出日的理念是非常重要的。表9.15和表9.16是没有设立容易买进日和容易卖出日的系统。表9.15低于开盘价的50%时买进和卖出。表9.16低于开盘价的100%时买进和卖出。

表9.15 基于突破系统的短期股价波动（测试A）

每笔交易一份合约
测试期间 1983.01.01—1999.08.31
每笔交易减掉75美元的佣金成本及市场下跌的考量

独立市场	总利润（$）	年平均利润（$）	最大下跌（$）	年交易量	盈利率（%）	盈亏率	获利对下跌损失比率
美国债券	81,890	4,913	19,380	44	43.2	1.2	22.3
中期国库券	23,530	1,412	20,080	43	43	1.1	6.5
市政公债	77,620	5,544	18,030	44	44.9	1.3	28
英镑	40,838	2,450	37,575	40	38.6	1.1	6.3
德国马克	33,425	2,006	24,363	41	40.6	1.1	7.8
日元	15,138	908	46,163	36	37.3	1	1.9
瑞士法郎	31,688	1,901	31,725	41	41.2	1.1	5.7
美汇指数	-13,030	-948	34,200	47	39	1	-2.7
原油	26,650	1,666	22,990	46	40.2	1.1	6.7
取暖油	-57,204	-3,432	71,371	47	36.4	0.8	-4.7
天然气	74,110	7,940	10,060	47	43.3	1.6	56.5
棉花	-22,010	-1,321	51,290	49	35.1	0.9	-2.5
咖啡	192,094	11,526	47,063	50	39.5	1.3	22.2
食糖	-15,994	-960	28,594	50	33.6	0.9	-3.3
大豆	38,565	2,314	19,630	48	37.9	1.2	11
玉米	2,288	137	11,775	41	34.6	1	1.1
小麦	9,025	542	8,988	48	38.1	1.1	5.6
白银	49,120	2,947	41,775	50	35.6	1.2	6.7
黄金	-29,670	-1,780	43,650	46	36	0.9	-4
活牛	-7,580	-455	16,964	51	38.1	1	-2.6
猪腩	-12,520	-751	44,796	49	40.2	1	-1.6
活猪	8,560	514	22,072	46	38.6	1.1	2.2
总体绩效							
净利润（$）			541,105				
最大下跌（$）			129,233				

表9.16 基于突破系统的短期股价波动(测试B)

每笔交易一份合约
测试期间 1983.01.01—1999.08.31
每笔交易减掉75美元的佣金成本及市场下跌的考量

独立市场	总利润($)	年平均利润($)	最大下跌($)	年交易量	盈利率(%)	盈亏率	获利对下跌损失比率
美国债券	6,990	419	37,880	13	39.8	1	1
中期国库券	14,690	881	26,810	12	3913	1.1	3.1
市政公债	-400	-29	22,400	12	3919	1	-0.1
英镑	39,663	2,380	22,225	12	41.7	1.2	10
德国马克	29,150	1,749	28,325	11	41.1	1.2	5.9
日元	91,838	5,510	24,163	11	45.5	1.6	20.6
瑞士法郎	39,950	2,397	23,550	11	43.2	1.2	9.5
美汇指数	11,480	835	33,220	14	44	1.1	2.4
原油	53,690	3,356	11,600	12	44.1	1.7	24.6
取暖油	25,129	1,508	28,505	11	41.3	1.2	4.9
天然气	45,240	4,847	18,140	13	51.3	1.7	21.9
棉花	-8,825	-530	26,370	13	34.6	0.9	-1.9
咖啡	104,494	6,270	72,206	13	44.1	1.4	8.1
食糖	-5,947	-357	21,291	16	37.6	0.9	-1.6
大豆	30,450	1,827	18,890	14	44.1	1.3	9
玉米	-12,213	-733	17,838	12	33	0.8	-4
小麦	-7,300	-438	17,650	13	34.9	0.9	-2.4
白银	-31,815	-1,909	65,240	17	34.4	0.8	-2.8
黄金	-8,680	-521	27,580	17	36.8	0.9	-1.8
活牛	964	58	12,576	13	35.3	1	0.4
猪腩	-2,876	-173	25,312	11	38.4	1	-0.6
活猪	-17,040	-1,022	31,376	13	35.9	0.8	-3.1

总体绩效	
净利润($)	397,126
最大下跌($)	114,267

S&P 即日平仓交易

S&P 即日平仓交易是目前为止最通用的系统，它几乎每次入选我们公布的前十之列。人们都想做即日买卖，他们对收盘前平仓手头所有头寸的想法情有独钟，因为这样不会让自己暴露在隔夜风险之下。收盘前，即日平仓交易者能确切知道自己的盈利和亏损量，然后回家，不必担心听到不利股市发展的消息。听起来不错，但不幸的是，这种理想化的计划存在太多缺点和干扰。

只有少数股市具备足够的日内震幅进行交易。即日平仓交易者仅仅能捕捉股市日内震幅的一小部分，如果日内震幅不够大的话，他们没有足够的潜在利润支付执行成本。具备足够日内震幅的股市只有股指期货和互联网股票。其他股市都是基于头寸的交易。图 9.3 是不同股市三十个交易日日内震幅的移动平均线。

和其他股市相比标普 500 期指的潜在利润最大。股票期指反映美国经济，因此容易受到传闻和报道的影响。这些股市在一个交易日内上下波动一万美金是很正常的，也延长了不能立即付现的时段。因为风险大，股指期货的法定保证金往往非常高。这些股市对普通交易者而言是遥不可及的，我们不妨说普通交易者应该远离这些股市。只有两万美元交易金的交易者要么用不同股市的小部分投资组合交易，要么用标普 500 期指的合约交易。大多数交易者将所有资金投在股指期货的即日平仓交易上，这是很不明智的。他们把利润看得比风险还重要，而这正是自寻毁灭的主要原因。

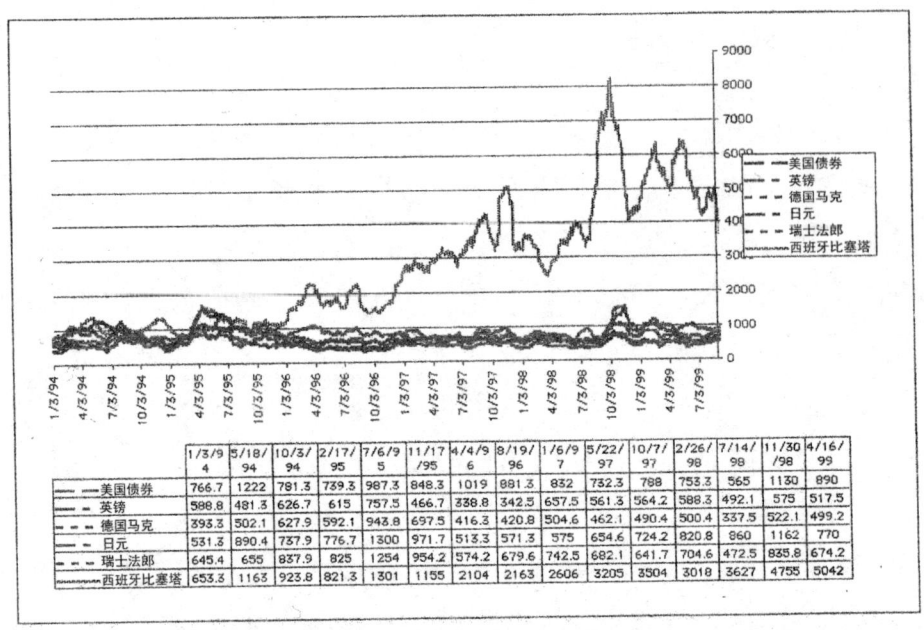

图9.3 股价波动的位置（纵轴是价格，横轴是时间）

几年来，一些不同的系统供应商察觉到交易者对即日平仓交易系统的需求，努力想要研究出一种成功的方法处理标普500期指的即日交易。绝大多数的想法都以失败告终，但有一种理念一直表现一致，并能在前五种 S&P 即日平仓交易系统中找到。此理念其实是两种不同进场策略的结合：开盘后交易区间形成突破和反趋势设置。所有成功的 S&P 即日平仓交易系统都具备与我们刚刚讨论过的开盘后交易区间形成突破系统类似的开盘后交易区间形成突破进场。除了进场策略，它们也可以根据反趋势波动或回撤进场。在上个系统中我们讨论过，突破系统的首要问题是虚假突破。当股市朝着一种方向运行并触发一笔交易，然后朝相反方向回撤时，就会出现虚假突破。回撤

第九章 从何开始

进场策略试图在最初的突破失利时利用股市。两种进场策略的结合在过去三年表现出不同凡响的性能。突破捕捉有重大趋势的交易日，回撤捕捉虚假突破。

S&P 即日平仓交易系统处理股市的方法和花费成千上万美元的那些系统是一样的。除了突破和反趋势进场策略外，该系统还有其他一些关键组成部分。首先，只有确定潜在利润足够多时系统才会进行交易，具体是计算前十个交易日的幅度均值和前十个交易日从开盘价到收盘价的幅度均值，然后后者除以前者。如果商数小于0.5，交易不发生。既然大多数交易和利润来自开盘价进场策略的突破，如果从开盘价到收盘价的真实震幅小于实际幅度的0.5，交易就没有任何意义了。从开盘价到收盘价的平均真实震幅小于实际幅度均值的0.5 的交易日，大多数股市波动位于开盘价和最低价之间以及最高价和收盘价之间。对开盘后交易区间形成突破系统而言，这些区域被称为盲区。

这个系统第二个有趣的组成部分是容易买进日和容易卖出日这一理念。和我们之前讨论的系统一样，本系统在特定交易日买进和卖出相对容易些。这些容易买进卖出的交易日是根据图形模式决定的。这一模式涉及"交易日关键点"，它的计算方法是加总最高价、最低价和收盘价然后除以3。交易日关键点把三个最重要的数据压缩成一个。收盘价高于该点预示着上涨动力，收盘价低于该点说明相反。记住这点的话，收盘价大于交易日关键点时我们称它为容易买进日，收盘价小于交易日关键点时我们称之为容易卖出日。

突破止损买单和止损卖单是股市股价波动的一个函数，它的计算方法和我们前面讨论的开盘后交易区间形成突破系统是一样的。在本系统中，股价波动测度被定义为前面十个交易日的实际幅度均值。（注释：实际幅度是当日交易日的最高价减去最低价）。在容易买进日，止损买单的计算方法是股价波动测度乘以30%后把结果加到开盘价上。相反，止损卖单的算法是股价波动测度乘以60%后从开盘价上减去所得结果。在容易卖出日，止损买单和止损卖单的计算方法和上面一样，但百分比相互调换一下。计算止损买单时用60%，止损卖单用30%。

反趋势或撤回离场是昨日实际幅度和昨日关键价格的函数，并不使用容易买进日和容易卖出日的理念。当股市趋势从开盘价朝着买进出发点行进时建立反趋势止损买单。计算买进出发点时用昨天交易日的关键价格减去昨天交易日实际幅度的75%（记住：加总最高价、最低价和收盘价然后除以3，得到关键价格）。回撤买进价格就是用昨日的关键价格减去昨日实际幅度的25%。反趋势止损卖单的建立方法差不多，首先股市必须上涨或是超过昨日的关键价格加上昨日实际幅度的75%的总和，然后下跌至关键价格加上昨日实际幅度的25%的总和。正如你看到的，反趋势进场试图利用突破失败。

上午十点前和下午三点半后是没有任何交易的。每个交易日一种方向只能有一笔交易。同一天可以买进卖出，但没有两次买进和两次卖出。一个交易日内最多有两次交易信号而且交易信号必须是相反的（买进和卖出）。

为了让问题简单化，资金管理止损点设置为300点。此外，不设任何追踪止损或突破甚至停损。收市前所有交易离场。这些领域都需要展开进一步的研究。你会发现这是本书最复杂的系统，所以让我们总结如下（表9.17）：

表9.17　S&P 即日平仓交易系统

每笔交易一份合约 测试期间 1983.01.01—1999.08.31 每笔交易减掉 100 美元的佣金成本及市场下跌的考量			
总的净利润或净亏损（$）	90,075	年平均净利润（$）	8,860
盈利月（%）	47	年平均下跌（%）	30
		平均持仓时间（%）	127
最大下跌收盘交易（$）	23,895		
最大下跌盈利（$）	23,895		
最佳交易（$）	18,650	最糟糕的交易（$）	−2,150
获利交易平均利润/亏损 交易平均损失（$）	71	净盈利对亏损比率	1.2
平均获利（$）	998	平均亏损（$）	−568
长期净盈利或净亏损（$）	48,815	短期净盈利或净亏损（$）	41,260
交易量	1,269	年平均交易量	125
获利交易量	518	盈利百分比（%）	40.80
亏损交易量	751	最长的连续亏损天数	17
每笔交易平均交易日	0.5	最长的平仓时间（天）	1,092
持仓时间（%）	23	夏普指数	0.16

	净利润/ 净亏损 （$）	最大收 盘交易 （$）	交易量	盈利率 （%）	平均 盈利	连续 亏损	平仓 交易日
前六个月	11,985	12,723	68	25.0	3,401	11	47
前十二个月	22,945	12,723	107	27.1	3,163	11	83
今年	13,638	6,358	30	26.9	3,840	19	12
去年	−4,458	19,608	106	29.5	2,849	10	215
合计	90,075	23,895	1,269	40.8	998	17	1,092

◇ 计算前面十个交易日的实际幅度均值，并定义为股价波动测度。

◇ 计算前面十个交易日从开盘到收盘的幅度均值。

◇ 用从开盘到收盘的幅度均值除以实际幅度均值,如果商数小于0.5,不设置任何交易。

◇ 加总最高价、最低价和收盘价后除以3,得到当日的关键价格。

◇ 研判明日是否为容易买进日或容易卖出日。如果今日的收盘价高于今日的关键价格,明日为容易买进日。如果今日的收盘价低于今日的关键价格,明日为容易卖出日。

◇ 如果明日是容易买进日,止损买单的计算方法是股价波动测度乘以30%后把结果加到开盘价上;止损卖单的算法是股价波动测度乘以60%后从开盘价上减去所得结果。

◇ 如果明日是容易卖出日,止损卖单的计算方法是股价波动测度乘以30%后从开盘价上减去所得结果;止损买单的算法是股价波动测度乘以60%后把结果加到开盘价上。

◇ 决定明日的回撤买进触发时用今日的关键价格减去今日实际幅度的75%。回撤买进价格就是用今日的关键价格减去今日实际幅度的25%。如果任何时候股市交易低于回撤买进触发,就以回撤买进价格建立长仓。

◇ 决定明日的回撤卖出触发时用今日的关键价格加上今日实际幅度的75%。回撤卖出价格就是用今日的关键价格加上今日实际幅度的25%。如果任何时候股市交易高于回撤卖出触发,就以回撤卖出价格建立空仓。

◇ 上午十点前和下午三点半后是没有任何交易的。

◇ 每个交易日最多有两笔交易并且必须是相反方向的(买进和卖出)。可以在同一个交易日建立一个长仓和一个空仓,但不能在同一方向建立两个头寸。

◇ 使用300点作为止损点。

◇ 第二天收市前平仓所有头寸。

模式识别

模式被定义为有预测的路径或波动，因此所有交易系统都是模式识别系统的某种形式或方式。长期移动平均线突破系统利用模式识别决定买进和卖出的时机，这里的突破就是模式。开盘后交易区间形成突破是模式识别，这里的模式指从开盘价到突破点的波动。所有系统都寻找某种再现时间并试图加以利用。

交易系统出现后，系统供应商就开始出售模式识别软件。这类软件寻找再现视觉图形模式，分析紧随其后的股市走势。日本蜡烛线图模式的本质也是视觉模式。和典型的条形图相比，蜡烛线图观察与当日市场走势相关信息时更容易而且更迅速。蜡烛线图包含阴线和阳线。绘制阴线时首先找到该日的最高和最低价，垂直地连成一条直线，然后再找出当日的开盘价和收盘价，把这两个价位连接成一条狭长的长方形柱体。柱体上留白预示收盘价较开盘价为高（即低开高收），柱体上涂黑预示收盘价较开盘价为低（即高开低收）。蜡烛线图和其他类型的视觉模式都很简单，我们能用裸眼识别。图9.4为三种蜡烛线图模式：十字线、牛市大蜡烛和锤子线。

◇ 大蜡烛——实体特别长，最高价和最低价间的幅度宽松。
◇ 十字线——开盘价与收盘价相同。
◇ 锤子线（牛市）——较小的实体（实体的颜色无所谓）处在接近顶端的位置上，下影线长，上影线短或是没有。
◇ 锤子线（熊市）——较小的黑色实体处在接近底端的位置上，上影线长，下影线短或是没有。

其他的视觉图形模式可以用语言描述成：

◇ 如果最高价（1）>最高价（2）且开盘价<最高价（1），在最高价（1）买进。

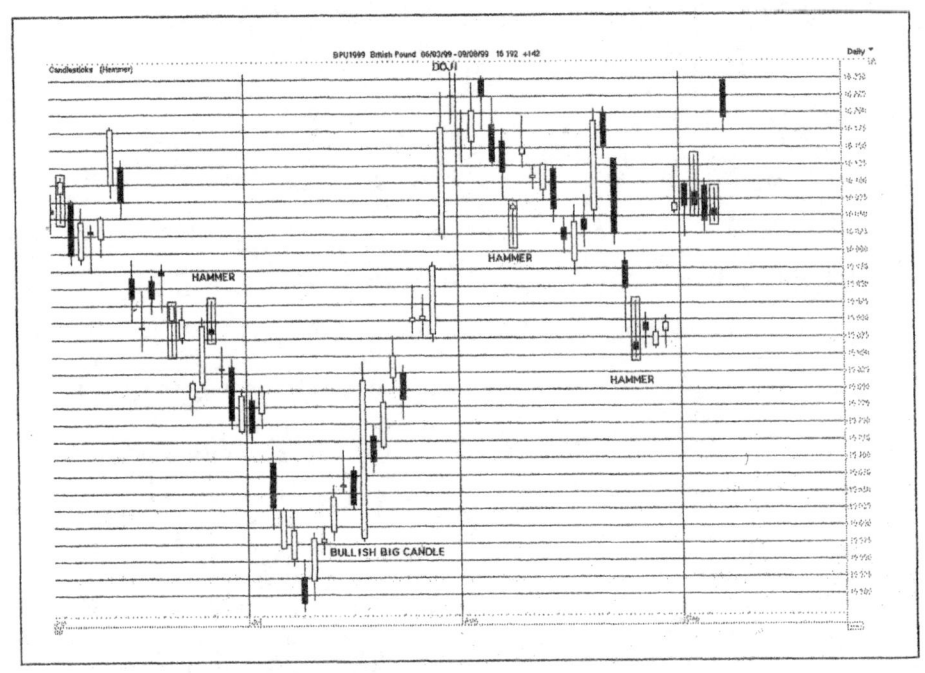

图 9.4　蜡烛线图表模式的样本

一些系统供应商误用模式识别，误导客户相信再现视觉模式本身就能预测未来的股市走势。一些供应商浏览大量历史数据并找出貌似有预示能力的视觉模式的再现，再用软件把这些模式绑定，作为系统售卖。如果所有绩效结果都充分披露，这种方法没什么不当之处。大多数情况下，供应商找出各种不同模式，混合在一起后得出资金曲线。问题是大多模式在历史上重现的次数少

第九章 从何开始

于三十次。从统计学角度而言，少于三十次的样本是毫无意义的。整个模式系统可能加起来超过三十次交易，但重要的是要单个独立模式的再现次数。我们认识另一位系统供应商，他浏览历史后基于胜率开发出日历系统（模式识别的另外一种形式）。他的研究表明如果某交易者在一年中的某些交易日买进和卖出，这些交易在历史上有很高的盈利率。这些日历系统从历史分析而言显得很超常，但这类系统并没有考虑当前的股市行情、股市走向或是促成当天交易的事件。如果历史表明每个三月十四日买进标普500期指会盈利的正确性为75%，你会这么做吗？我们不会，除非我们知道前几个交易日的市场行情。这种模式识别是种理想化的研究，试图使系统与历史数据拟合。

正确使用模式识别的方法是将它并入其他进场策略的系统加以使用。某些视觉模式确实可以预测未来股市走向，和其他策略一并使用时能开发出获利的交易系统。这里展示的系统是由约翰·希尔创造的，被用作过滤器（研判是否进行交易的计算方法或模式）时证明了识别模式的成功之处。该系统是基于由前四个交易日的收盘价组成的模式发展而来。只有前四个交易日的收盘价幅度小于三十个交易日平均真实震幅时，才会产生买进或卖出信号。这种模式预示着股市到达稍作歇息的状态，任何波动，无论是上涨还是下跌，都很可能导致意义重大的波动。买进进场，如果允许的话，它的计算方法是在开盘价上加上昨日真实震幅的62%，相反，卖出进场，如果允许的话，它的计算方法是在开盘价上减去昨日真实震幅的62%，每天要重新计算。如果允许交易进场，停损就是反转停损，如果不允许进场，停损就是出局停损。另一方面，计算空仓的停损点时，在开盘价上加上昨日真实震幅的62%，每天要重新计算。如果允许交易进场，停损就是反转停损，如果不允许进场，停损就是出局停损。为了说明四日收盘价模式的重要性，我们分别在有和没有模式过滤器的情况下测试系统。在揭晓绩效前，我们先总结一下这一模式系统：

◇ 计算前三十个交易日的实际幅度均值，把它定义为股价波动测度。
◇ 计算前四个交易日的最高收盘价和最低收盘价。
◇ 判研明日是否交易。前四个交易日内最高收盘价与最低收盘价间的震幅必须小于前三十个交易日的真实幅度均值。
◇ 如果交易可能发生，计算止损买单和止损卖单。止损买单就是在开盘价上加上昨日真实震幅的62%，止损卖单就是在开盘价上减去昨日真实震幅的62%。
◇ 若要建立长仓就设置止损点。长仓止损点的计算方法是在开盘价上减去昨日真实震幅的62%，每天要重新计算。根据是否有能力建立新交易，该止损点要么是反转止损要么是出局止损。
◇ 若要建立空仓也要设置止损点。空仓止损点的计算方法是在开盘价上加上昨日真实震幅的62%，每天要重新计算。根据是否有能力建立新交易，该止损点要么是反转止损要么是出局止损。

表9.18为有模式过滤器的系统，表9.19为同种没有模式过滤器的系统。

模式过滤器有用吗？我们的回答是非常有用。总体的最大消耗量减少一半，咖啡从总投资组合的36.3%降为26.8%。

表 9.18 有模式识别的基于波动性的突破

每笔交易一份合约
测试期间 1983.01.01—1999.08.31
每笔交易减掉 75 美元的佣金成本及市场下跌的考量

独立市场	总利润（$）	年平均利润（$）	最大下跌（$）	年交易量	盈利率（%）	盈亏率	获利对下跌损失比率
美国债券	103,330	6,200	13,330	49	47.2	1.4	38.7
中期国库券	50,020	3,001	10,840	49	44.3	1.3	24.3
市政公债	86,030	6,145	15,740	44	46.2	1.5	35
英镑	44,200	2,652	24,688	44	40.5	1.2	10.1
德国马克	1,813	109	32,475	42	39.3	1	0.3
日元	−26,913	−1,615	44,850	40	36.1	0.9	−3.4
瑞士法郎	46,438	2,786	22,900	45	40	1.2	11.3
美汇指数	5,430	395	38,840	47	38.5	1	1
原油	34,370	2,148	10,660	41	44.5	1.3	16.9
取暖油	12,734	764	22,982	44	42.2	1.1	3.1
天然气	50,080	5,366	5,550	41	43.8	1.6	56.2
棉花	24,085	1,445	17,300	45	40.5	1.1	7.9
咖啡	187,294	11,238	51,806	50	45.4	1.5	19.8
食糖	−2,834	−170	16,498	49	37.1	1	−1
大豆	42,610	2,557	11,740	50	43.1	1.3	19.5
玉米	−9,763	−586	14,963	44	33.4	0.9	−3.8
小麦	−338	−20	10,538	47	38.9	1	−0.2
白银	49,915	2,995	46,325	57	38.2	1.2	6.1
黄金	−11,270	−676	32,260	55	34.9	0.9	−2
活牛	−10,652	−639	15,752	46	38.8	0.9	−3.9
猪腩	36,376	2,183	19,788	42	44.9	1.2	9.8
活猪	−692	−42	17,220	49	38.5	1	−0.2
总体绩效							
净利润（$）	707,044						
最大下跌（$）	75,293						

表9.19 没有模式识别的基于波动性的突破

每笔交易一份合约
测试期间 1983.01.01—1999.08.31
每笔交易减掉75美元的佣金成本及市场下跌的考量

独立市场	总利润($)	年平均利润($)	最大下跌($)	年交易量	盈利率(%)	盈亏率	获利对下跌损失比率
美国债券	146,980	8,819	24,130	80	45.6	1.3	32.9
中期国库券	54,880	3,293	27,830	80	43.9	1.2	11.2
市政公债	169,300	12,093	10,750	79	46.2	1.6	96.4
英镑	52,606	3,156	39,100	71	41.1	1.1	7.8
德国马克	-15,938	-956	67,488	75	37.2	1	-1.4
日元	-37,788	-2,267	67,588	71	37.9	0.9	-3.2
瑞士法郎	44,000	2,640	34,,60	75	40	1.1	7.3
美汇指数	620	45	49,410	78	38.2	1	0.1
原油	24,000	1,500	22,120	81	40.7	1.1	6.2
取暖油	32,655	1,959	36,767	80	41.9	1.1	5.1
天然气	104,750	11,223	8,860	79	44.9	1.7	87.3
棉花	12,620	757	23,805	82	39.8	1	3.1
咖啡	281,100	16,866	43,463	84	44.4	1.4	34.9
食糖	-17,987	-1,079	23,766	84	35.6	0.9	-4.4
大豆	30,845	1,851	21,635	81	40.3	1.1	8.1
玉米	-21,338	-1,280	29,633	77	31.5	0.9	-4.2
小麦	-20,075	-1,205	32,275	86	38.4	0.9	-3.6
白银	23,225	1,394	86,745	84	36.5	1.1	1.6
黄金	-33,800	-2,028	48,690	81	35.5	0.9	-4.1
活牛	-24,056	-1,443	32,636	87	37.8	0.9	-4.3
猪腩	14,400	864	29,940	87	42.2	1	2.7
活猪	-37,440	-2,246	51,920	86	35.9	0.8	-4.2
总体绩效							
净利润($)			774,142				
最大下跌($)			168,930				

第九章　从何开始

总结

本章我们涉及了不少内容，所以不要担心没有包括所有方面。需要记住的重要要点有：

◇ 买一台计算机，如果没有的话。
◇ 在准确数据的基础上展开研究并进行交易。
◇ 如果想让实时交易反映假设的交易，用相同的格式使用同一家供应商的相同数据。记住数据格式是多种多样的：实际的、永久的和持续的。方法不同得出的格式也不同。换仓调整持续合约和向前调整持续合约是不同的。
◇ 完全依赖通用指标的系统往往会失败。
◇ 交易者对占主导地位的高端技术激动不已，但最后还是求助于传统方法。谢天谢地，大多数交易者不是火箭科学家，他们会思考新时代的新思想，大多数人只有在完全理解之后才进行交易。
◇ 在股市交易中最通用也最成功的方法有：
◇ 唐奇安突破。
◇ 移动平均线的穿越和突破。
◇ 基于短期股价波动的开盘后交易区间形成突破系统。
◇ S&P 即日平仓交易。
◇ 模式识别。
◇ 离场策略决定进场策略成功与否，所以应给予同样多的研究时间。

第十章 历史测试——是福还是祸？

一台速度极快的计算机、历史数据、测试软件都是系统交易者的好帮手。利用这些工具就能评价任何想得到的数学方面的想法。计算机发明以前，对于几个月的历史数据，交易者要花几个小时测试简单的系统。他们可利用的工具有计算器、打印出的每日的开盘价、最高价、最低价、收盘价等数据、笔和纸。现如今，几秒钟就能测试 50 个不同股市 20 年来的数据。这真是股强大的力量。不幸的是，力量可以被有效利用也可能被滥用。有见识的系统交易者利用这种力量研判可行的交易想法，用稳健的参数开发系统并选择投资组合构成；天真的新手系统交易者滥用这种力量欺骗自己；不讲道德的系统供应商滥用这种力量并开发只在过去适用的交易系统糊弄他人。

假设你想购买或开发交易系统，如何区分这是真实且稳健的轨迹记录还是优化过的仅适用于历史的轨迹记录？计量某一交易系统可行性和潜在力量的唯一标准是它的历史绩效成果。只有经过严格的评估和研究我们才能找到答案。本章试图找出陷阱并就历史回溯测试导致的问题给出答案。

仿真分析

说到交易系统，大多数反映历史绩效的数据是以仿真分析的形式出现的。仿真分析有几大陷阱，但主要有两个。一个是每日历史数据中隐藏了变化迅速的股市行情，这导致不充足的滑移结算。另一个是具有后见之明好处的分析。历史测试几乎总能得到你想买进或卖出的价格。大多数回溯测试软件对每笔交易都会征收佣金和滑移费用。佣金和滑移费用的行业标准在75 到 100 美元间不等。过去几年，尤其是标普 500 期指和咖啡，我们发现交易在某些特定交易日下滑 500 美元甚至更多。当股市移动太快，按订单价没有买家或卖家，订单无法完成时就会出现滑移。订单也会完成，但价格却低得多。用每日条形图测试的话，人或电脑很难发现或想到如此大的滑移量。使用日内分时数据测试可减少滑移结算的误差，但不幸的是这类数据非常昂贵，需要许多磁盘空间，而且用今日的测试软件时会出现不可读或不切实际的情况。日条形图上假想的仿真回溯测试是最好情况下的研究。如果分析交易系统时记住这点，你的出发点就是正确的。下一部分我们将讨论具有后见之明好处的曲线拟合存在的问题。

曲线拟合

正如我们之前提过的，除非潜在系统是稳健的，否则假设的轨迹记录是没有用的。有了后见之明，任何历史的轨迹记录都能捏造，可以调整系统参数直到出现所有最好的历史交易。使用后见之明和优化参数并迫使交易只进行最好的历史交易就是曲线拟合。过度优化和曲线拟合保证两件事：令人难以置信的历史绩效和将来极大可能的系统暴跌。大众如何判断系统是否过度曲线拟合？这是个没有答案的问题，除非完整公布系统的逻辑基础。不用费劲去判研黑盒子系统的稳健性（系统绩效缺乏对参数变化的敏锐性）。如果你正在购买黑盒子系统，你最好熟悉并信任卖给你系统的人。但不幸的是，白盒系统的逻辑在交钱之前并不被揭露。很多时候，供应商在出售系统前都会公布参数数量。作为系统购买者，你必须弄清楚参数在所有股市都一样还是股市不同，参数也不一样。如果参数数量少于五个并且在所有股市都一样，这说明该系统并非与历史数据拟合。反之，如果参数数量多并且参数依赖期货则说明该系统与历史数据拟合。首要准则是，第一步要寻找稳健的系统。第二步是购买白盒系统并将系统编程成一种软件。你也许认为这是本末倒置，但要记住只有完全掌握了逻辑才能进行测试。和过度优化系统导致的潜在亏损相比，系统成本是极小的。大多数情况下，你要让系统供应商用他的系统在各个股市运行不同的参数集来证明系统的稳健性。如果系统供应商最初优化过系统，他很可能用不同的参数集产生不同的趋势。

　　从供应商处获得以软件形式呈现的系统或优化报告后，你就可以判断系统的稳健性了。表10.1是典型的优化报告。一份优化报告往往会列出不同的参数，以及同一股市同一时间段用这些参数测试得出的不同结果。稳健的参数是指当增加的数值发生改变（上升或下降）时，总体绩效不会发生重大变化的参数。

第十章 历史测试——是福还是祸？

表 10.1 典型的优化报告

每笔交易一份合约								
每笔交易减掉 75 美元的佣金成本及市场下跌的考量								
变量1	变量2	总利润（$）	年平均利润（$）	最大下跌（$）	年交易量	盈利率（%）	盈亏率	获利对下跌损失比率
20	20	−43,506	−5,675	63,569	130	37.6	0.9	−8.7
30	20	−46,738	−6,096	79,194	109	36.1	0.8	−7.6
40	20	−29,875	−3,897	70,813	85	34.5	0.9	−5.4
50	20	−27,106	−3,536	58,150	69	33.5	0.9	−5.9
60	20	−25,588	−3,338	50,431	56	31.5	0.9	−6.4
70	20	−11,806	−1,540	34,725	45	33	0.9	−4.3
80	20	−5,906	−770	35,863	38	33.7	1	−2.1
90	20	−8,675	−1,132	37,369	33	33.7	0.9	−2.9
100	20	−11,675	−1,523	36,294	31	32.1	0.9	−4
110	20	−13,106	−1,709	41,188	26	33.5	0.9	−4
120	20	−9,900	−1,291	35,750	23	33.5	0.9	−3.5
130	20	−5,506	−781	35,988	21	35	1	−1.9
140	20	−2,644	−345	36,956	18	35	1	−0.9
150	20	−4,569	−596	36,538	17	31.5	1	−1.6
20	30	−18,538	−2,418	41,238	101	37.6	0.9	−5.7
30	30	−32,513	−4,241	57,481	88	34.7	0.9	−7.2
40	30	−20,050	−2,615	51,563	70	33.1	0.9	−4.9
50	30	−18,525	−2,416	43,313	59	33.6	0.9	−5.4
60	30	−29,788	−3,885	44,975	50	33.4	0.8	−8.4

图 10.1 是三维区域图，绘制的是由不同的两个参数组合在一起产生的利润。图上有山峰、峡谷和高原。很显然你不会选择

处在谷处的参数组合。同样，和最初的直觉相反，你也不会选择处在峰处的参数组合。最稳健的参数集是位于高原的高处和平处。如果向上或向下移动这一参数集，最终结果不会发生重大变化。你肯定想得到这一参数集，但我们都知道历史不可能完全重演，今天它是优化参数，很可能明天就不是了。我们就 1983 年到 1991 年的英镑优化了开盘后交易区间形成突破系统。这一系统的规则是在前三个交易日的最高价和最低价间以低于开盘价的价格买进一定比例。卖出正好相反。此外，我们还利用 1000 美元的资金管理作为停损。我们试图在优化测试找到比例的最佳组合。图 10.2 正是优化趋势的三维区域图。X 轴代表参数 1，Y 轴代表参数 2，Z 轴代表净利润。

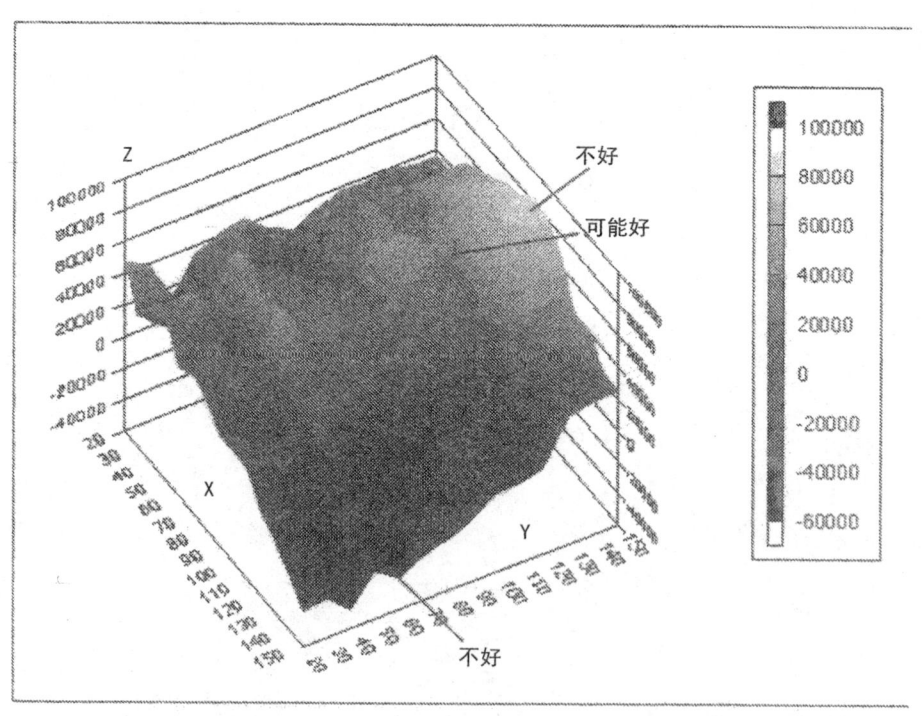

X 轴代表参数 1，Y 轴代表参数 2，Z 轴代表利润。

图 10.1　英镑最佳化的三维区域图（1983 年–1991 年）

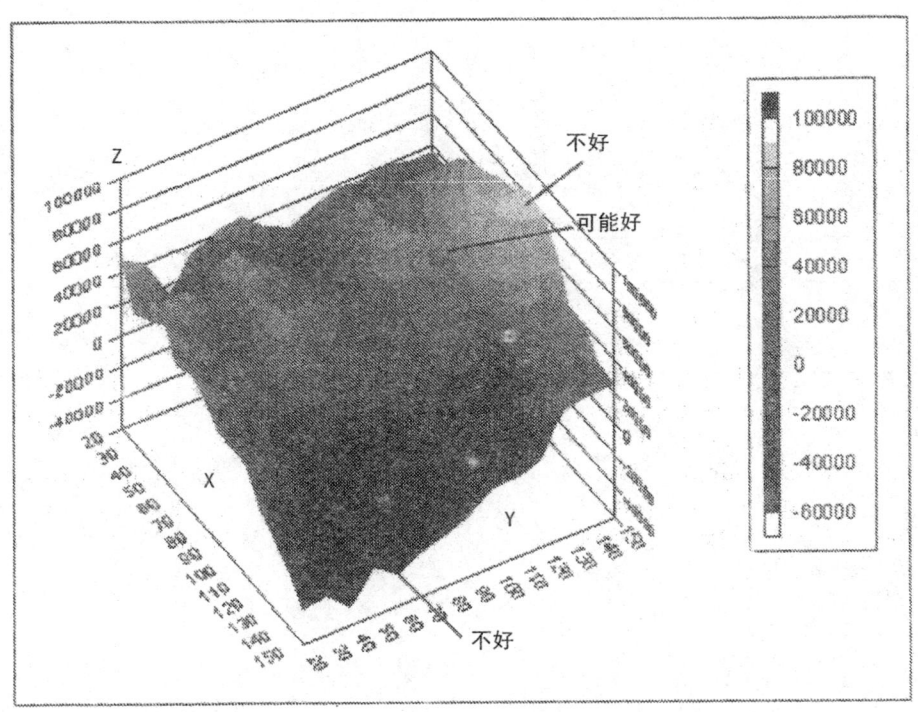

图 10.2　与图 10.1 相同的三维区域图

我们挑出三组参数组合：两组是我们认为不可靠的，一组是表现出潜力的。我们挑选一组优秀的参数集，因为它位于高原的高处和平处。两组我们认为不可靠的参数集分别位于峰处和谷处。从 1992 年的 1 月到 1999 年的 8 月对英镑的三种不同参数集进行了移动取样测试。表 10.2 是这些移动取样测试的绩效。

表 10.2 使用三组不同参数集得出的不同绩效

每笔交易一份合约
测试期间 1992.01—1999.08.31
每笔交易减掉 75 美元的佣金成本及市场下跌的考量

参数集	总利润（$）	最大下跌（$）	
峡谷	-1,131	40,031	就利润而言最佳
高原	-4,738	19,588	就下跌而言最佳
山峰	-18,175	35,838	总体表现最差

在本分析中，就利润而言，山谷参数胜过山峰及高原参数；就下跌而言，高原参数表现最佳。图 10.3 展现了参数是如何随着时间的推移而发生变化的。这一三维区域图是由同样的参数组合产生的利润，不过时间为 1992 年的 1 月到 1999 年的 8 月。看着山峰移向峡谷、最佳参数由一组数值变为另外一组是很有趣的。

第二次最佳化趋势来临时最初的"最佳"参数不再最佳。没有一个股市完全重复历史的足迹，如果不选择在多数股市行情有效的参数值，你在多数交易中会以失败告终。该分析向我们提出这样一个问题：最佳化真的有用吗？

最佳化有一个用处就是确定相近的参数。如果你开始开发一种交易系统，你并不知道参数应该是什么。通过使用最佳化，你可以排除没有意义的参数范围，清楚系统的总体效果。如果你最佳化了系统参数，但似乎不起作用，这就表明你需要另想办法了。

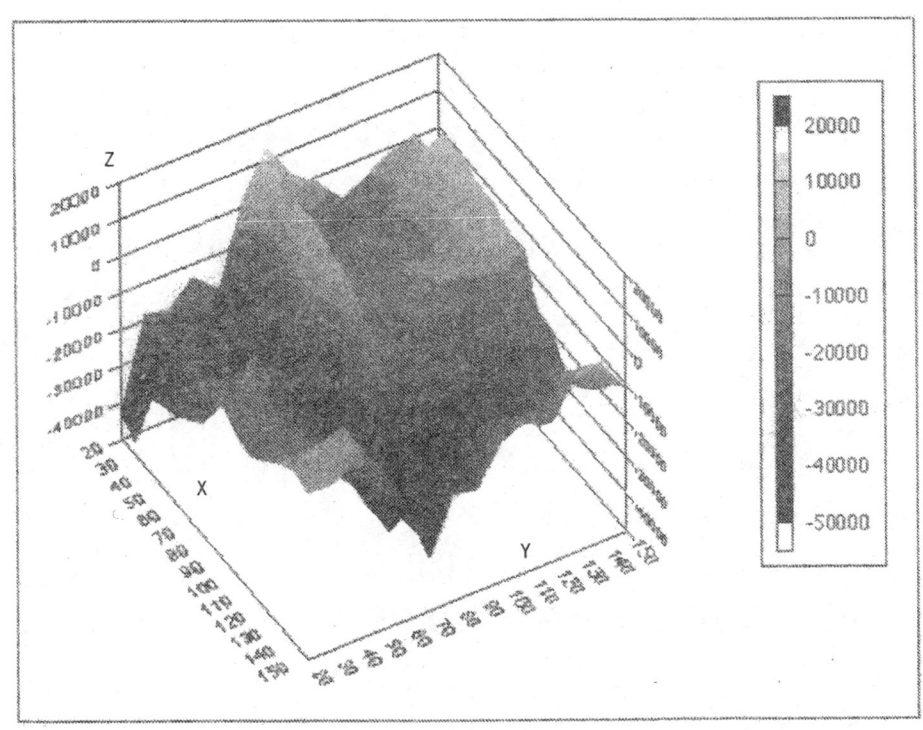

X 轴代表参数 1，Y 轴代表参数 2，Z 轴代表利润。

图 10.3 英镑最佳化的三维区域图（1992 年–1999 年）

定期重新优化——有效吗？

通过研究我们发现最佳化并不是调整交易系统的最佳方式。最佳参数随着时间的推移而变化，且变化是不可预见的。许多交易者和系统开发者认为既然股市是不断变化的，参数应该定期重新优化。他们还认为参数重新优化的速度要快。但重新优化没法从根本上解决问题。股市不断变化，今天的股市和十年或十五年前的是不一样的。但是，如果系统是有逻辑的并建立在良好的股市原则上，它就能对付股市抛出的任何曲线球。系统可能时不时地失效，但长期来看是有用的。我并不是说系统永远都不需要变更，五年前标普 500 期指的止损点是 500 美元，今天的股票市场肯定不是了。如果股市表现出的特点和历史描述的完全不一样，也许就该改变系统的固定参数。要想不发生改变固定参数的方法之一是让所有参数成为股市的函数（比如，不用 500 美元作为止损点，而是用幅度均值的 10%）。我们认为重新优化是试图弥补被打破情形的一种方法。

我们将自己的想法投入测试，测试对象是以两年为周期的重新优化后的唐奇安系统。（突破前 X 个交易日的最高价时唐奇安类型的系统买进；突破前 X 个交易日的最低价时唐奇安类型的系统卖出）。我们优化通道长度并做多头市场，然后做空头市场。每隔两年对前两年的参数重新优化，选择最佳参数作为接下来两年的参数。表 10.3 是不同时间跨度内七个不同股市的最佳参数。

表 10.3 不同股市的最佳参数和它们的时间跨度

	英镑		德国马克		日元		咖啡		大豆		瑞士法郎		美国债券	
1983-1984	42	30	30	6	22	10	6	34	30	14	38	6	14	18
1985-1986	10	46	6	46	18	50	46	6	50	14	6	34	10	14
1987-1988	46	26	14	46	18	50	34	22	38	26	34	46	10	22
1989-1990	14	38	18	22	6	38	36	6	42	10	14	30	26	38
1991-1992	50	18	26	6	30	22	34	38	6	30	38	26	22	46
1993-1994	30	30	39	26	10	42	14	18	14	26	6	26	46	38
1995-1996	42	42	46	30	34	10	10	18	10	14	10	30	22	36

比如：从 1985 到 1986 年，我们测试英镑时用 42 天作为买进通道，用 30 天作为卖出通道。

表10.4是七个股市的总体绩效,它是基于每两年变化一次的最佳参数的。表10.5和表10.4差不多,但没有使用最佳参数也没使用重新优化参数,系统用的是所有股市所有时间跨度的固定参数。

固定参数容易设置,表现力也比重新优化参数好。这些结果证明过度优化和重新优化是无效的,最后你只能靠猜测来预测股市动向。

表10.4 使用重优化参数的绩效结果

每笔交易一份合约
测试期间 1986.01.01—1999.04.30
每笔交易减掉75美元的佣金成本及市场下跌的考量

独立市场	总利润($)	年平均利润($)	最大下跌($)	年交易量	盈利率(%)	盈亏率	获利对下跌损失比率
美国债券	58,370	4,169	18,610	11	44.7	1.4	19.6
英镑	2,813	201	46,725	9	33.6	1	0.4
德国马克	9,638	688	22,200	12	38.2	1.1	2.9
日元	57,988	4,142	35,163	11	42.7	1.4	11
瑞士法郎	48,550	3,468	33,750	13	42.8	1.3	9.8
咖啡	129,866	9,276	53,554	13	45.3	1.5	15.9
大豆	-21,425	-1,530	26,560	15	35.1	0.8	-5.5
总体绩效							
净利润($)	285,799						
最大下跌($)	65,423						

表 10.5　使用固定参数的绩效结果

每笔交易一份合约 测试期间 1986.01.01—1999.04.30 每笔交易减掉 75 美元的佣金成本及市场下跌的考量							
独立市场	总利润（$）	年平均利润（$）	最大下跌（$）	年交易量	盈利率（%）	盈亏率	获利对下跌损失比率
美国债券	45,720	3,266	18,420	10	41.6	1.3	15.5
英镑	40,663	2,905	26,588	10	40	1.2	10.3
德国马克	16,513	1,180	29,238	10	43.7	1.1	3.9
日元	128,588	9,185	18,213	9	52.5	2.2	44.2
瑞士法郎	91,100	6,507	20,275	9	50	1.7	29.3
咖啡	103,478	7,391	66,540	11	40.8	1.4	10.3
大豆	−26,745	−1,910	35,210	13	32.4	0.8	−5.2
总体绩效							
净利润($)			399,310				
最大下跌($)			50,526				

最佳化参数的替代品——自适应参数

我们已经证明最佳化（一时的或定期的）并不能解决参数变化的问题。最佳参数一开始是个固定数值，但随着时间的推移可能发生改变，1983 年的参数可能是 5，但 1987 年的最佳参数可能就是 10。交易者如何才能跟上不断变化的最佳参数呢？你要么忽视参数变化，希望自己选择的参数和潜在的系统足够稳健，能应对不断变化的股市行情，要么让你的参数适应股市行情。

自适应参数是基于股市某一函数的动态变化的参数。1996 年，我们开发了动态突破系统。我们从简单的通道突破系统开始，针对几个不同股市过去几年的数据优化通道长度。我们以正确方式利用最佳化的优势。我们想消除落在左边区域外且不适用的参数组合。发现落在 20 到 60 之间的通道长度在我们测试的大多数股市上都奏效。

动态变化的参数必须成为股市的某一函数。股市的某一方面必须能说明参数应该是什么以及他们应该如何变化。因为我们运用的是机械交易系统，我们必须提出能反映当前股市行情的数学公式。在过去几个交易日上下移动的股市数量往往能预示股市当前的特点。这一移动被称为波动性。如果某一股市在过去几个交易日有很大的摆动，则被认为是高波动性。如果股市平静，则表现出低波动性。在波动突破系统中，我们使用波动性作为当前股市行情的指标，用标准差作为波动性的测度。价格摆动的幅度增大时标准差增大，价格波动缓慢时标准差减小。

确定动态参数的第一步是找出反映股市某一方面的运算公式。第二步是实际应用把静态参数转变成变化参数的公式。通过观察和分析我们发现在高波动性阶段，通道突破系统被分割成一片一片的。我们总结为波动性高时要增加通道长度（计算最高价和最低价的天数），波动性低时要减少通道长度。运算公式的最终结果及其应用被称为自适应引擎。自适应引擎可在不同类型的交易系统上进行修改和嵌入。

前 20 个交易日的最高价或最低价被突破时，动态突破系统开始买进或卖出。通道长度的变化是基于股市波动性的。前 30 个交易日收盘价的标准差就是波动性的测度。通道长度的变化和日波动性是一样的。如果昨天的通道长度是 20 且今天的波动性增加 5%，今天的通道长度就是 21。如果今天的波动性降低，通道长度也相应缩减。动态参数反映股市，但有时候股市完全失控，结果，参数要么极其大要么无限小。这些情况下，必须有一种高于一切的规则将参数维持在可接受的范围内。我们使用的上限是 60 个交易日，下限是 20 个交易日。参数不得高于 60 也不得低于 20。

为了证实动态参数的有效性，我们花了九年多时间在动态突破系统上对很多期货进行测试。同一时间跨度内我们也在类似系统上用非自适应参数对同样的期货进行测试。我们一开始最佳化了 1983 年到 1989 年的非自适应参数并选用始于 1990 年 1 月移动取样测试中的最佳参数。表 10.6 为 1983 年 1 月到 1989 年 12 月非自适应系统的最佳化绩效数字。

表 10.6　利用后见之明的非自适应绩效结果

每笔交易一份合约							
测试期间 1983.01.01—1989.12.31							
每笔交易减掉 75 美元的佣金成本及市场下跌的考量							
独立市场	总利润（$）	年平均利润（$）	最大下跌（$）	年交易量	盈利率（%）	盈亏率	获利对下跌损失比率
美国债券	39,670	5,667	13,650	14	43.9	1.5	34.7
英镑	51,569	7,367	18,356	7	52.2	1.8	37.1
德国马克	31,875	4,554	9,350	13	46.2	1.6	42.6
日元	56,263	8,038	11,488	6	52.4	2.8	57.2
瑞士法郎	44,713	6,388	14,038	7	51.1	2	40.5
中期国库券	30,570	4,367	9,370	14	45.8	1.5	40.2
欧元	13,575	1,939	8,675	15	36.8	1.4	21.2
原油	23,500	3,711	5,780	13	48.2	1.8	47.5
棉花	34,020	3,431	15,550	8	52.7	1.8	20.7
黄金	5,410	773	16,190	14	39.8	1.1	4.4
大豆	21,340	3,049	13,475	18	45	1.3	20.6
总体绩效							
净利润（$）				285,799			
最大下跌（$）				65,243			

表10.7是1990年1月到1999年8月这些最佳化参数的移动取样测试。表10.8是同样时间跨度内同样的投资组合使用动态参数的动态突破系统的绩效。自适应性轻而易举地在测试中胜出。

表10.7 没有利用后见之明的非自适应绩效结果

每笔交易一份合约
测试期间 1990.01.01—1999.08.31
每笔交易减掉75美元的佣金成本及市场下跌的考量

独立市场	总利润（$）	年平均利润（$）	最大下跌（$）	年交易量	盈利率（%）	盈亏率	获利对下跌损失比率
美国债券	-18,850	-1,950	35,880	15	38.9	0.9	-5.1
英镑	11,438	1,183	37,688	7	33.3	1.1	3
德国马克	-463	-48	38,363	14	40.4	1	-0.1
日元	92,063	9,524	22,050	6	55	2.4	38.7
瑞士法郎	50,413	5,215	24,750	7	56.5	1.6	19.7
中期国库券	-8,970	-928	24,020	14	37.1	0.9	-3.6
欧元	9,600	993	5,600	13	41	1.5	16.3
原油	28,380	2,936	12,670	14	39.4	1.4	20
棉花	35,360	3,658	33,630	8	46.8	1.4	10.6
黄金	-5,240	-542	11,010	14	38.5	0.9	-4.4
大豆	-13,080	-1,353	22,235	19	37.8	0.9	-5.7
总体绩效							
净利润（$）			180,645				
最大下跌（$）			79,080				

表 10.8　自适应系统的绩效结果

每笔交易一份合约
测试期间 1990.01.01—1999.08.31
每笔交易减掉 75 美元的佣金成本及市场下跌的考量

独立市场	总利润（$）	年平均利润（$）	最大下跌（$）	年交易量	盈利率（%）	盈亏率	获利对下跌损失比率
美国债券	37,160	3,844	27,760	13	39.3	1.4	12.6
英镑	18,638	1,928	46,475	14	35.6	1.2	4
德国马克	-5,063	-524	37,138	13	39.8	1	-1.4
日元	134,438	13,907	24,688	12	53.6	2.8	51
瑞士法郎	56,375	5,832	13,300	13	45.5	1.5	38.8
中期国库券	34,650	3,584	11,380	11	43.5	1.6	27.9
欧元	8,775	908	7,025	11	42.9	1.5	12.4
原油	25,200	2,607	13,070	15	37.8	1.4	17.3
棉花	30,855	3,192	24,,530	16	33.8	1.3	12.5
黄金	-12,870	-1,331	20,370	16	31.8	0.8	-6.1
大豆	-15,120	-1,564	23,180	15	32.2	0.8	-6.4
总体绩效							
净利润（$）			313,033				
最大下跌（$）			38,683				

设计交易系统的是你，不是电脑

有了历史数据、测试软件和超级计算机，我们发现越来越多的系统是由电脑设计而不是由人。电脑和过度优化正在复活本该扔进垃圾桶的交易想法。电脑找到在不同股市都奏效的不同参数集之前可以无限制地最佳化参数，但这并不是说它可以揭示交易原则。许多系统测试者或交易者从符合他们交易心理的想法出发，但经过无数测试、最佳化和曲线拟合之后，这些想法都以与它们完全相反的形式收场。

每个人在开始使用交易系统前都有自己的核心想法。他们开始测试想法，如果结果似乎有点希望，他们往往会进一步发展这种想法。发展常有两种不同的形式：增加逻辑和最佳化。如果想法并非对所有股市和所有行情都通用，任何一种形式要么是有益的要么是毁灭性的。我们已经介绍了过度优化和曲线拟合，但开发交易系统还存在其他潜在危险。比如，我们假设你已经开发和测试了很多股市系统，通过绩效分析发现大豆不该在周二交易，猪腩不该在周五交易。其他股市在任何一天都可以交易。这是曲线拟合的一种形式，通过增加并非在所有股市和所有行情都通用的逻辑来实现。现在，如果昨天的波动性太高，你发现该取消交易，这就是有效的增加逻辑，它对所有的股市和行情都适用。

如何评估交易系统的绩效

评估交易系统不仅仅只是看看账本底部的数字——利润。评估系统绩效时还应该看看其他关键的统计数据。除了利润，我们需要看的其他数据有：

◇ 最大下跌：资金的最高点到接下来资金的最低点。行情恢复前系统亏损的最大数额的资金。
◇ 最长平缓期：系统不赚钱的时间期。它可能发生在交易一开始或是发生在一连串盈利之后。

◇ 平均下跌：最大下跌是一次的，但平均下跌则把一年所有下跌都算进去。

◇ 盈亏率：这一数据代表的是盈利交易赚钱量与亏损交易损失量的比率。比率越高越好。新手交易者只是一味迷恋盈利率。盈亏率这一数据非常有益，因为它告诉你盈利和亏损的比率。盈利率高的系统并不意味着盈亏率就高。获取利润迅速的系统盈利率高达90%但是平均每笔交易的利润很小。你是倾向于盈利率高达90%但每笔盈利交易只赚50美元、每笔亏损交易损失25美元的系统？还是盈利率只有33%但每次盈利能赚2000美元而每笔亏损只损失200美元的系统？

◇ 获利交易平均利润/亏损交易平均损失：在每笔固定交易上期待获利或亏损的数额。这是又一个比盈利率重要的数据。

◇ 利润对下跌比率：大多数交易者不愿意遭遇风险，在看到回报前他们首先看到的是风险。这一数据中的风险是以下跌的形式出现的，而回报是以利润的形式出现的。下面的方案你选择哪一个？投入100美元你有10%的机会赚取1000美元还是投入1000美元，你有10%的机会赚取10000美元？尽管风险收益率是完全一样的，但由于资金有限，大多数交易者会选择风险低的方案。

◇ 异常值调整后利润：使用任何交易系统你都会有一到两次获取巨额利润或是遭受巨大亏损的时刻。这些交易重现的概率非常非常小，所以不应该包括在总的历史记录里。我们发现盈利高的S&P系统赚取的所有钱只是依靠一小部分交易，在其他交易中几乎都是亏损的。

◇ 最多的连续亏损：发生连续亏损的总数。这一数据告诉交易者在获取盈利前可能经历的所有亏损交易量。

◇ 夏普比率：表示资金曲线的光滑度。比率越高，资金增长或下降就越光滑。该比率的计算方法是用月或年平均报酬率除以这些报酬的标准差。

◇ 长期和短期的净利润：大多股市上，稳健的系统在长期交易和短期交易间分别获取利润。你不可能使用把所有资金投在一种交易方式上的交易系统。但也有特例，在看涨态势的股市，比如标普期货和大多股票交易者往往倾向于长期交易。

◇ 盈利百分比月：一年平均只有一个月是盈利月的系统是不受欢迎的。你青睐的系统至少一年中有五个月是盈利的。

◇ 资金的视觉再现：图片胜过千言万语。资金曲线比任何只列出表格的报告都要直观。我们见过有些报告看上去很像样，但做成资金曲线就很恐怖了。用视觉的方式解释下跌、最长的平缓期和资金曲线波动性以及资金增长是很容易的。

出于演示目的，我们运用刚刚讨论过的绩效数据来分析一下上一章节中的某一系统。让我们以上一章最后介绍的模式系统为例。表10.9包括测试美国债券（1983年1月到1999年8月）得到的所有绩效数据。每笔交易减掉75美元的佣金成本及市场下跌的考量。

表10.9 美国债券模式系统的绩效

每笔交易一份合约			
测试期间 1983.01.01—1999.8.31			
每笔交易减掉75美元的佣金成本及市场下跌的考量			
总的净利润或净亏损($)	103,330	年平均净利润($)	6,200
盈利月(%)	62	年平均下跌(%)	39
最大下跌收盘交易($)	12,410		
最大下跌($)	13,330		
最佳交易($)	7,155	最糟糕的交易($)	-3,705
获利交易平均利润/亏损交易平均损失($)	126	净盈利对亏损比率	1.4
平均获利($)	933	平均亏损($)	-594
长期净盈利或净亏损($)	89,970	短期净盈利或净亏损($)	13,360
交易量	1,231	年平均交易量	49
获利交易量	488	盈利百分比(%)	47.20
亏损交易量	743	最长的连续亏损天数	7
每笔交易平均交易日	0.5	最长的平仓时间(天)	486
持仓时间(%)	25	夏普比率	0.25

	净利润/净亏损($)	最大收盘交易($)	交易量	盈利率(%)	平均盈利	连续亏损	平仓交易日
前六个月	1,700	3,730	30	50.0	703	5	70
前十二个月	10,290	3,730	50	48.0	978	5	70
今年	2,180	3,730	37	45.9	781	5	70
去年	17,700	1,290	46	58.7	923	4	46
合计	103,330	12,410	818	47.2	933	7	486

本例中的最大下跌是13,330美元。一个惊人的数字！也是让大多数交易者预算吃紧的数字！许多新手交易者看到这个数字都无法相信这个系统的一个股市会在某一刻亏损13,330美元。

典型的下跌数据对资金不足的交易者是个警示。

根据历史记录，该系统在该股市接近两年期间分文不赚，这很可能发生在测试阶段的开始、中间或是最后，所以也很可能会再次发生在开始交易后的任何时候。交易者必须了解自己系统的思维状态，这样才能为将来发生的情况做好准备。如果发生在多年盈利之后，迟缓期并没有多大意义，但要一开始就发生了，这将是毁灭性的。

多数案例中，由于最大下跌只是让人了解最糟糕的情况，所以决定最低限额法定资本金的关键要素不是最大下跌，而是平均下跌。然而一旦决定将钱投入交易时，大多数交易者过分保守，往往使用最差劲的方案。本系统的净利润超过亏损，比率为1.4∶1，获利交易平均利润为131美元。利润与下跌比率为7.71，相当惊人的数字。除去最高盈利和最大亏损，总资金并没有受到很大影响，这表明所有交易是均匀分布的。一些大交易并没有让系统盈利，一段时间，该系统遭受连续七次亏损。开始正式交易前知道这一点是好事。高夏普比率表明高光滑度，该系统的夏普比率为12.2。只有一个数据让我们为该系统的绩效担忧，那就是长期利润和短期利润的对比。该系统在长期交易上获取将近90%的利润。如果美国债券进入长期的熊市，系统的未来绩效会怎样呢？此外，该系统的盈利月达60%。记住，全面了解系统才有可能为诸如连续七年亏损做准备。图10.4是历史资金曲线，它说明光滑且持续的资金增长，也阐释了高夏普比率。这种资金曲线我们想在过去看到，更希望在未来看到。

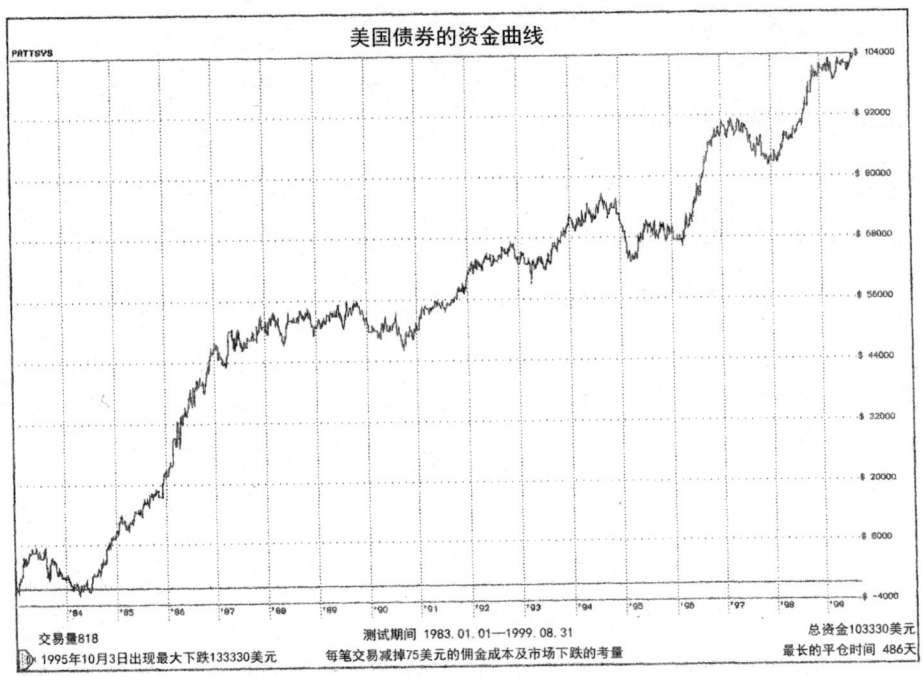

图 10.4　模式系统的资金曲线

如何评估交易系统投资组合绩效

　　所有这些绩效统计数据都应该用来研判系统未来的可行性。但必须记住的是我们是以挨个独立股市为基准审视交易系统的。只有风险分散才可能保证长期获胜。除了微观上分析挨个独立市场，我们必须加入宏观上的投资组合分析，只有这样才能决定系统和投资组合的可行性。看清一个股市在一个系统上的绩效是很容易的，但当两个或更多股市同时在一个系统上交易、互相影响并影响最终结果时我们就很难看清了。我们知道如果你用同一系统在两个股市交易，最后的总利润是每个独立股市获得的利润总和，但两个股市的总的最大下跌数字在多数情况下并不是单独下跌的简单加总。这就是风险分散的优势所在。利润增长大于最大下跌。若两个完全不同的股市用同一系统交易，同时下跌的概率是极其小的。

图10.5是不止一个股市的交易结果。一个股市亏损时，我们希望另一个股市获利来填补亏损，这是从两个方面分析系统的重要原因：独立股市（微观上的）和投资组合分析（宏观上的）。两种形式的分析与投资组合内的各组合成分总是不一致的。回到前面的模式系统，我们看两个不同股市的投资组合。表10.10是关于挨个股市的分析。分析中，显而易见的是就下跌而言，两个股市的投资组合并没有产生效果。

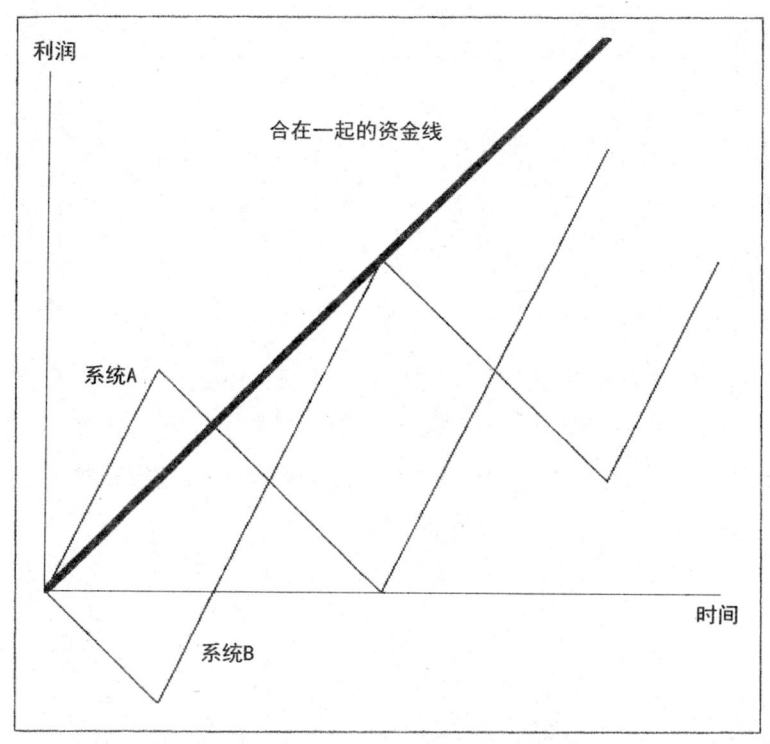

图10.5　风险分散的最终结果（纵轴代表利润，横轴代表时间）

表 10.10　英镑和瑞士法郎的独立绩效

每笔交易一份合约 测试期间 1990.01.01—1999.08.31 每笔交易减掉 75 美元的佣金成本及市场下跌的考量							
独立市场	总利润（$）	年平均利润（$）	最大下跌（$）	年交易量	盈利率（%）	盈亏率	获利对下跌损失比率（%）
英镑	44,200	2,652	24,688	44	40.5	1.2	10.1
瑞士法郎	46,438	2,786	22,900	45	40	1.2	11.3
总体绩效							
净利润（$）			90,368				
最大下跌（$）			45,531				

有时基于挨个股市加入似乎表现不佳的股市反而对总体绩效有所帮助。表 10.11 是改进后的投资组合绩效。通过操控并加入表现不佳的股市，总利润一下增加了 39% 的同时总下跌降低了 5%。要想获得成功的交易机会就必须进行投资组合分析。有些股市因为本身绩效逊色不被人看好，但有时从投资组合的角度而言却是有用的。要想制定成功的交易计划就必须分析投资组合。交易系统只有适用于很多各不相同且表现不佳的股市才是强劲的系统。

表 10.11　加入稍逊的股市可增大投资组合绩效

每笔交易一份合约
测试期间 1990.01.01—1999.08.31
每笔交易减掉 75 美元的佣金成本及市场下跌的考量

独立市场	总利润（$）	年平均利润（$）	最大下跌（$）	年交易量	盈利率（%）	盈亏率	获利对下跌损失比率
英镑	44,200	2,652	24,688	44	40.5	1.2	10.1
瑞士法郎	46,438	2,786	22,900	45	40	1.2	11.3
猪腩	36,376	2,186	19,788	42	44.9	1.2	9.8
小麦	-338	-20	10,538	47	38.9	1	-0.2
总体绩效							
净利润（$）			125,978				
最大下跌（$）			42,998				

总 结

本章在历史的系统绩效数据这一问题上给了我们一些启示。曲线拟合的历史记录毫无价值，也让人对非稳健系统产生虚假信心。最佳化或重新优化并不是解决不断变化股市的最终方法。有关自适应参数的研究鼓舞人心，可能完全消除了曲线拟合的缺点。如果你开发交易系统却凭计算机和后见之明完成大部分的设计，你应该知道你的设计只能在过去生效。一旦曲线拟合被排除出历史记录，关于历史记录的深入分析对于决定系统波动性是很有必要的。我们必须通过分析历史记录来决定系统和交易者心理之间的兼容性。你不可能仅凭观察独立股市的绩效就制定交易计划。同一系统上不同的独立股市同时发生交易在投资组合构成中的作用很大。只有风险分散才能实现交易期货或股票的成功，所以交易者不能只看独立股市的绩效而应该是整个股市的。

第十一章 资金管理

资金管理是交易成功最重要的工具,但只有10%的交易者会把资金管理纳入交易计划。交易者资金量少并不代表不必运用资金管理。多数交易者认为大型商品交易顾问和机构才使用这一理念。本章旨在改变这种观念并阐明不管资金多少交易者都能使用资金管理的理念。

资金管理指根据投资者喜好审视风险和回报。它的目标是确定期望的收益率,然后最小化与该收益率相关的风险。总的来说,交易过程涉及四个决定。

◇ 买进/卖出(系统或策略)。
◇ 交易哪种商品或股票。
◇ 交易单项商品合约的数量。
◇ 固定时间内的风险资金。

第一个决定是交易技术方面的,与资金管理无关。后面三个决定直接与利润最大化和风险最小化相关。既然交易过程涉及的四个决定中有75%与风险管理及回报有关,75%的研究时间就该花在资金管理和投资组合构成上。开始开发系统时就该考虑有关风险与回报的原则,并将其作为系统内完整的一部分。

必要工具：统计学

统计学是数学的一个分支，用于计算可能结果的概率。统计数据用于计量交易单个商品、股票或是不同股市投资组合产生的风险和回报。多数交易者用净利润计量回报、用最大下跌计量风险，但利用统计学我们可以根据各个要件计量风险或回报，而不限于两个。风险在资金管理中被定义为表示资金线波动性的回报标准差。标准差越大，回报和曲线越不光滑。标准差数值代表交易者以月为基准的获利或亏损量。资金管理中运用统计学的目的是最小化与平均收益率相关的回报标准差。本章我们打算简化内容，所以我们利用的唯一统计工具是平均值和标准差。

公式

x＝变量或要件（项目管理、每月回报等）

n＝变量或要件的数量（至少是30）

平均值＝所有 x 的总和除以 x 的个数

标准差＝（x-平均值)^{2}的总和除以（n-1），然后开方

以下例子是计算平均值和标准差的步骤：

x_1＝400

x_2＝-90

x_3＝200

n＝3

$x_1+x_2+x_3$＝510

平均值＝（$x_1+x_2+x_3$）/n＝510/3＝170

x_1-平均值＝400-170＝230

$x_2 -$ 平均值 $= -90 - 170 = -260$

$x_3 -$ 平均值 $= 200 - 170 = 30$

$(x_1 -$ 平均值$)^2 = (230)^2 = 52900$

$(x_2 -$ 平均值$)^2 = (-260)^2 = 67600$

$(x_3 -$ 平均值$)^2 = (30)^2 = 900$

$(x -$ 平均值$)^2$ 的总和除以 $(n-1) = (52900+67600+900)/2 = 60700$

标准差 $= 60700$ 的开方 $= 264.4$

68%的数值分布在平均值的一个标准差范围内。本例中，未来变量有68%的可能会落在数值-94.4和434.4之内。资金管理的总体目标是风险最小化的同时实现利润最大化，但除了这点，资本管理还试图降低大跌的概率，即破产风险的概率。

破产风险

这个统计学术语用于描述交易者亏损所有交易资本的概率。破产风险是关于三个变量的函数：单笔交易的风险资金、盈利百分比、交易系统的盈亏率。资金管理负责单笔交易的风险资金，而交易系统定量另外两个变量。刚开始使用某一系统交易就应该关注破产风险。单笔交易的风险资金越高，破产风险就越高。如果你投资20000美元且单笔交易的风险是5000美元，一旦连续四笔交易亏损，你就面临破产。发生率是有关风险资金多少和交易系统成功率（为简化起见，假设持续盈利或持续亏损，且每笔交易的盈利或亏损金额都一样）的函数。如果第一笔交易的亏损率是45%，连续亏损四笔交易的概率是45%的四次方（从一开始我们就提高了必然导致破产的亏损交易的亏损率），也就是将近

4%。如果风险资金少，破产的概率就降低。每笔交易的风险不是 5000 美元，而是 2500 美元，这样从一开始破产的概率就变成 45% 的八次方或者说是 0.17%。

如果交易的最初阶段交易者是获利的并且增加了初始资金，四次亏损（持续的或分开的）都不会让他破产（条件是风险金额不变）。尽管导致破产的持续亏损数量随着时间的推移而增加，更多持续亏损的概率也变大。下面的公式是计算破产概率的。

$$破产概率 = (1-TA/1+TA)^{IU}$$

TA 指交易优势（盈利百分比-亏损百分比）；IU 指初始交易单位。如果交易者的初始资金是 20000 美元且风险资金是 5000 美元，那么 IU 为 4。下面方案的破产概率是：

总资金：	$20,000	总资金：	$20,000
风险资金：	$5,000	风险资金：	$2,500
交易优势：	10%	交易优势：	10%
破产概率：	44.8%	破产概率：	20.1%
总资金：	$20,000	总资金：	$20,000
风险资金：	$2,000	风险资金：	$1,000
交易优势：	10%	交易优势：	10%
破产概率：	13.4%	破产概率：	1.8%

只有基于单独合约交易，这些数据才是有效的。破产概率会随着合约数量的变化而发生巨大变化。另外，这些等式假设获利时的盈利金额总是和亏损时的亏损金额是一样的。正如我们在前面说过的，破产风险是有关盈利百分比、盈亏率和风险资金的函数。目前为止我们还没有考虑盈亏率。真实交易中，大多数获利交易系统的盈利百分比低于 50%、盈亏率大于 1.2，因此事实是：

获利和亏损在数量上并不总是一样的。拉尔夫·文斯在《投资组合管理公式》一书中提出的破产风险等式是把这个事实考虑进去的。

风险破产是个有趣的数字,但对于如何有效管理或交易资金并没有提出多少观点。风险破产和众多例子告诉我们什么?一次不要押太多资金才能保护好自己。如果理智地确定风险资金(投资资金的一定百分比用作风险资金),并且用积极的期望进行交易,这样的话破产概率会很小。

资本分配模型

利用现有工具理解资本分配模型完全没有问题。我们先演示如何用小的数据样本在独立股市分配资本,然后用同样的方法处理两个股市的投资组合。本章最后,我们还会演示中小型账户在真实系统上资本分配模式的效果。

记住我们的目标是最小化风险的同时最大化利润。在风险能控制的情况下必须实现这个目标。为了实现这个目标,我们必须清楚每个独立股市分配的资金额以及我们应该交易的合约个数。模型里的资本是关于资金、月平均收益率、股市风险的函数。资金是我们开始交易的初始资本。这些例子中的回报不是复合的,计算时全部使用初始总资本。月平均收益率是每月期待系统获取的资金额。股市风险是每个交易日每笔交易可承受的损失。资金管理者使用各种不同测度观察股市风险:

◇ 平均值域:找出前三到前五十个交易日的平均值域。把平均值转化成美元。比如,如果前十个交易日瑞士法郎的平均值域是每点12.5美元,换成对等的风险美元是

500。股市波动的可能数值等同于过去 x 个交易日的移动平均线。并不是时时都是如此,但你需要个概率来构建分配模型。

◇ 收盘价的平均变化值:前三到前五十个交易日的收盘价平均变化值更能代表风险的大小,因为该值让持有头寸的交易者掌握期望风险。

◇ 收盘价下降的平均变化值与收盘价上涨的平均变化值:前一个时间段收盘价下降的平均变化值表示的是做长仓的风险。

◇ 收盘价的标准差:收盘价的标准差让我们更精确地了解风险,因为它表示的日变量的个数落在 68% 的置信区间之内。它的计算更加复杂,但如今有了电脑的帮助计算不再是个问题。

无论如何计量,风险是最重要的变量,也是资本分配模型的主要成分。

一个股市的投资组合

运用模型的第一步就是找到持有正确回报预期的系统。该系统可以交易股票还是期货,这点没有关系。在分配资金之前我们需要以一份合约为基准计算月平均收益率以及股市风险。此外,我们要清楚每笔交易我们愿意拿出多少资金用作风险资金。此刻,我们还不知道要押的风险资金,因为这正是我们要弄清楚的。但我们非常明白可承受的界限。

$$C=f(E, m, r)$$

公式中 C 是取得可承受风险率或报酬率的风险资金

E 是每笔交易重复的风险资金

r 是当前的股市风险

m 是月平均收益率

本例中,我们先将资金分配到一个股市,然后再是两个。基于一份合约测试完系统后我们要在一个时间段(月、周、日)的最开始计算 E、m 和 r。假设债券系统在前六个月内获利 6000 美元,所以月平均收益率就是 1000 美元(6000 美元除以 6 个月):

一月	$2000
二月	-$1000
三月	-$1500
四月	$3000
五月	$2000
六月	$1500
合计	$6000

$$m = \$1000$$

我们用三十个交易日的平均真实震幅计量股市风险。出于演示目的,假设前三十个交易日的平均真实震幅是 36 点。债券的 36 点相当于 1125 美元。

$$r = \$1125$$

假设我们是资金管理者,投资十万美元,预期收益率是 20%,但月底的下跌不得超过 3%。我们已经知道可承受的界限,但不清楚每笔交易应押多少风险。审视系统的历史表现和当前的股市风险,通过在单笔交易上分配不同的风险我们可以制定不同的投资组合(或者说是方案)。最佳化风险参数后获取可承受的风险率或收益率。本例中的投资组合由不同的债券合约数目组成。

TC = $100,1000(总资金)

E 是单笔交易可承受风险的变数

E =(总资金乘以每笔交易允许的风险)

5%时是 $5000（$100,000*5%）

4%时是 $4000

3%时是 $3000

NUMC=合约数

NUMC=E/r

投资组合1　　E=（TC*5%）=$5000　　　r=$1125

　　　　　　　NUMC=$5000/$1125=4

　　　　　　（不能有小数部分）

投资组合2　　E=（TC*4%）=$4000　　　r=$1125

　　　　　　　NUMC=$4000/$1125=3

投资组合3　　E=（TC*3%）=$3000　　　r=$1125

　　　　　　　NUMC=$3000/$1125=2

然后再计算所有投资组合的回报。

ROR 是收益率

ROR=（月平均收益率*合约数）/总资金

ROR=（m*合约数）/总资金

投资组合1　ROR=（$1000*4）/$100,000=4%

　　　　　　　=年48%

投资组合2　ROR=（$1000*3）/$100,000=3%

　　　　　　　=年36%

投资组合3　ROR=（$1000*2）/$100,000=2%

　　　　　　　=年24%

然后参考每月的回报值计算所有投资组合的风险。

　　　　　　回报

一月　　　　$2000

二月　　　　-$1000

三月　　　　-$1500

四月　　　　$3000

五月　　　　$2000

六月　　　　$1500

七月一日 我们现在的位置

投资组合1　　NUMC=4　　ROR=48%

　　　　　　回报　　　　四份合约

一月　　　　$8000　　　一月的绩效乘以合约数

二月　　　　-$4000

三月　　　　-$6000

四月　　　　$12000

五月　　　　$8000

六月　　　　$6000

月平均收益率=4%的标准差为7.26%

68%的几率：月回报在-3.26%和11.26%之间

投资组合2　　NUMC=3　　ROR=36%

　　　　　　回报　　　　三份合约

一月　　　　$6000

二月　　　　-$3000

三月　　　　-$4500

四月　　　　$9000

五月　　　　$6000

六月　　　　$4500

月平均收益率=3%的标准差为5.5%

68%的几率：月回报在-2.56%和8.5%之间

投资组合1　　NUMC=4　　ROR=48%

　　　　　　回报　　　　两份合约

一月　　　　$4000

二月   －$2000

三月   －$3000

四月 $6000

五月 $4000

六月 $3000

月平均收益率=2%的标准差为3.6%

68%的几率：月回报在-1.6%和5.6%之间

作为资金管理者，如果之前你已经告知客户总目标是年收益率20%，同时每月下跌最多3%的话，投资组合2应该是你的选择。

C=f (E, m, r)

C是$100,000的4%，也就是每笔交易风险为$4000。

两个股市的投资组合

同样的分配模型应用到相同的系统上，但这次交易的是债券和大豆。表11.1是过去六个月债券和大豆的绩效。

表11.1 美国债券和大豆的绩效

月收益	美国债券（$）	大豆（$）
一月	2,000	－200
二月	－1,000	200
三月	－1,500	300
四月	3,000	－450
五月	2,000	700
六月	1,500	200
月平均收益率（基于一份合约）	1,000	125

第一步是计算当前股市的波动性。计算波动性的方法和资本分配模型中的第一个例子相同（三十个交易日的平均真实震幅）。债券的当前波动性是 1125 美元、大豆是 400 美元。第二步是找出反映不同资金风险水平的各种投资组合。

在做第二步之前我们先讨论下标准化的理念。计算某一股市合约数的方法应该和标准化理念合在一起用。因为每笔交易的风险资金是一样的，且我们计量每个股市的风险大小，所以风险小的商品合约交易得多些，而风险大的商品合约交易得少些。如果每笔交易的风险是 1000 美元且债券的股市风险是 500 美元，我们就会交易两份合约。如果大豆上押的风险也是 1000 美元且大豆的股市风险是 250 美元，我们就会交易四份合约。以风险为基准的不同股市的合约数被标准化了。标准化的过程就是"一对一"。交易时大豆的风险单位和债券是一样的。

表 11.2 是不同的投资组合以及基于不同风险大小的收益。表 11.3 是由不同投资组合的标准差产生的风险。投资组合 1 的标准差低、收益高，因此也许是大多数资金管理者的最佳选择。

表 11.2　不同投资组合的收益

总资本（$）								100,000	
美国债券的月平均收益（$）								1,000	
大豆的月平均收益（$）								125	

	风险大小（%）	债券的股市风险（$）	大豆的股市风险（$）	每笔交易的风险大小（$）	债券的合约数	大豆的合约数	债券的年收益率（%）	大豆的年收益率（%）	年收益率（%）
投资组合 1	3	1,125	400	3,000	2	7	24.0	10.5	34.5
投资组合 2	4	1,125	400	4,000	3	10	36.0	15.0	51.0
投资组合 3	5	1,125	400	5,000	4	12	48.0	18.0	66.0

表 11.3 不同投资组合的风险

	1份债券合约	1份大豆合约	总利润($)	收益率(%)
一月	2,000	−200	1,800	1.8
二月	−1,000	200	−800	−0.8
三月	−1,500	300	−1,200	−1.2
四月	3,000	−450	2,550	2.6
五月	2,000	700	2,700	2.7
六月	1,500	200	1,700	1.7
			平均收益率	1.1
			标准差	1.7

月平均收益率范围:−0.6%到2.8%

投资组合1	4份债券合约	10份大豆合约	总利润($)	收益率(%)
一月	4,000	−1,400	2,600	2.6
二月	−2,000	1,400	−600	−0.6
三月	−3,000	2,100	−900	−0.9
四月	6,000	−3,150	2,850	2.9
五月	4,000	4,900	8,900	8.9
六月	3,000	1,400	4,400	4.4
			平均收益率	2.9
			标准差	3.6

月平均收益率范围:−0.7%到6.5%

投资组合2	2份债券合约	7份大豆合约	总利润($)	收益率(%)
一月	6,000	−2,000	4,000	4.0
二月	−3,000	2,000	−1,000	−1.0
三月	−4,500	3,000	−1,500	−1.5
四月	9,000	−4,500	4,500	4.5
五月	6,000	7,000	13,000	13.0
六月	4,500	2,000	6,500	6.5
			平均收益率	4.3
			标准差	5.3

月平均收益率范围:−1.1%到9.6%

投资组合3	1份债券合约	1份大豆合约	总利润($)	收益率(%)
一月	8,000	−2,400	5,600	5.6

(续表)

投资组合3	1份债券合约	1份大豆合约	总利润($)	收益率(%)
二月	-4,000	2,400	-1,600	-1.6
三月	-6,000	3,600	-2,400	-2.4
四月	12,000	-5,400	6,600	6.6
五月	8,000	8,400	16,400	16.4
六月	6,000	2,400	8,400	8.4
			平均收益率	5.5
			标准差	6.9

月平均收益率范围:-1.4%到12.4%

现在用同样的资本分配模型测试真实系统。本测试中，和前面的做法一样，以天为基准计量股市风险且下笔交易以同样的方式分配合约。有必要的话在下一笔交易改变合约数。交易者或资金管理者的偏爱决定重新分配的时间范围。但到目前为止还没有比以挨个交易为基准更有优势的重新分配的时间范围。前面的例子中出于演示目的，我们以月为基准重新分配资本。和前面的例子一样，我们也要确定反映三笔不同交易风险水平的三种投资组合。我们应用资本分配模型挑选日元和美国债券来测试第九章阐释过的唐奇安系统，初始资本为一百万美元。表11.4为债券和日元各自的月收益、标准差和投资组合。最佳投资组合是在交易者或资金管理者可承受范围的投资组合。喜欢冒险和偏向保守的资金管理者选择的投资组合肯定是不一样的。你会选择哪种投资组合？

表11.4 不同风险水平上应用一种资本分配模型得到的结果

	每笔交易的风险资本（%）	月平均收益率（%）	月标准差（%）
投资组合1	3	3.5	13.2
投资组合2	4	4.6	17.8
投资组合3	5	6.0	22.7

一百万是一大笔钱，倘若交易者只有两万美元呢？小型交易者交易中也能运用这些理念吗？当然！这就是资本分配模型的优势所在：先考虑风险，然后才是收益。这次用同样的投资组合测试同样的系统，但总资金变为两万美元。我们会优化风险参数并制定多种投资组合，但鉴于资金额小，如果单笔交易的风险超过5%，我们就不进行交易。此外，我们要考虑一句老话的含义"想吃羊肉就别怕膻"。如果股市风险超过1000美元，在股市缓和之前就不要进行任何交易。这也是在不同股市交易的重要原因。如果一个股市上涨，将资金转移或是重新分配到风险在可承受范围内的股市上。表11.5是用唐奇安系统交易债券和日元的绩效，初始资本是两万美元且"怕膻"前就离场。以一份合约为基准我们又用同样的系统在相同股市上交易（表11.6）。

表 11.5

每笔交易一份合约							
测试期间 1983.01.01—1999.08.31							
每笔交易减掉75美元的佣金成本及市场下跌的考量							
独立市场	总利润（$）	年平均利润（$）	最大下跌（$）	年交易量	盈利率（%）	盈亏率	获利对下跌损失比率
美国债券	81,790	4,907	21,340	9	46.7	1.7	20.3
日元	131,963	7,918	13,850	11	50.8	2.1	45.2
总体绩效							
净利润($)	213,743						
最大下跌($)	20,938						

表 11.6

每笔交易一份合约
测试期间 1983.01.01—1999.08.31
每笔交易减掉75美元的佣金成本及市场下跌的考量

独立市场	总利润（$）	年平均利润（$）	最大下跌（$）	年交易量	盈利率（%）	盈亏率	获利对下跌损失比率
美国债券	45,720	2,743	25,940	10	43.6	1.3	9.6
日元	98,188	5,891	20,800	9	49	1.8	25.2
总体绩效							
净利润（$）	143,903						
最大下跌（$）	22,317						

资本分配模型使得利润增加49%，最大下跌降低6%。运用资本分配模型的所有系统都会取得这样的效果吗？不是！模型对有些系统并不起作用，这就是为什么要开发与资金管理一致的交易系统的原因。资本分配模型和交易系统一样，数量众多。

复合收益

复合是以当前投资组合资金为基础分配资本的过程。当前投资组合资金包括过去的盈利和亏损交易以及初始资本。如果资金雄厚，复合是相当不错的理念，因为它以当前投资组合资金为基础扩大和缩小分配资本。如果交易计划成功，单笔交易分配到的金额变多，相反，交易计划失败，单笔交易分配到的金额变少。记住，只有资金雄厚的时候我们才认为复合是相当不错的理念。我们限制复合理念的原因是只有小额账户的初始资本翻一番或两番，账户才可以扩大分配。连续盈利后再好的系统也会失效，如果小额账户不复合，行情不好时还能有钱以备不时之需。有些小型交易者连续盈利后初始资本成倍增加，但一旦交易系统经受连续亏损后金额会以两倍的速度亏损。如果你对复合有兴趣且手头的交易金额数很大，可以稍作改变后把复合资本与分配模型结合起来。公式中不把初始资本作为总资金（TC），而是用当前投资组合资金。

设置止损点和利润目标

资金管理能直接编入交易系统。就系统层面来说，资金管理由止损点和利润目标组成。资本分配模型从系统外提取资金管理并用来定义不同的投资组合和方案。多数交易者利用止损点和利润目标来实现想得到的风险率或收益率。止损点是交易者为既定交易确定的确切风险大小。利润目标是交易者基于风险试图获取一定收益的手段。本章开头主要讨论了标准化不同股市的风险以及针对一种投资组合分配资金的问题。这些理念也适用将资金管理计划直接编入逻辑的系统。本章其余部分将说明利润目标和止损点是如何降低或提高系统总体绩效这一问题。

表11.7为开盘后交易区间形成突破系统未设置止损点（只有停损和反转）的绩效。表11.8为不同止损点得到的不同结果。留意下不同股市是如何得到不同最佳止损点的。大豆的止

损点是 1500 美元，但并不是说美国债券也是如此。表 11.9 为使用 1250 美元停损的系统绩效。为什么不是每个股市都用不同的停损？答案是我们不想通过加入各个股市不同的参数来过度曲线拟合系统。另外，固定参数，比如纯粹的美元停损，并不会随着股市行情的变化而演变。一旦使用固定的美元停损点，系统的总体绩效就会降低。表 11.10 为停损点随股市行情变化而改变的系统。此处没有使用固定的美元停损，用的是相当于平均常量（本例中是 3）三倍的停损，且在进场价上加上或减去该数。该停损胜过纯粹的停损和反转，也胜过固定的资金管理停损。我们认为只要系统参数是动态的且是股市函数，任何系统参数都有良好表现。

俗话说的好："有钱赚就不会破产。"如果正确确定风险率或收益率，这句话就没错。如果设定的利润目标是 50 美元、止损点是 500 美元，我敢保证你赚了钱也破产。利润目标只有得到正确设置才是有效的。表 11.11 为同一系统上用不同利润目标测试得出的系统绩效。多数股市偏爱大的利润目标。表 11.2 是设定利润目标为 1750 美元的系统绩效。我们只要仔细看看在所有股市似乎都能产生最好效果的参数就能获利 1750 美元。表 11.13 是把止损点作为股市函数的系统绩效。本例中，当股市朝利于我们的方向运行且达到平均真实震幅的五倍时我们获利。动态参数又一次表现得比固定参数优秀。

表 11.7 开盘后交易区间形成突破系统（进场和离场的停损和反转）

每笔交易一份合约
测试期间 1983.01.01—1999.08.31
每笔交易减掉 75 美元的佣金成本及市场下跌的考量

独立市场	总利润（$）	年平均利润（$）	最大下跌（$）	年交易量	盈利率（%）	盈亏率	获利对下跌损失比率
美国债券	86,540	5,192	24,340	31	43.9	1.3	19.2
中期国库券	34,100	2,046	23,910	30	44.3	1.2	8.1
市政公债	63,840	4,560	35,460	30	45.4	1.3	12.2
英镑	7,313	439	37,438	27	42.3	1	1.1
德国马克	45,713	2,743	34,250	29	43.2	1.2	7.7
日元	54,925	3,296	25,800	25	43	1.2	11.6
瑞士法郎	44,875	2,693	26,225	28	43.9	1.2	9.6
美汇指数	22,100	1,607	34,170	35	40.4	1.1	4.5
原油	46,100	2,881	9,810	31	45.6	1.4	24.3
取暖油	−47,552	−2,853	56,326	31	39.3	0.8	−4.9
天然气	53,660	5,749	12,080	35	44	1.5	35.8
棉花	−5,320	−319	49,585	34	37.8	1	−0.6
咖啡	168,788	10,127	64,106	35	41.4	1.4	14.7
食糖	−,5,432	−326	28,370	37	37.6	1	−1.1
大豆	36,010	2,161	25,025	35	39.6	1.2	8.2
玉米	22,800	1,368	8,663	28	40	1.3	14.9
小麦	−8,113	−487	21,263	34	39.3	0.9	−2.2
白银	48,665	2,920	33,755	38	39.4	1.2	8.1
黄金	−25,270	−1,516	41,580	35	37.7	0.9	−3.5
活牛	−20,556	−1,233	26,684	38	38.6	0.9	−4.5
猪腩	7,796	468	25,364	35	43.1	1	1.7
活猪	15,940	956	10,752	33	41.4	1.1	8.1
总体绩效							
净利润（$）	642,988						
最大下跌（$）	86,311						

表11.8 开盘后交易区间形成突破系统（不同止损点）

	止损美元	总利润（$）	年平均利润（$）	最大下跌（$）	盈利率（%）	持仓时间（%）	盈亏率	获利对下跌损失比率
瑞士法郎	1,250	50,638	3,038	20,525	39.4	84	1.2	13.7
瑞士法郎	1,500	55,413	3,325	22,550	40.4	88	1.2	13.7
瑞士法郎	1,750	57,825	3,470	22,113	41.8	90	1.2	14.6
瑞士法郎	2,000	54,600	3,276	25,800	42.5	91	1.2	11.9
德国马克	500	15,370	1,118	33,910	31	71	1.1	3.2
德国马克	750	2,160	157	40,100	33.3	79	1	0.4
德国马克	1,000	4,560	332	43,100	34.9	86	1	0.7
德国马克	1,250	14,800	1,076	36,900	37.3	89	1.1	2.8
德国马克	1,500	18,970	1,380	33,810	38.3	93	1.1	3.9
德国马克	1,750	19,550	1,422	33,200	38.8	95	1.1	4.1
德国马克	2,000	17,390	1,265	35,630	39.3	95	1.1	3.4
原油	500	25,930	1,621	16,510	38.4	81	1.2	8.7
原油	750	23,240	1,453	13,300	40.7	87	1.2	9.5
原油	1,000	26,660	1,666	12,980	42.7	92	1.2	11.1
原油	1,250	37,230	2,327	10,930	43.6	94	1.3	18
原油	1,500	36,170	2,261	10,470	44.2	96	1.3	18.1
原油	1,750	36,870	2,304	10,430	44.5	97	1.3	18.5
原油	2,000	37,170	2,323	10,960	44.6	98	1.3	17.9
取暖油	500	−15,166	−910	27,531	32.6	70	0.9	−3.4
取暖油	750	−23,281	−1,397	32,021	35.2	80	0.9	−4.1
取暖油	1,000	−30,908	−1,854	37,300	36.3	84	0.9	−4.7
取暖油	1,250	−42,517	−2,551	46,801	36.5	87	0.8	−5.2

每笔交易一份合约
测试期间 1983.01.01—1999.08.31
每笔交易减掉75美元的佣金成本及市场下跌的考量

（续表）

每笔交易一份合约
测试期间 1983.01.01—1999.08.31
每笔交易减掉 75 美元的佣金成本及市场下跌的考量

	止损美元	总利润（$）	年平均利润（$）	最大下跌（$）	盈利率（%）	持仓时间（%）	盈亏率	获利对下跌损失比率
取暖油	1,500	-36,103	-2,166	47,737	37.9	91	0.8	-4.4
取暖油	1,750	-43,768	-2,626	54,155	38.1	92	0.8	-4.7
取暖油	2,000	-42,202	-2,532	51,979	38.2	93	0.8	-4.7
天然气	500	47,620	5,102	10,430	38.8	80	1.5	35.4
天然气	750	57,180	6,126	10,440	41.8	88	1.5	42.4
天然气	1,000	50,430	5,403	12,600	42.5	90	1.5	32.5
天然气	1,250	50,170	5,375	11,930	43.4	92	1.4	33.7
天然气	1,500	47,200	5,057	16,470	43.6	94	1.4	24.7
天然气	1,750	46,590	4,992	15,630	43.6	95	1.4	25.4
天然气	2,000	51,250	5,491	11,050	43.8	96	1.4	36.5
美国债券	500	54,520	3,271	18,940	32.8	67	1.2	15.1
美国债券	750	45,610	2,737	24,770	35.8	74	1.2	10
美国债券	1,000	55,110	3,307	26,990	38.1	79	1.2	11.1
美国债券	1,250	59,160	3,550	20,970	39.2	84	1.2	15
美国债券	1,500	64,880	3,893	21,670	40.3	88	1.2	16
美国债券	1,750	79,280	4,757	22,840	41.7	92	1.3	18.6
美国债券	2,000	75,750	4,545	23,800	42.3	93	1.3	17.2
中期国库券	500	29,820	1,789	21,470	36.7	73	1.2	7.8
中期国库券	750	37,160	2,230	22,220	39.1	82	1.2	9.4
中期国库券	1,000	39,060	2,344	21,650	41.2	86	1.2	10.1
中期国库券	1,250	25,460	1,528	23,630	41.9	88	1.1	6.1
中期国库券	1,500	20,770	1,246	24,820	42.4	90	1.1	4.7

(续表)

每笔交易一份合约 测试期间 1983.01.01—1999.08.31 每笔交易减掉75美元的佣金成本及市场下跌的考量								
	止损 美元	总利润 ($)	年平均 利润 ($)	最大 下跌 ($)	盈利率 (%)	持仓 时间 (%)	盈亏 率	获利对 下跌损 失比率
中期国库券	1,750	38,090	2,285	23,280	43.9	94	1.2	9.2
中期国库券	2,000	38,260	2,296	22,590	44.2	96	1.2	9.5
人民币	500	43,010	3,072	19,200	34	72	1.3	14.6
人民币	750	53,330	3,809	43,100	38	79	1.3	14.7
人民币	1,000	53,770	3,841	27,840	40.1	85	1.3	13
人民币	1,250	61,050	4,361	26,010	42.6	89	1.3	15.7
人民币	1,500	51,810	3,701	26,980	43	91	1.3	12.9
人民币	1,750	62,560	4,469	31,580	44.2	92	1.3	13.4
人民币	2,000	66,590	4,756	34,730	44.5	94	1.4	13
英镑	500	3,556	213	42,006	25.9	56	1	0.5
英镑	750	10,000	600	37,531	30.5	65	1	1.5
英镑	1,000	7,931	476	35,606	34.8	72	1	1.3
英镑	1,250	-44	-3	41,144	35.9	78	1	0
英镑	1,500	-21,525	-1,292	56,850	36	80	0.9	-2.2
英镑	1,750	-6,238	-374	48,613	37.4	85	1	-0.7
英镑	2,000	8,325	500	39,563	38.7	88	1	1.2
德国马克	500	45,513	2,731	34,400	34.7	69	1.2	7.6
德国马克	750	21,113	1,267	39,288	36.5	76	1.1	3.1
德国马克	1,000	24,875	1,493	35,663	38.8	83	1.1	4
德国马克	1,250	40,213	2,413	31,188	40.7	86	1.2	7.4
德国马克	1,500	35,538	2,132	32,775	41.2	91	1.2	6.2
德国马克	1,750	40,188	2,411	29,988	41.8	93	1.2	7.7

（续表）

每笔交易一份合约 测试期间 1983.01.01—1999.08.31 每笔交易减掉 75 美元的佣金成本及市场下跌的考量								
	止损美元	总利润（$）	年平均利润（$）	最大下跌（$）	盈利率（%）	持仓时间（%）	盈亏率	获利对下跌损失比率
德国马克	2,000	38,538	2,312	31,525	41.4	95	1.2	7
日元	500	38,050	2,283	23,813	30.3	59	1.2	8.7
日元	750	33,950	2,037	24,850	33.8	67	1.1	7.4
日元	1,000	27,325	1,640	35,263	35.9	74	1.1	4.3
日元	1,250	9,213	553	35,038	36.9	79	1	1.5
日元	1,500	1,275	77	43,388	37.9	83	1	0.2
日元	1,750	27,038	1,622	25,700	40.3	86	1.1	5.7
日元	2,000	13,350	801	33,400	40.3	87	1	2.2
瑞士法郎	500	45,563	2,734	22,438	31.3	64	1.2	11.3
瑞士法郎	750	42,025	2,522	27,275	35.1	73	1.2	8.7
瑞士法郎	1,000	53,488	3,209	25,800	38.1	79	1.2	11.7

表 11.9 开盘后交易区间形成突破系统（设置 1250 美元作为止损点）

每笔交易一份合约
测试期间 1983.01.01—1999.08.31
每笔交易减掉 75 美元的佣金成本及市场下跌的考量

独立市场	总利润（$）	年平均利润（$）	最大下跌（$）	年交易量	盈利率（%）	盈亏率	获利对下跌损失比率
美国债券	59,160	3,550	20,970	33	39.2	1.2	15
中期国库券	25,460	1,528	23,630	31	41.9	1.1	6.1
市政公债	61,050	4,361	26,010	32	42.6	1.3	15.7
英镑	-44	-3	41,144	29	35.9	1	0
德国马克	40,213	2,413	31,188	29	40.7	1.2	7.4
日元	9,213	553	25,038	27	36.9	1	1.5
瑞士法郎	50,638	3,038	20,525	30	39.4	1.2	13.7
美汇指数	14,800	1,076	36,900	36	37.3	1.1	2.8
原油	37,230	2,327	10,930	32	43.6	1.3	18
取暖油	-42,365	-2,542	46,675	33	36.5	0.8	-5.2
天然气	50,170	5,375	11,930	36	43.6	1.4	33.7
棉花	-25,775	-1,547	58,925	36	35.4	0.9	-2.6
咖啡	183,281	10,997	47,250	37	35.6	1.5	21.1
食糖	-13,339	-800	29,926	38	36.3	0.9	-2.6
大豆	22,375	1,343	25,190	36	38.2	1.1	5.1
玉米	19,800	1,188	8,800	28	40	1.3	12.7
小麦	-6,188	-371	19,900	34	38.9	1	-2.8
白银	17,745	1,065	45,780	39	36.7	1.1	2.2
黄金	-29,650	-1,779	44,850	36	36.9	0.8	-3.9
活牛	-18,140	-1,088	24,356	38	38.2	0.9	-4.4
猪腩	-13,804	-828	34,100	36	40.3	1	-2.6
活猪	3,620	217	16,488	34	40.7	1	1.2
总体绩效							
净利润（$）			441,438				
最大下跌（$）			73,591				

表 11.10 开盘后交易区间形成突破系统（使用动态止损点）

每笔交易一份合约
测试期间 1983.01.01—1999.08.31
每笔交易减掉 75 美元的佣金成本及市场下跌的考量

独立市场	总利润（$）	年平均利润（$）	最大下跌（$）	年交易量	盈利率（%）	盈亏率	获利对下跌损失比率
美国债券	71,890	4,313	23,270	32	43.5	1.2	16.6
中期国库券	33,640	2,018	23,930	31	43.4	1.2	7.9
市政公债	69,670	4,976	33,940	31	44.5	1.4	13.9
英镑	19,669	1,180	33,544	27	41	1.1	3.4
德国马克	35,188	2,111	36,113	29	41.6	1.2	5.9
日元	54,638	3,278	25,813	26	41.9	1.2	11.6
瑞士法郎	53,263	3,196	24,050	29	43.1	1.2	12.4
美汇指数	23,210	1,688	35,860	35	39.8	1.1	4.5
原油	42,280	2,643	9,590	32	44.1	1.3	22.8
取暖油	-46,053	-2,763	52,378	32	37.2	0.8	-5.1
天然气	53,190	5,699	9,840	36	43.2	1.5	41.2
棉花	-16,140	-968	57,910	36	37.1	0.9	-1.6
咖啡	182,269	10,936	50,925	36	40.3	1.4	19.6
食糖	-12,522	-751	32,536	38	36.1	0.9	-2.3
大豆	32,380	1,943	31,275	35	38.8	1.2	6
玉米	16,138	968	9,463	29	39.1	1.2	9.7
小麦	-13,063	-784	21,263	35	39.1	0.9	-3.6
白银	38,265	2,296	39,805	38	38.4	1.2	5.4
黄金	-27,940	-1,676	44,260	36	36.9	0.8	-3.7
活牛	-18,296	-1,098	24,324	38	38.1	0.9	-4.4
猪腩	1,844	111	31,180	36	42.4	1	0.3
活猪	4,784	287	16,816	34	40.7	1	1.6

总体绩效	
净利润（$）	594,273
最大下跌（$）	75,490

表11.11 开盘后交易区间形成突破系统(不同的利润目标)

每笔交易一份合约
测试期间 1983.01.01—1999.08.31
每笔交易减掉75美元的佣金成本及市场下跌的考量

	总利润($)	年平均利润($)	最大下跌($)	年交易量	盈利率(%)	持仓时间(%)	盈亏率	获利对下跌损失比率
美国债券	250	28,110	1,687	16,290	42	79.7	1.2	8.9
美国债券	500	31,900	1,914	20,900	42	68.1	1.1	8.1
美国债券	750	30,050	1,803	17,740	40	59	1.1	8.8
美国债券	1,000	42,880	2,573	23,420	39	54.8	1.1	9.9
美国债券	1,250	53,150	3,189	19,210	38	51.9	1.2	14.6
美国债券	1,500	77,750	4,665	16,890	36	50.7	1.3	23.8
美国债券	1,750	60,750	3,645	19,800	35	47.1	1.2	16.2
美国债券	2,000	62,660	3,760	23,950	35	45.7	1.2	14.1
中期国库券	250	1,040	62	20,020	40	74.7	1	0.3
中期国库券	500	16,670	1,000	16,250	29	62.7	1.1	5.6
中期国库券	750	16,490	989	18,260	36	52.8	1.1	5
中期国库券	1,000	28,220	1,693	16,890	38	48.9	1.1	8.2
中期国库券	1,250	27,310	1,639	21,370	34	46.3	1.1	7.2
中期国库券	1,500	19,250	1,155	22,130	33	44.3	1.1	4.9
中期国库券	1,750	23,960	1,438	21,610	33	43.8	1.1	6.2
中期国库券	2,000	23,960	1,438	20,940	32	43.5	1.1	6.4
市政公债	250	28,150	2,011	15,970	41	78.4	1.2	11.3
市政公债	500	44,920	3,209	22,930	41	67	1.3	13
市政公债	750	56,150	4,011	29,280	39	58.7	1.3	12.9
市政公债	1,000	59,640	4,260	26,610	37	53.6	1.3	15
市政公债	1,250	87,530	6,252	26,910	37	52	1.5	21.8
市政公债	1,500	91,580	6,541	23,640	36	50.1	1.5	25.7

（续表）

每笔交易一份合约
测试期间 1983.01.01—1999.08.31
每笔交易减掉 75 美元的佣金成本及市场下跌的考量

	总利润（$）	年平均利润（$）	最大下跌（$）	年交易量	盈利率（%）	持仓时间（%）	盈亏率	获利对下跌损失比率
市政公债	1,750	83,360	5,954	18,950	34	48.2	1.4	28.7
市政公债	2,000	97,310	6,951	23,740	34	48.3	1.5	27.2
英镑	250	−11,556	−693	24,425	34	75.7	0.9	−2.7
英镑	500	13,006	780	21,588	33	67.6	1.1	3.4
英镑	750	−319	−19	29,063	32	59.5	1	−0.1
英镑	1,000	−15,144	−909	39,494	33	52.6	0.9	−2.2
英镑	1,250	4,881	293	29,794	32	48.9	1	0.9
英镑	1,500	−10,681	−641	42,331	31	46.2	1	−1.5
英镑	1,750	7,294	−438	36,188	31	44.4	1	−1.2
英镑	2,000	2,738	164	31,944	30	44.3	1	0.5
德国马克	250	−3,650	−219	18,638	37	73.3	1	−1.1
德国马克	500	4,675	281	25,313	36	61.7	1	1.1
德国马克	750	8,938	536	22,963	35	53.6	1	2.2
德国马克	1,000	5,113	307	31,738	33	48.7	1	0.9
德国马克	1,250	1,788	107	33,225	33	45.3	1	0.3
德国马克	1,500	11,150	669	34,850	32	44.7	1	1.8
德国马克	1,750	17,975	1,079	40,913	32	44.6	1.1	2.6
德国马克	2,000	22,813	1,369	39,113	31	43.7	1.1	3.4
日元	250	−7,963	−478	20,225	31	72.7	1	−2.1
日元	500	−2,450	−147	26,013	30	64.1	1	−0.5
日元	750	−2,100	−126	34,275	29	56.5	1	−0.3
日元	1,000	5,763	346	34,050	28	52.3	1	0.9

(续表)

	总利润($)	年平均利润($)	最大下跌($)	年交易量	盈利率(%)	持仓时间(%)	盈亏率	获利对下跌损失比率
每笔交易一份合约 测试期间 1983.01.01—1999.08.31 每笔交易减掉75美元的佣金成本及市场下跌的考量								
日元 1,250	6,088	365	35,138	28	49.6	1	1
日元 1,500	-1,750	-105	42,938	28	47.1	1	-0.2
日元 1,750	3,275	197	36,888	28	45.8	1	0.5
日元 2,000	8,038	482	33,313	28	45	1	1.3
瑞士法郎 20	600	36	30,763	38	76.9	1	0.1
瑞士法郎 500	11,475	689	23,050	36	67.1	1.1	2.8
瑞士法郎 750	24,513	1,471	28,425	35	59.9	1.1	4.9
瑞士法郎 1,000	31,850	1,911	33,625	34	53.7	1.1	5.4
瑞士法郎 1,250	34,938	2,096	30,088	33	51.9	1.1	6.6
瑞士法郎 1,500	38,025	2,282	26,450	33	49.5	1.1	8.1
瑞士法郎 1,750	26,300	1,578	29,800	32	48	1.1	5
瑞士法郎 2,000	54,450	3,267	24,713	32	47.5	1.2	12.4
德国马克 250	-21,290	-1,548	33,070	45	70.8	0.9	-4.5
德国马克 500	-19,510	-1,419	42,340	43	58.8	0.9	-3.2
德国马克 750	-12,690	-923	35,060	42	49.9	0.9	-2.5
德国马克 1,000	-9,670	-703	36,090	41	45.1	1	-1.9
德国马克 1,250	5,900	429	35,860	40	43.1	1	1.2
德国马克 1,500	22,620	1,645	36,270	38	42.6	1.1	4.4
德国马克 1,750	21,030	1,529	36,350	38	41.7	1.1	4.1
德国马克 2,000	9,130	664	35,520	37	40.4	1	1.8
原油 250	-13,120	-820	16,080	40	66.9	0.9	-4.5
原油 500	-5,600	-350	10,280	38	52.9	1	-2.8
原油 750	11,220	701	9,090	36	47.1	1.1	6.3

（续表）

每笔交易一份合约
测试期间 1983.01.01—1999.08.31
每笔交易减掉 75 美元的佣金成本及市场下跌的考量

	总利润（$）	年平均利润（$）	最大下跌（$）	年交易量	盈利率（%）	持仓时间（%）	盈亏率	获利对下跌损失比率
原油	1,000	24,110	1,507	10,710	35	46	1.2	11.8
原油	1,250	30,830	1,927	10,260	34	44.7	1.2	15.7
原油	1,500	33,240	2,078	11,490	34	44.6	1.2	15.4
原油	1,750	36,400	2,275	8,810	33	44.3	1.3	21
原油	2,000	39,360	2,460	8,130	33	44	1.3	24.2
取暖油	250	−7,959	−478	21,130	39	72.5	0.9	−2.1
取暖油	500	−17,157	−1,029	23,709	38	56.8	0.9	−4
取暖油	750	−19,270	−1,156	30,202	36	48.2	0.9	−3.6
取暖油	1,000	−12,852	−771	27,325	35	45.8	0.9	−2.6
取暖油	1,250	−33,814	−2,029	39,673	35	41.8	0.9	−4.9
取暖油	1,500	−38,014	−2,281	44,407	34	40	0.8	−4.9
取暖油	1,750	−34,121	−2,047	38,900	33	38.7	0.9	−5
取暖油	2,000	38,212	−2,293	45,070	33	37.7	0.8	−4.9
日元	250	20,330	2,178	9,050	43	74.6	1.3	16.7
日元	500	15,790	1,692	12,020	42	59.4	1.2	10.6
日元	750	17,510	1,876	11,350	41	51.2	1.2	12.2
日元	1,000	17,780	1,905	10,330	40	47.5	1.2	13.3
日元	1,250	28,310	3,033	9,870	40	46.2	1.2	21.9
日元	1,500	22,170	2,375	8,540	38	44	1.2	18.9
日元	1,750	35,260	3,778	8,100	38	44.2	1.3	31.2
日元	2,000	40,170	4,304	8,110	38	43.5	1.3	35.5

表 11.12 开盘后交易区间形成突破系统
(设置 1750 美元作为利润目标)

每笔交易一份合约
测试期间 1983.01.01—1999.08.31
每笔交易减掉 75 美元的佣金成本及市场下跌的考量

独立市场	总利润 ($)	年平均利润 ($)	最大下跌 ($)	年交易量	盈利率 (%)	盈亏率	获利对下跌损失比率
美国债券	60,750	3,645	19,800	35	47.1	1.2	16.2
中期国库券	23,960	1,438	21,610	33	43.8	1.1	6.2
市政公债	83,360	5,954	18,950	34	48.2	1.4	28.7
英镑	-7,294	-438	36,188	31	44.4	1	-1.2
德国马克	17,975	1,079	40,913	32	44.6	1.1	2.6
日元	3,275	197	36,888	28	45.8	1	0.5
瑞士法郎	36,300	1,578	29,800	32	48	1.1	5
美汇指数	21,030	1,529	36,350	38	41.7	1.1	4.1
原油	36,400	2,275	8,810	33	44.3	1.3	21
取暖油	-34,121	-2,047	38,900	33	38.7	0.9	-5
天然气	35,260	3,778	8,100	38	44.2	1.3	31.2
棉花	-12,290	-737	47,895	38	39.2	0.9	-1.5
咖啡	52,969	3,178	72,300	40	46.4	1.1	4.1
食糖	-13,126	-788	34,328	39	36.4	0.9	-2.2
大豆	9,785	587	25,435	38	39.3	1	2.2
玉米	12,613	757	7,450	29	39.1	1.2	9.5
小麦	-19,038	-1,142	27,938	35	39.5	0.9	-4
白银	10,510	631	22,975	41	40.1	1	2.5
黄金	-15,180	-911	28,750	37	38.2	0.9	-3
活牛	-21,312	-1,279	27,756	39	36.8	0.9	-4.5
猪腩	-4,384	-263	36,012	38	44.2	1	-0.7
活猪	-2,688	-161	21,968	36	40	1	-0.7
总体绩效							
净利润($)				260,586			
最大下跌($)				80,013			

表 11.13　开盘后交易区间形成突破系统(使用动态的利润目标)

每笔交易一份合约
测试期间 1983.01.01—1999.08.31
每笔交易减掉 75 美元的佣金成本及市场下跌的考量

独立市场	总利润($)	年平均利润($)	最大下跌($)	年交易量	盈利率(%)	盈亏率	获利对下跌损失比率
美国债券	67,330	4,040	22,080	33	43.3	1.2	16.3
中期国库券	41,180	2,471	20,620	32	44	1.2	11.2
市政公债	77,120	5,509	33,540	32	44.2	1.4	15.6
英镑	11,663	700	35,575	28	41	1	1.9
德国马克	33,500	2,010	35,950	30	43	1.1	5.4
日元	37,575	2,255	19,125	26	43.5	1.1	10.4
瑞士法郎	45,088	2,705	25,488	30	44.1	1.2	9.9
美汇指数	23,140	1,683	33,350	36	40.1	1.1	4.9
原油	47,180	2,949	9,590	33	43.6	1.3	25.4
取暖油	-40,295	-2,418	48,229	33	38	0.8	-4.8
天然气	53,570	5,740	10,780	37	41.5	1.5	38.8
棉花	-19,815	-1,189	58,705	36	38.1	0.9	-2
咖啡	135,319	8,119	63,019	37	41.8	1.3	12
食糖	-13,709	-823	34,395	39	36	0.9	-2.3
大豆	26,320	1,579	27,965	37	37.9	1.1	5.4
玉米	15,925	956	7,863	29	39.7	1.2	11.4
小麦	-13,425	-806	26,988	36	39.5	0.9	-2.9
白银	53,675	3,221	27,575	39	38.7	1.2	10.7
黄金	-21,460	-1,228	37,160	36	37.9	0.9	-3.3
活牛	-16,360	-982	23,672	39	37.3	0.9	-4.1
猪腩	-9,844	-591	40,720	37	42.5	1	-1.4
活猪	2,456	147	19,488	36	41.1	1	0.7

总体绩效	
净利润($)	531,989
最大下跌($)	86,311

所有交易者都要使用某一形式的止损点（动态止损似乎表现出色）。利润目标如果使用正确对系统绩效有帮助。总之，我们认为追踪止损是获利的最好方法。追踪止损可跟踪市场并在某一时刻锁住利润。很多时候，趋势股市在继续朝着最初方向运行前会反弹一定百分比。追踪止损在获利前给股市一定的回转余地。跟利润目标不一样的是，这类止损不会抑制大额盈利。

总结

资金管理对交易者，尤其是小型交易者有什么作用呢？此处讨论的理念帮助交易者量身定制自己的交易计划，这样才能优化利用他们的资金。至少，这些理念可以帮助小型交易者考虑风险和收益并得以保存自身实力。我们发现有些交易者用资金管理的理念分析交易系统时会对所有的交易计划进行重组。这儿讨论的只是冰山的一角。你应该阅读大量有关资金管理的书籍并详尽了解不同的理念和策略。

第十二章　总控钥匙系统和投资组合

本章介绍五种不同的投资组合，初始资本从一万美元到三十万美元不等，目的是证明风险分散的好处。每种投资组合都把不同系统结合在一起或是不同股市结合在一起。这里使用的系统和第九章的一模一样，它们是：

◇ 唐奇安通道突破系统。
◇ 移动平均线的穿越和突破。
◇ 短期开盘后交易区间形成突破系统。
◇ S&P 即日平仓交易。
◇ 模式识别。

投资组合 1 初始资本是一万美元

这个初始资本层次很难体现风险分散的优势，但可以一试。选用的系统是唐奇安通道突破，用这一小型投资组合交易瑞士法郎和食糖。这一投资组合因为小所以交易会受限制，即没有足够的资金在不同的系统或是不同的股市交易。图 12.1 是这种投资组合的资金曲线。其中最大下跌超过初始资本，但平均下跌大约为 9000 美元。不幸的是，生存机率对只有一万美元的交易者来说是极其低的。如果只有这么多资金的交易者希望在股市多呆一段时间，他必须在尽可能多的股市分散投资。

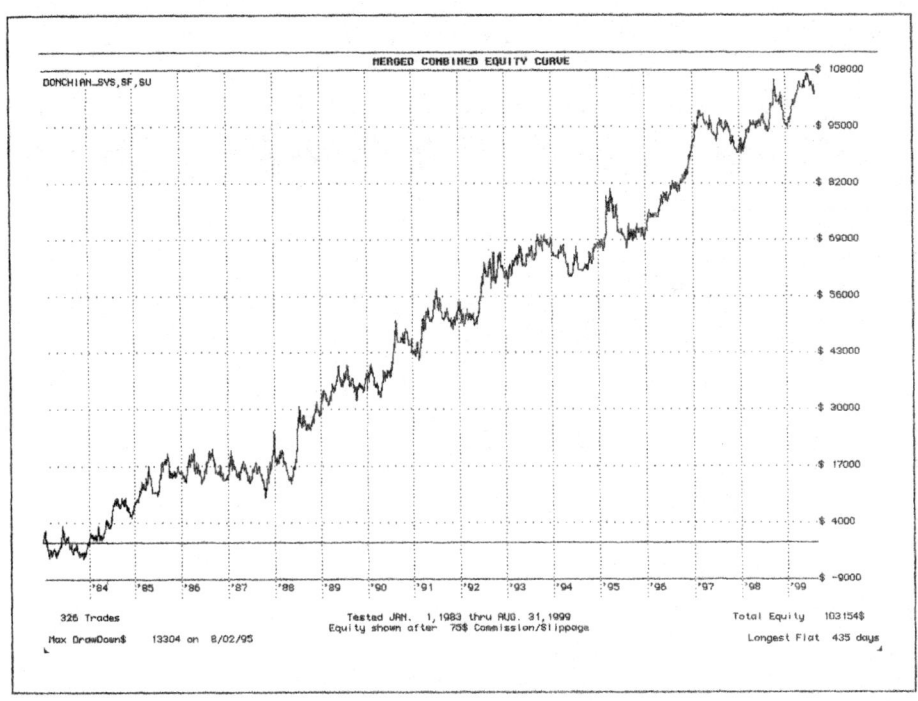

图12.1　投资组合1——一万美元（纵轴代表利润，横轴代表时间）

投资组合2 初始资本是两万美元

跟第一种相比，这种投资组合更具备风险分散的可能性。我们认为任何人想要在机械交易系统上交易期货或独立股票，必须至少有这么多资金。如果系统一开始就下跌或者系统反向时，两万美元是保证交易者留在股市的前提。我们选用的和投资组合1一样的投资组合，但这次加入交易大豆的模式识别。图12.2是这种投资组合的资金线。因为两种交易系统的交易频率不同，所以两种系统配合得很好。唐奇安系统是针对长期的，而模式识别系统是短期的。总利润是 145,784 美元，最大下跌的总和是 14,893美元。

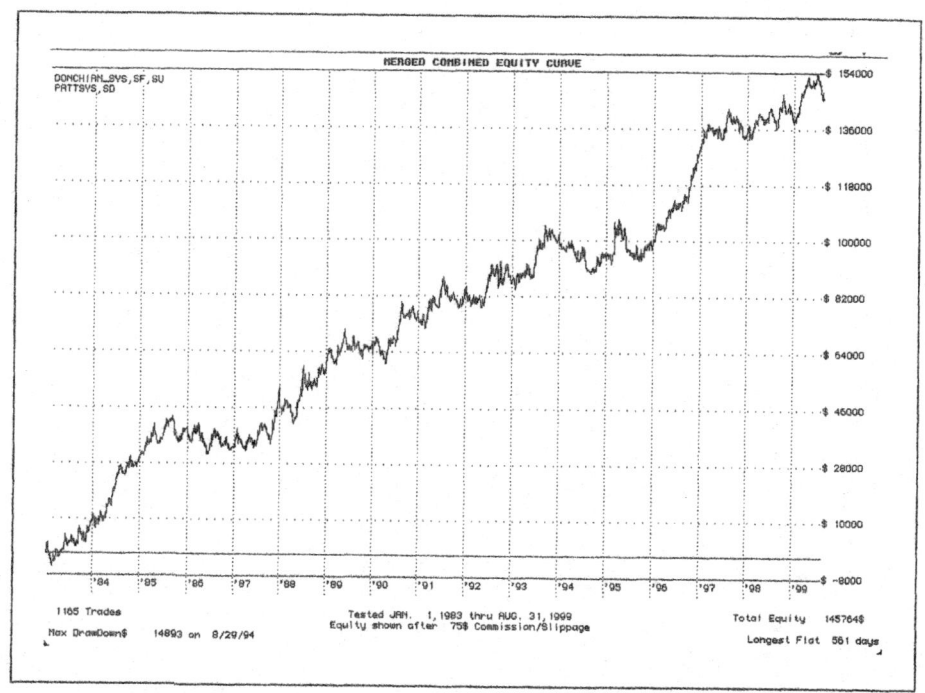

图 12.2　投资组合 2——两万美元（纵轴代表利润，横轴代表时间）

投资组合 3 初始资本是五万美元

这一投资组合帮助你获得交易期货能取得的一切。在这个初始资本层次，可交易几个系统和几个股市以增加风险分散的层次。同时应用三个系统交易各种各样的股市。三种一起使用的系统是唐奇安系统、模式识别系统和简单的移动平均线系统（图12.3）。下面列出的是在不同系统上交易的不同股市：

唐奇安：瑞士法郎、食糖、原油。

模式识别：美国债券、天然气、大豆。

简单的移动平均线：日元。

系统互相配合得非常好，总利润是 400,347 美元，最大下跌的总和是 21,920 美元。

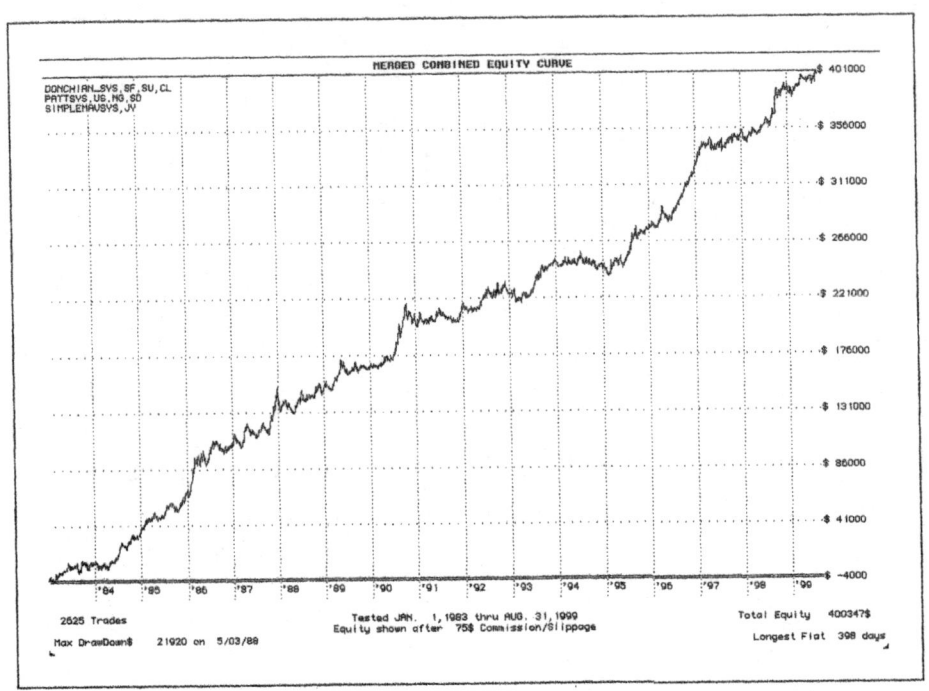

图 12.3　投资组合 3——五万美元（纵轴代表利润，横轴代表时间）

投资组合 4 初始资本是十万美元

该初始资本往往是成功的商品交易顾问承接资金管理的最低金额。持有该数目金额的交易者有很多机会通过多种股市和系统进行风险分散。对于这种投资组合，我们结合使用唐奇安、短期开盘后交易区间形成突破、模式识别和简单的移动平均线系统交易多种不同的股市（图 12.4）。下面列出的是我们在不同系统上交易的不同股市：

唐奇安：瑞士法郎、食糖、原油。

模式识别：美国债券、美国中期国库券、大豆。

简单的移动平均线：日元、天然气。

短期开盘后交易区间形成突破：原油、玉米。

这种投资组合获利 472,620 美元，最大下跌是 26,165 美元。

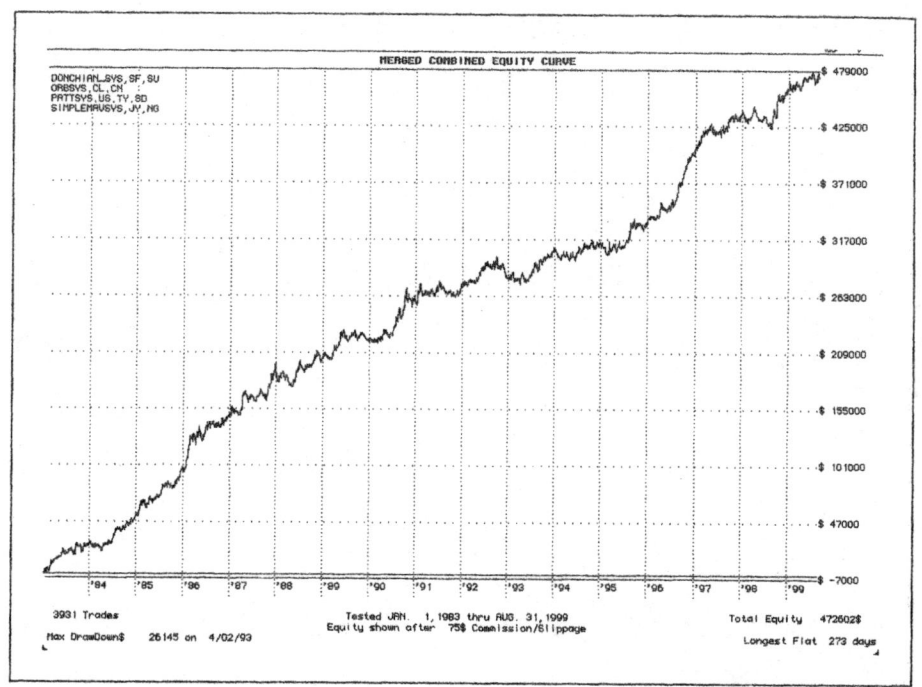

图 12.4　投资组合 4——十万美元（纵轴代表利润，横轴代表时间）

投资组合 5 初始资本是三十万美元

这种规模的投资组合相当于一个小型机构的账户。大多数有名的商品交易顾问只接受这种或更大数额的账户。大多大型的商品交易顾问不接受新账户，除非账户上至少有 100 万美元。这种

情况下,要充分利用第九章讨论到的所有交易系统(图12.5)。对于这种投资组合,我们把下面的系统和股市结合在一起:

唐奇安:日元、玉米、瑞士法郎、食糖。

模式识别:美国债券、美国中期国库券、大豆、猪腩。

简单的移动平均线:日元、天然气。

短期开盘后交易区间形成突破:原油、玉米、活猪、美国债券。

S&P 即日平仓交易:标普500期指。

这些系统和股市获利 785,809 美元,最大回撤是 37,389 美元。

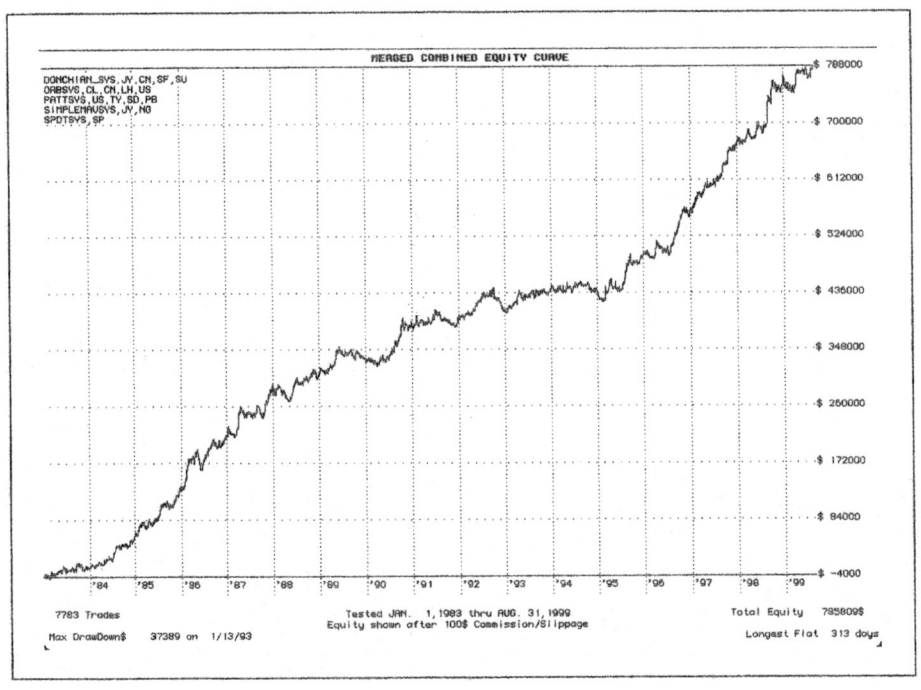

图12.5 投资组合5——三十万美元

(纵轴代表利润,横轴代表时间)

总结

在单独一个系统上交易多种股市一定程度上可实现风险分散。多个股市上交易多种系统可实现更大程度的风险分散。再好的系统也不可能交易所有股市时次次成功。我们已经证明不同方法在不同股市会取得不同的成功。比如，模式识别系统交易大豆时比唐奇安系统更成功。因此，加入更多系统能将更多股市加入投资组合。如果系统A在美国债券和日元上盈利，但交易大豆会亏损，而系统B在大豆上盈利，那么就用各自不同的系统交易三种股市。另外，在两个相反的系统上交易同一种股市也能实现风险分散。风险分散的理念非常非常重要。交易是否成功全依赖它！

第十三章　排名前十的系统

我们公司时常被问到的问题是：《期货实况》追踪的所有系统中，哪个表现最好？作为独立的第三方测试公司，我们从来不予作答。但我们确实建议未来的系统购买者找到适合自己交易风格的交易系统。购买的时候应该记住以下几点：

◇ 实时记录的时间跨度。
◇ 稳定的绩效（并非今年400%，明年却跌至-10%）。
◇ 最大下跌与总净利润的百分比。
◇ 必须备有数据和电脑。
◇ 偏爱开放式系统或黑盒子系统。

搜寻交易系统会花费很多时间和精力。为节约你的时间和精力，本章列出了我们认为最好的十大系统。本排名会随时发生变动，将来也很可能发生变化。根据他们使用的方法我们列出了排名前十的系统。

突破系统

◇ 基思·费岑的 Aberration
◇ 乔治·普鲁伊特的动态突破系统

◇ 彼得·安的 Mystery 系统

◇ 斯塔福德交易公司的 STC-Vbased S&P 即日平仓交易系统

◇ 理查·德赛登伯格的 R-Breaker 即日平仓交易系统

趋势跟踪系统

◇ 柯蒂斯·阿诺德开发的标准测试

◇ 彼得·安的 DCS-II 系统

◇ 戴夫·福克斯的美元交易师

◇ 兰迪·斯塔基的 Golden SX

反趋势系统

◇ 维拉尔·凯利开发的蓝色巨人

表 13.1 是每一种系统的基本情况。

表 13.1 排名前十的系统

系统	成本（美元）	历史交易日	参数个数	是否要求日内数据	股市类型
Aberration	1,495	80	3	否	多种
标准测试	995	100	5	否	多种
蓝色巨人	1,000	5	10	否	标普 500 期指
DCS-II 系统	695	56	4	否	多种
货币的美元交易者	750	20	10	否	迪耐斯、日元、德国马克
动态突破系统	300	60	4	否	多种
Golden SX	1,495	30	5	否	多种
Mystery 系统	95	50	2	否	多种
R-Breaker	2,000	5	9	是	标普 500 期指
STC-Vbased	1,875	10	9	是	标普 500 期指

基思·费岑的 Aberration

Aberration 是基思·费岑于 1993 年 12 月开发的系统。自发布之日起就表现优秀，就算假设用 1983 年的数据测试也表现良好。我们认为 Aberration 系统是最好的系统。为了发挥本系统的功效，我们建议在开始交易前确定自己的最大下跌限度，用 Aberration 系统交易时选用分散投资——费岑本人也是这么做的。本系统在国际股市上表现也不错。本系统要求备有一台电脑（表 13.2 和图 13.1）。

表 13.2 Aberration

每笔交易一份合约 测试期间 1983.01.01—1999.08.31 每笔交易减掉 75 美元的佣金成本及市场下跌的考量							
独立市场	总利润（$）	年平均利润（$）	最大下跌（$）	年交易量	盈利率（%）	盈亏率	获利对下跌损失比率
咖啡	78,638	4,718	76,425	5	42.7	1.5	5.8
棉花	54,845	3,291	12,835	6	43.4	1.7	23.8
原油	48,490	3,031	10,800	7	56.4	2	23.6
瑞士法郎	55,600	3,336	16,588	5	51.8	1.6	18.2
德国马克	42,925	2,576	12,000	5	50	1.6	19.3
英镑	26,906	1,614	28,138	5	40	1.2	5.4
中期国库券	53,970	3,238	16,180	4	52.8	2.2	18.3
总体绩效							
净利润（$）			361,374				
最大下跌（$）			73,360				

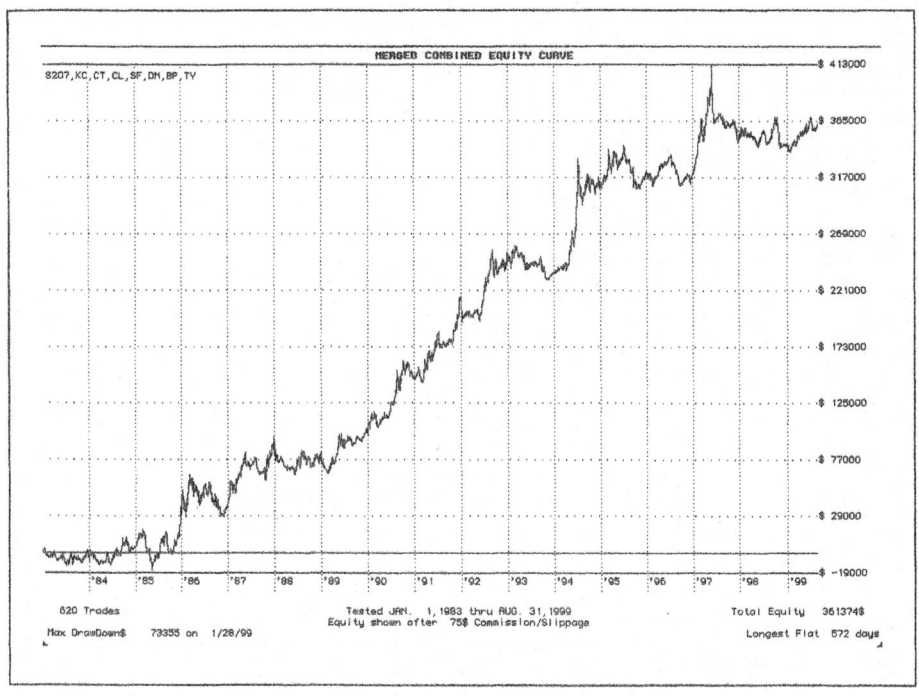

图 13.1　Aberration 系统资金曲线

柯蒂斯·阿诺德开发的标准测试

标准测试是用电脑处理的期货交易系统，自 1993 年 4 月发布以来表现一直很好。用于交易多种商品，大约五种或更多种时它给出的结果最好。柯蒂斯·阿诺德最先设计出这个中长期趋势跟踪系统，还开发了模式概率系统并著书《柯蒂斯·阿诺德的模式概率系统——持续击败股市的有效方法》，他于 1995 年购买软件所有权。本系统在交易时间范围上和 Aberration 系统相似，但在方法上大相径庭。标准测试在由诸如大豆、玉米、活牛、小麦商品组成的投资组合中表现出色。本系统要求有台电脑（表 13.3 和图 13.2）。

表 13.3 标准测试

每笔交易一份合约 测试期间 1983.01.01—1999.08.31 每笔交易减掉 75 美元的佣金成本及市场下跌的考量							
独立市场	总利润 （$）	年平均 利润 （$）	最大 下跌 （$）	年交 易量	盈利率 （%）	盈亏率	获利对 下跌损 失比率
英镑	21,344	1,281	63,125	9	38.5	1.1	2.0
日元	117,100	7,026	18,950	8	50.0	1.8	32.7
瑞士法郎	60,525	3,6321	33,725	8	47.8	1.3	10.2
美国债券	39,140	2,348	26,610	9	43.1	1.2	8.0
德国马克	17,063	1,024	29,663	7	45.2	1.1	3.3
咖啡	190,313	11,419	40,856	11	44.4	1.7	25.0
棉花	60,410	3,625	43,080	8	52.4	1.6	8.2
橙汁	42,788	2,567	13,305	8	54.4	1.6	17.9
大豆	-10,910	-655	42,335	9	41.5	0.9	-1.5
白银	-15,955	-957	32,585	8	44.6	0.9	-2.7
原油	55,330	3,458	13,370	8	53.3	1.8	22.5
天然气	14,130	1,514	24,450	9	48.8	1.2	5.3
猪腩	58,148	3,489	17,308	8	53.5	1.5	17.7
食糖	11,032	662	7,818	6	50.5	1.2	7.8
铜	863	52	31,725	8	45.7	1.0	0.2
总体绩效							
净利润（$）	660,979						
最大下跌（$）	89,104						

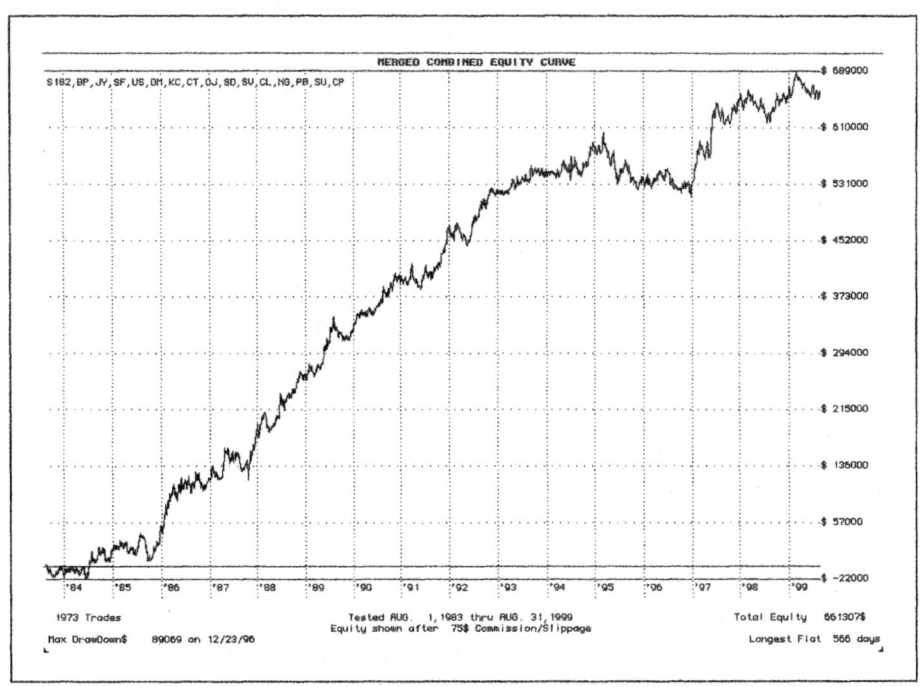

图 13.2　标准测试系统资金曲线

维拉尔·凯利和迈克·巴纳开发的蓝色巨人

维拉尔·凯利博士是位令人尊敬的技术分析师并给予购买者很多支持。和他合作的是另一位令人尊敬的技术分析师兼 Easy Language（Trade Station 证券公司开发的专属程序化语言）专家——迈克·巴纳。他定期调整系统的方法，并免费提供给客户。该系统是绩效最突出的 S&P 即日平仓交易系统之一。部分系统最先于 1992 年 9 月发布。他的方法论独一无二，就算不赚钱也因为其独特理念而显得弥足珍贵。自发布之日起绩效一直很好。回溯测试也表现得很出色。本单中的蓝色巨人类似于其他 S&P 即日平仓交易系统，但保守得多。本系统要求有台电脑和日内数据（表 13.4 和图 13.3）。

表 13.4 蓝色巨人

每笔交易一份合约			
测试期间 1983.01.01—1999.08.31			
每笔交易减掉 75 美元的佣金成本及市场下跌的考量			
总的净利润或净亏损（$）	100,243	年平均净利润（$）	7,335
盈利月（%）	62	年平均下跌（%）	47
		平均持仓时间（%）	432
最大下跌收盘交易（$）	9,825		
最大下跌盈利（$）	9,825		
最佳交易（$）	6,588	最糟糕的交易（$）	-1,700
获利交易平均利润/亏损交易平均损失（$）	114	净盈利对亏损比率	1.5
平均获利（$）	689	平均亏损（$）	-461
长期净盈利或净亏损（$）	53,470	短期净盈利或净亏损（$）	46,773
交易量	878	年平均交易量	64
获利交易量	439	盈利百分比（%）	50.00
亏损交易量	439	最长的连续亏损天数	10
每笔交易平均交易日	0.4	最长的平仓时间（天）	252
持仓时间（%）	11	夏普比率	0.32

	净利润/净亏损（$）	最大收盘交易（$）	交易量	盈利率（%）	平均盈利	连续亏损	平仓交易日
前六个月	4,500	7,758	38	39.5	1,677	7	61
前十二个月	-2,210	8,158	71	28.2	2,040	10	78
今年	-825	7,758	45	33.3	1,677	7	62
去年	7,895	9,578	76	35.5	1,878	10	146
合计	100,243	9,825	878	50.0	689	10	252

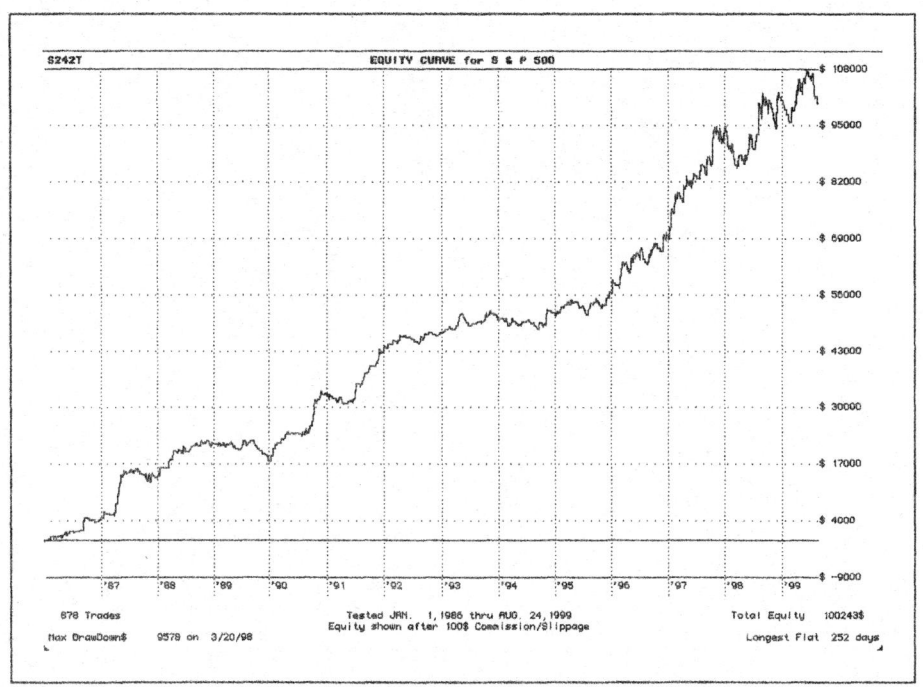

图 13.3 蓝色巨人的资金曲线

彼得·安的 DCS-II

彼得·安是位令人尊敬的技术分析师，也是美国国家期货交易协会的成员，所以从他那获取的信息应该是正确的。DCS-II 是十个系统中最古老的一个。本系统中，股市不同参数也不同。但不要担心这点，因为参数都是相似的，且自从发布以来没有修改过。DCS-II 于 1991 年公布于众。本系统并不需要电脑，但对炒股帮助极大（表 13.5 和图 13.4）。

表 13.5 DCS-II

每笔交易一份合约
测试期间 1983.01.01—1999.08.31
每笔交易减掉 75 美元的佣金成本及市场下跌的考量

独立市场	总利润（$）	年平均利润（$）	最大下跌（$）	年交易量	盈利率（%）	盈亏率	获利对下跌损失比率
日元	140,963	8,458	16,375	6	52.3	2.7	44.7
瑞士法郎	71,525	4,292	21,163	7	46.7	1.6	18.8
猪腩	7,916	475	29,532	8	44.5	1.1	1.5
咖啡	103,069	6,184	88,088	8	44.9	1.5	6.7
食糖	3,718	223	16,341	7	46.3	1.1	1.3
总体绩效							
净利润（$）			326,780				
最大下跌（$）			76,095				

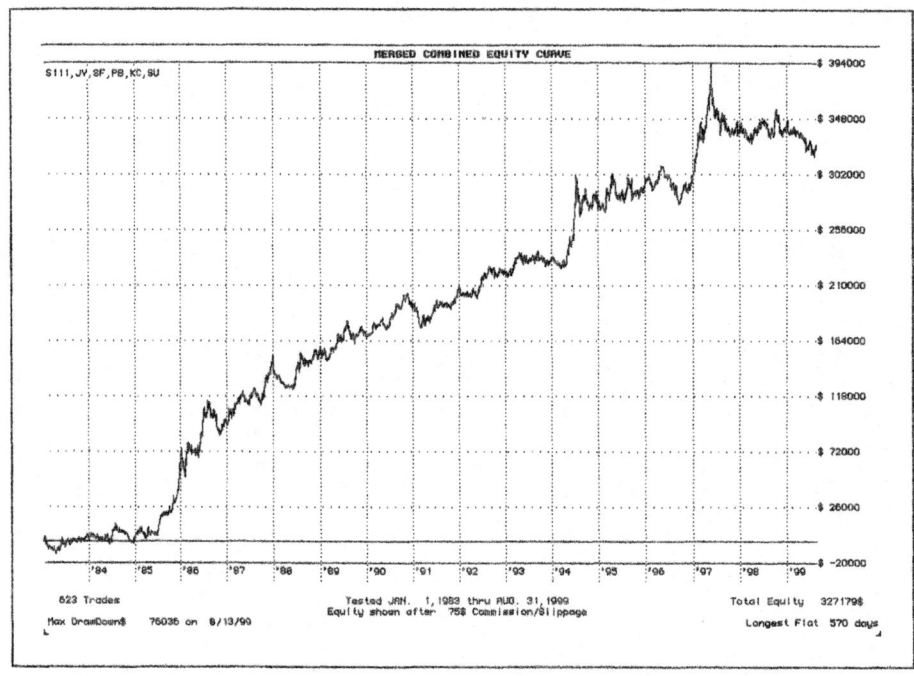

图 13.4 DCS-II 的资金曲线

戴夫·福克斯的美元交易师

戴夫·福克斯是这个行业中我们遇见过的最坦率的人。他是位深受大家尊重的交易大师，也是系统开发者。他长期以来一直从事交易师的工作，也是美国国家期货交易协会的成员。他的交易风格包括使用期权。美元交易师交易系统是我们见过的最稳定的系统。该系统有十个没有经过优化且在所有股市都相同的参数。你很有必要有台电脑以及他的软件来使用交易系统（表13.6和图13.5）。

表13.6　美元交易师——德国马克

每笔交易一份合约			
测试期间 1983.01.01—1999.08.31			
每笔交易减掉75美元的佣金成本及市场下跌的考量			
总的净利润或净亏损（$）	53,525	年平均净利润（$）	3,916
盈利月（%）	55	年平均下跌（%）	32
		平均持仓时间（%）	38
最大下跌收盘交易（$）	9,663		
最大下跌盈利（$）	10,913		
最佳交易（$）	12,350	最糟糕的交易（$）	-6,313
获利交易平均利润/亏损交易平均损失（$）	428	净盈利对亏损比率	1.7
平均获利（$）	2,214	平均亏损（$）	-1,169
长期净盈利或净亏损（$）	30,100	短期净盈利或净亏损（$）	23,425
交易量	1,231	年平均交易量	9
获利交易量	488	盈利百分比（%）	47.20
亏损交易量	743	最长的连续亏损天数	4
每笔交易平均交易日	0.5	最长的平仓时间（天）	632
持仓时间（%）	25	夏普比率	0.15

(续表)

每笔交易一份合约 测试期间 1983.01.01—1999.08.31 每笔交易减掉75美元的佣金成本及市场下跌的考量							
	净利润/净亏损($)	最大收盘交易($)	交易量	盈利率(%)	平均盈利	连续亏损	平仓交易日
前六个月	1,938	838	4	50.0	1,388	2	36
前十二个月	5,475	3,025	9	44.4	2,335	3	116
今年	5,913	838	5	60.0	2,250	2	36
去年	-2,888	3,763	12	33.3	881	4	239
合计	53,525	9,663	125	47.2	2,214	4	632

美元交易师——美汇指数

每笔交易一份合约 测试期间 1983.01.01—1999.08.31 每笔交易减掉75美元的佣金成本及市场下跌的考量			
总的净利润或净亏损($)	71,770	年平均净利润($)	5,251
盈利月(%)	56	年平均下跌(%)	42
		平均持仓时间(%)	53
最大下跌收盘交易($)	10,720		
最大下跌盈利($)	11,240		
最佳交易($)	9,535	最糟糕的交易($)	-4,495
获利交易平均利润/亏损交易平均损失($)	588	净盈利对亏损比率	1.9
平均获利($)	2,721	平均亏损($)	-1,163
长期净盈利或净亏损($)	20,490	短期净盈利或净亏损($)	51,280
交易量	122	年平均交易量	9
获利交易量	55	盈利百分比(%)	45.10

(续表)

每笔交易一份合约 测试期间 1983.01.01—1999.08.31 每笔交易减掉75美元的佣金成本及市场下跌的考量			
亏损交易量	67	最长的连续亏损天数	9
每笔交易平均交易日	22.3	最长的平仓时间(天)	592
持仓时间(%)	79	夏普比率	0.19

	净利润/净亏损($)	最大收盘交易($)	交易量	盈利率(%)	平均盈利	连续亏损	平仓交易日
前六个月	2,950	540	4	75.0	1,163	1	36
前十二个月	3,910	3,130	9	55.6	2,116	3	128
今年	6,290	540	5	80.0	1,708	1	36
去年	-5,180	6,330	14	14.3	2,140	9	249
合计	71,770	10,720	122	45.1	2,721	9	592

美元交易师——日元

每笔交易一份合约 测试期间 1983.01.01—1999.08.31 每笔交易减掉75美元的佣金成本及市场下跌的考量			
总的净利润或净亏损($)	141,663	年平均净利润($)	10,366
盈利月(%)	61	年平均下跌(%)	53
		平均持仓时间(%)	67
最大下跌收盘交易($)	10,700		
最大下跌盈利($)	16,975		
最佳交易($)	17,863	最糟糕的交易($)	-8,663
获利交易平均利润/亏损交易平均损失($)	1,336	净盈利对亏损比率	2.7

(续表)

每笔交易一份合约 测试期间 1983.01.01—1999.08.31 每笔交易减掉75美元的佣金成本及市场下跌的考量			
长期净盈利或净亏损（$）	69,288	短期净盈利或净亏损（$）	72,375
平均获利（$）	3,684	平均亏损（$）	-1,846
交易量	106	年平均交易量	8
获利交易量	61	盈利百分比（%）	57.50
亏损交易量	45	最长的连续亏损天数	4
每笔交易平均交易日	25.9	最长的平仓时间（天）	487
持仓时间（%）	79	夏普比率	0.27

	净利润/净亏损（$）	最大收盘交易（$）	交易量	盈利率（%）	平均盈利	连续亏损	平仓交易日
前六个月	8,975	863	4	50.0	5,338	1	61
前十二个月	21,788	1,475	7	57.1	6,031	2	151
今年	11,063	1,475	6	50.0	4,467	2	151
去年	17,750	4,138	7	57.1	6,100	2	91
合计	141,663	10,700	106	57.5	3,684	4	487

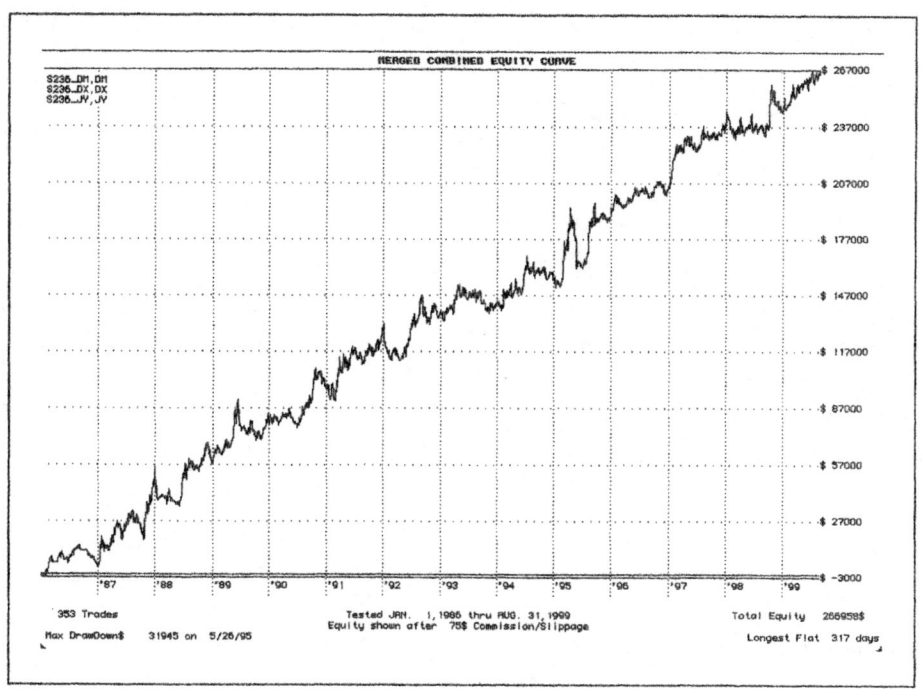

图 13.5　美元交易师的资金曲线

乔治·普鲁伊特的动态突破系统

乔治·普鲁伊特在《期货实况》发布动态突破系统，它属于唐奇安系统的一种，突破点的计算以波动率为基准。本系统用 1500 美元作为资金管理止损点。本系统开发于 1996 年 3 月，购买价 300 美元。它很容易就能编入 Excel 电子表格（表 13.7 和图 13.6）。

表 13.7 动态突破系统

每笔交易一份合约 测试期间 1983.01.01—1999.08.31 每笔交易减掉 75 美元的佣金成本及市场下跌的考量						
独立市场	总利润（$）	年平均利润（$）	最大下跌（$）	年交易量	盈利率（%）	盈亏率	获利对下跌损失比率
美国债券	46,560	2,794	23,290	11	38.9	1.3	10.8
日元	149,375	8,963	15,138	9	45.3	2.4	20.6
瑞士法郎	88,775	5,327	14,050	9	44.3	1.6	33.8
活牛	532	32	14,892	12	38.2	1	0.2
棉花	39,750	2,385	28,390	11	38.9	1.3	8.1
食糖	3,550	213	19,588	11	38.8	1	1
原油	30,270	1,892	20,690	12	43.8	1.3	8.3
总体绩效							
净利润（$）			358,598				
最大下跌（$）			29,519				

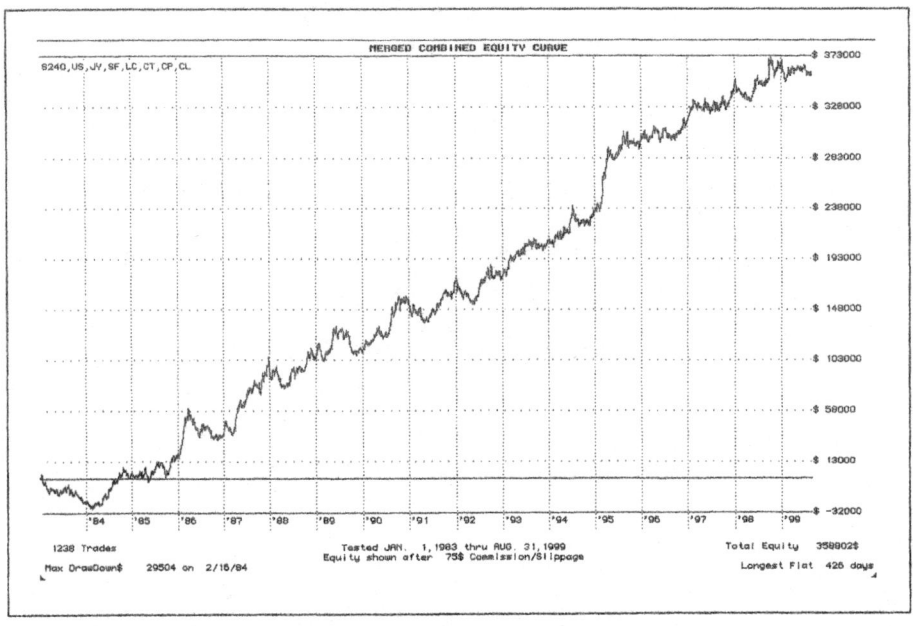

图 13.6 动态突破系统的资金曲线

兰迪·斯塔基的 Golden SX

本系统是1996年7月发布的中期系统,每年交易9到12次。它的逻辑思想很简单,对于所有期货都是相同的。Golden SX 是摆荡的趋势跟踪系统。每个股市都有不同的参数。很多时候股市不同参数集不同的系统供应商会遭到批评,因为他们过度优化自己的系统。为了给他们平反,兰迪·斯塔基让我们跟踪 Golden SX 的常数版本。优化版本胜过常数版本,两者都相当成功。兰迪·斯塔基是位令人尊敬的技术分析师,他的系统要求有一台电脑(表13.8和图13.7)。

表13.8 Golden SX

每笔交易一份合约						
测试期间 1983.01.01—1999.08.31						
每笔交易减掉75美元的佣金成本及市场下跌的考量						
独立市场	总利润($)	年平均利润($)	最大下跌($)	年交易量	盈利率(%)	盈亏率	获利对下跌损失比率
日元	135,000	8,100	15,238	7	46.2	2.4	45.5
咖啡	137,494	8,250	30,094	8	51.1	2.3	23.6
棉花	84,195	5,052	18,740	7	51.2	2.1	25.6
原油	53,620	3,351	14,500	9	57	1.9	20.3
中期国库券	74,710	4,483	14,600	8	50	1.9	27.9
活牛	14,540	872	12,224	9	50.3	1.3	6.8
总体绩效						
净利润($)	499,395					
最大下跌($)	25,267					

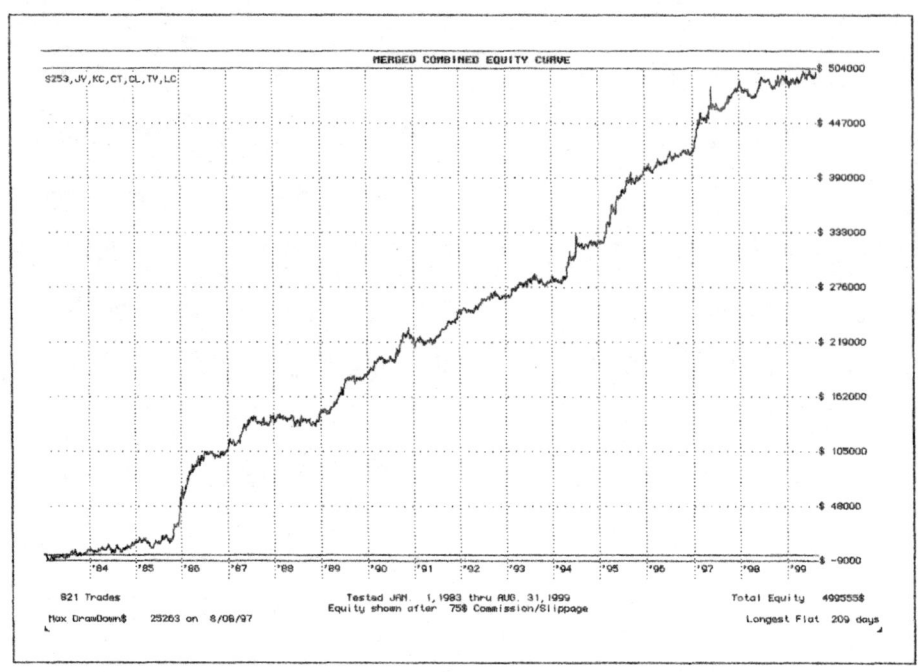

图 13.7　Golden SX 的资金曲线

彼得·安的 Mystery 系统

这是存在已久的长线系统。彼得·安以相当低廉的价格即 95 美元卖给交易者。我们相信本系统今后会有完美的绩效。别让售价骗了你。我们发现系统售价和质量间没有任何关系。之前已经说过，彼得·安是位令人尊敬的技术分析师，也是美国国家期货交易协会的成员（表 13.9 和图 13.8）。

表 13.9 Mystery 系统

每笔交易一份合约
测试期间 1983.01.01—1999.08.31
每笔交易减掉 75 美元的佣金成本及市场下跌的考量

独立市场	总利润($)	年平均利润($)	最大下跌($)	年交易量	盈利率(%)	盈亏率	获利对下跌损失比率
英镑	87,631	5,258	22,113	20	38.5	1.4	22.3
德国马克	466,900	2,814	21,675	13	43.8	1.3	12.2
日元	164,738	9,884	31,625	7	54.6	2.7	40.9
瑞士法郎	93,313	5,599	19,900	9	51	1.6	25.9
咖啡	180,694	10,842	33,675	18	39.7	1.6	28.1
总体绩效							
净利润($)	573,275						
最大下跌($)	35,425						

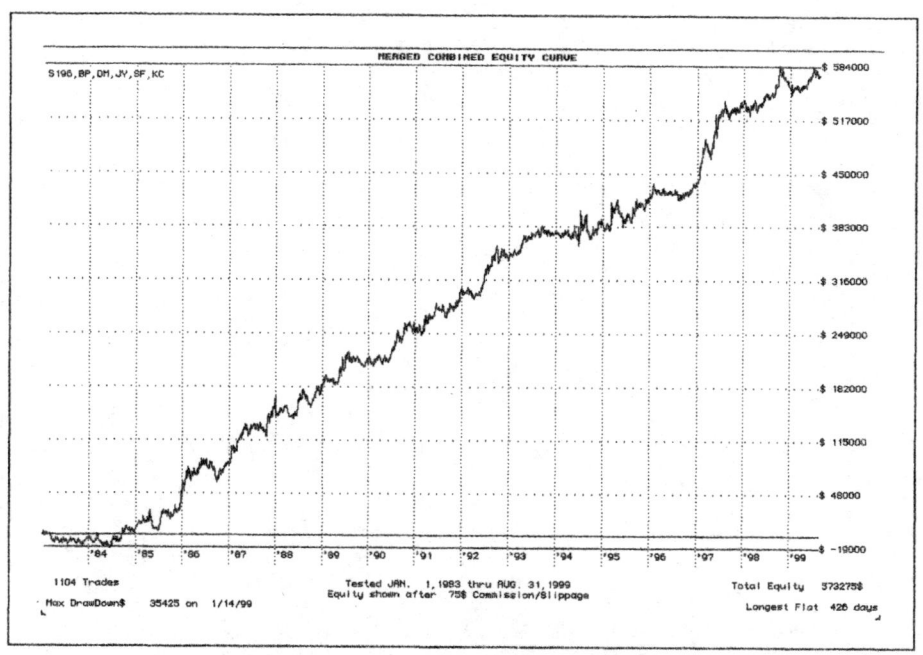

图 13.8　Mystery 系统的资金曲线

理查·德赛登伯格的 R-Breaker

这是理查·德赛登伯格于 1993 年 7 月为 S&P 即日平仓交易开发的系统。本系统要求有台电脑和软件。你确实需要整天盯着股市但不用时时刻刻盯着，大约每 45 分钟看一下就行。R-Breaker 属于突破和反趋势系统，所以其实有两个系统在同时运行。一个系统进行突破交易，另外一个进行突破失败的交易。本系统非常强劲，每月交易十次以上。逻辑思想包括设置固定的资金管理止损点（表 13.10 和图 13.9）。

表 13.10　R-Breaker

每笔交易一份合约 测试期间 1990.01.01—1999.08.31 每笔交易减掉 100 美元的佣金成本及市场下跌的考量			
总的净利润或净亏损（$）	166,813	年平均净利润（$）	12,206
盈利月（%）	6166	年平均下跌（%）	54
		平均持仓时间（%）	230
最大下跌收盘交易（$）	16,935		
最大下跌盈利（$）	16,935		
最佳交易（$）	12,250	最糟糕的交易（$）	-1,468
获利交易平均利润/亏损交易平均损失（$）	86	净盈利对亏损比率	1.4
平均获利（$）	703	平均亏损（$）	-449
长期净盈利或净亏损（$）	102,975	短期净盈利或净亏损（$）	63,838
交易量	1,231	年平均交易量	142
获利交易量	488	盈利百分比（%）	46.50
亏损交易量	743	最长的连续亏损天数	12
每笔交易平均交易日	0.5	最长的平仓时间（天）	432

(续表)

每笔交易一份合约 测试期间 1990.01.01—1999.08.31 每笔交易减掉 100 美元的佣金成本及市场下跌的考量							
持仓时间(%)			25	夏普比率			0.33
	净利润 /净亏损 ($)	最大收盘交易 ($)	交易量	盈利率 (%)	平均盈利	连续亏损	平仓交易日
前六个月	23,475	7,088	78	37.2	2,391	5	61
前十二个月	29,608	11,560	152	35.5	2,305	8	76
今年	20,740	9,300	102	35.3	2,296	5	61
去年	20,045	10,015	150	40.0	1,784	9	113
合计	166,813	16,935	1,939	46.5	703	12	432

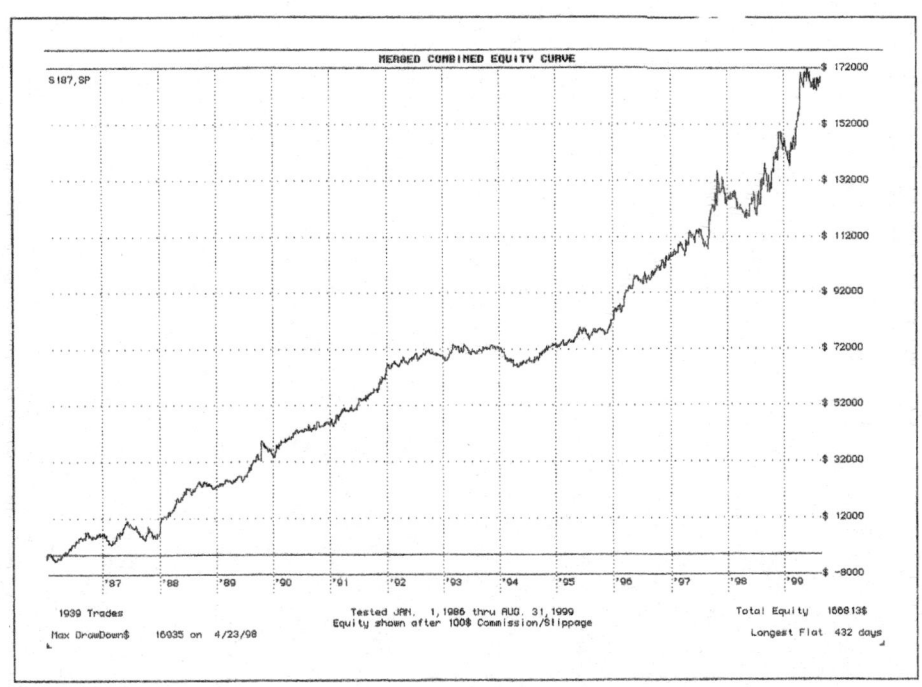

图 13.9 R-breakout 系统的资金曲线

斯塔福德交易公司的 STC-Vbased S&P 即日平仓交易

本系统发布于 1997 年 6 月，是本单中最年轻的系统。规则很简单，也不需要电脑（系统自带 Trade Station™ Easy Language，也是大力推荐的语言）。本系统是基于波动性的突破系统，也有突破失败（与 R-Breaker 类似）。此外，在波动很大的时间段，会有一个撤销交易的过滤器。本系统包含自适应的资金管理计划。本系统比蓝色巨人系统强劲，但比 R-Breaker 逊色（表13.11 和图 13.10）。

表 13.11

每笔交易一份合约 测试期间 1990.01.01—1999.08.31 每笔交易减掉 100 美元的佣金成本及市场下跌的考量			
总的净利润或净亏损（$）	196,288	年平均净利润（$）	14,363
盈利月（%）	75	年平均下跌（%）	78
		平均持仓时间（%）	414
最大下跌收盘交易（$）	12,725		
最大下跌盈利（$）	12,725		
最佳交易（$）	10,810	最糟糕的交易（$）	-3,463
获利交易平均利润/亏损交易平均损失（$）	136	净盈利对亏损比率	1.5
平均获利（$）	792	平均亏损（$）	-485
长期净盈利或净亏损（$）	136,100	短期净盈利或净亏损（$）	60,188
交易量	1,448	年平均交易量	106
获利交易量	704	盈利百分比（%）	48.60
亏损交易量	744	最长的连续亏损天数	8
每笔交易平均交易日	0.4	最长的平仓时间（天）	248
持仓时间（%）	19	夏普比率	0.39

（续表）

每笔交易一份合约 测试期间 1990.01.01—1999.08.31 每笔交易减掉100美元的佣金成本及市场下跌的考量							
	净利润/净亏损（$）	最大收盘交易（$）	交易量	盈利率（%）	平均盈利	连续亏损	平仓交易日
前六个月	18,793	10,890	62	45.2	2,087	4	61
前十二个月	31,273	12,725	120	43.3	2,340	4	115
今年	17,958	10,890	80	43.8	2,160	4	61
去年	43,855	9,530	122	50.0	1,901	4	41
合计	196,288	12,725	1,448	48.6	792	8	248

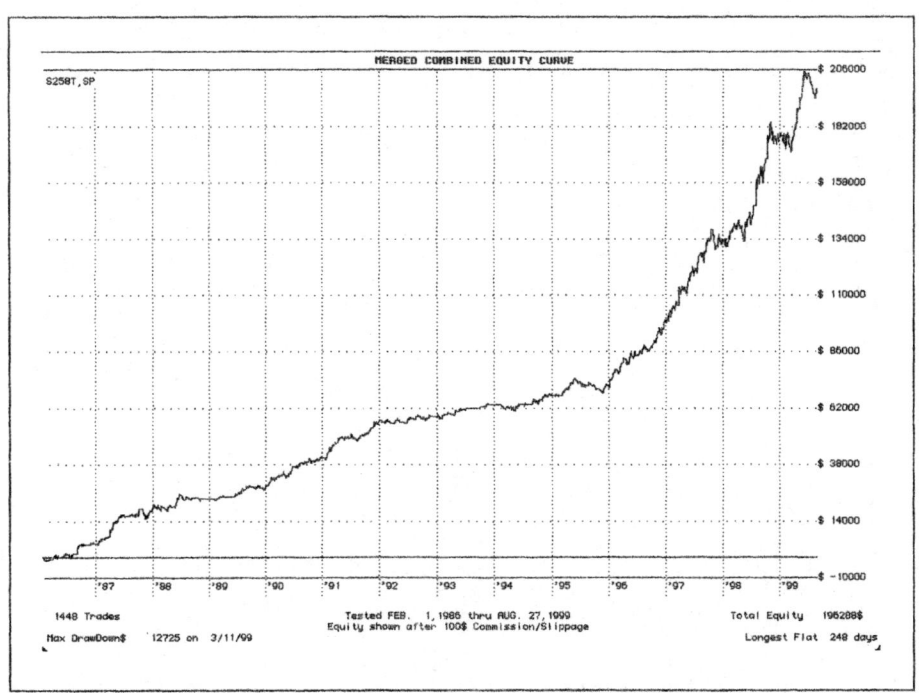

图 13.10　STC-Vbased 系统的资金曲线

参考文献

1. 彼得·亚历山大．《计算机辅助交易入门指南》．南卡罗来纳州格林维尔：交易者出版公司，1997.
2. 图莎尔·钱德．《超越技术分析》．纽约：约翰威立父子出版公司，1997.
3. 图莎尔·钱德，斯坦利·克罗．《技术分析新指南》．纽约：约翰威立父子出版公司，1994.
4. 查尔斯·卓蒙．《教你在期货市场赚钱》．芝加哥：卓蒙出版公司，1978.
5. 查尔斯·卓蒙．《查尔斯·卓蒙论 PL 圆点》．芝加哥：卓蒙出版公司，1980.
6. 查尔斯·卓蒙．《PL 圆点研究室》．芝加哥：卓蒙出版公司，1981.
7. 查尔斯·卓蒙．《论 1-1》．芝加哥：卓蒙出版公司，1985.
8. 查尔斯·卓蒙．《论能量》．芝加哥：卓蒙出版公司，1991.
9. 查尔斯·卓蒙．《PL 圆点的累积与分布：把握交易时机》．芝加哥：卓蒙出版公司，1993.
10. 查尔斯·卓蒙．《明确能量的来源》．芝加哥：卓蒙出版公司，1995.
11. 查尔斯·卓蒙．《模式选择》．芝加哥：卓蒙出版公司，1996.

12. 查尔斯·卓蒙．《预测下周震幅（并理解每日震幅的形成）》．芝加哥：卓蒙出版公司，1996.

13. 查尔斯·卓蒙．《1996年心得：PL圆点与意识的关系》．芝加哥：卓蒙出版公司，1996.

14. 查尔斯·卓蒙，特德·赫恩．《多媒体三十讲》．芝加哥：卓蒙与赫恩出版公司，1997—1999.

15. 威廉·加拉赫．《稳操胜算》．芝加哥：普罗巴斯出版公司，1994.

16. 谢尔顿·奈特．《收盘数据有多准确？》．《期货》杂志，1999（9），28：64-69.

17. 乔·克鲁辛格．《华尔街15位大师的独门利器》．纽约：麦格劳-希尔出版社，1997.

18. 查尔斯·勒·博，大卫·卢卡斯．《期货市场计算机分析的技术指南》．霍姆伍德：麦格劳-希尔出版社，1992.

19. 罗伯特·罗特纳．《交易成功的要素》．纽约：纽约金融学院，1992.

20. 史密斯·加里．《我如何以交易为生》．纽约：约翰威立父子出版公司，1999.

21. 特韦勒斯·理查德，哈洛，斯通．《商品期货的游戏》．纽约：麦格劳-希尔出版社，1994.

22. 拉尔夫·文斯．《投资组合管理公式》．纽约：约翰威立父子出版公司，1990.

23. 威尔斯·威尔德．《技术交易系统新概念》．北卡罗来纳格林斯伯勒：趋势研究出版社，1978.

译者后记

虽然本书原著出版至今已经多年了，但其中的很多交易方法和思想还是会令国内交易者耳目一新的。从技术分析入门到开发并执行自己的交易系统，从而稳定盈利应该是大多数交易者梦寐以求的事情，现在这本书便可以帮助我们完成心愿。只要掌握基本的数学知识，并会应用基本的计算机软件（比如微软的 Excel 电子表格），便可以按照作者的指引来一步步拨开技术分析的大门，并研制开发一套属于自己的交易系统。

本书作者是业内公认的专家，将投资交易的方方面面都详细讲解，行文深入浅出，易懂易学，从竹线，波浪理论，资金管理到交易系统的开发，评测，对于每个概念与方法都有详细明了的讲解，一步一步引人入胜。对于初级交易者完全可以通过自学本书来实现机械化交易。对于有一定基础和精炼的投资者来说本书也可以帮助他们提高自身交易素质，完善自己的交易系统。

本书的完成得到以下同仁的大力帮助，他们是：李超杰，常红婧，郑星，田军，彭家伟，张苹，苏远秀，陈鼎，余锋，范纯海，张毅，吴春梅，肖艳梅，朱杰，吴文莉。其中第一章至第四章由肖艳梅，朱杰，吴文莉，张毅翻译；第五章至第八章由李超杰，常红婧，郑星，田军翻译；第九章至第十一章由彭家伟，张苹，苏远秀翻译，第十二章至第十三章由陈鼎，余锋，范纯海翻译；其余部分由张毅，吴春梅，康民翻译；全书由康民负责统校。由于译者水平有限，错误和疏漏之处在所难免，敬请读者批评指正。